KB119215

가 보지 않은 길

한국의 성장동력과
현대차 스토리

나남신서 1905

가 보지 않은 길

한국의 성장동력과 현대차 스토리

2017년 2월 15일 발행 2017년 2월 15일 1쇄
2017년 2월 20일 2쇄 2017년 2월 24일 3쇄
2017년 3월 6일 4쇄 2017년 3월 15일 5쇄
2017년 4월 1일 6쇄 2017년 4월 15일 7쇄
2018년 5월 25일 8쇄

지은이   宋虎根
발행자   趙相浩
발행처   (주) 나남
주소   10881 경기도 파주시 회동길 193
전화   (031) 955-4601 (代)
FAX   (031) 955-4555
등록   제 1-71호 (1979.5.12)
홈페이지   http://www.nanam.net
전자우편   post@nanam.net

ISBN 978-89-300-8905-0
ISBN 978-89-300-8655-4 (세트)

나남신서 1905

가 보지 않은 길

한국의 성장동력과 현대차 스토리

송호근 지음

프롤로그

가 보지 않은 길

필자가 산업현장 조사차 울산에 처음 내려간 것은 1981년이었다. 울산 시내에서 방어진 가는 버스를 타고 족히 한 시간을 달렸다. 야산과 들판을 지났고, 옹기종기 모인 연립주택과 벌집을 지났다. 학부 시절부터 산업현장을 두루 다닌 터라 그리 낯설지는 않았다. 하루 작업을 마친 노동자들이 포장마차와 선술집에 모여 회포를 풀었다. 고향 얘기와 노랫가락이 섞였다.

현대중공업은 당시에도 거대한 공장이었다. 현대차는 중공업에 비하면 작고 초라했다. 1970년대 관리직과 현장직이 각목으로 맞붙은 노사분규를 몇 차례 치른 현대중공업은 높은 담장에 둘러싸여 있었다.

1981년 당시 총무부장은 조사차 방문한 청년 학도에게 사업장 여러 곳을 친절하게 안내했다. 모두 각자의 작업에 열중하던 모습이 떠오른다. 한국의 조선산업을 일군 1세대 노동자들이었다. 현장조사를 마치고 남문고개를 넘자 현대차가 그곳에 있었다. 포니 생산에 성공한 여세를 몰아 공장 굉음이 산을 울렸다.

몇 년 후, 필자는 미국 유학 시절 끔찍한 장면을 목격했다. 보스턴 근교 주민을 먹여 살리던 섬유·신발산업이 한국으로 이전하자 산업도시는 폐허로 변했다. 무너진 공장들이 즐비한 산업도로에 버거킹 레스토랑이 초라하게 손님을 맞았다. 실업자들이 그냥 앉아 있었다. 동양인을 쏘아보던 경계심 가득 찬 눈초리를 기억한다.

디트로이트에서는 실직 노동자들이 거리에 주차된 일본차를 때려 부쉈다. 일본차에 뒤이어 한국차 엑셀이 상륙했다. 굉음을 울리던 공장, 현대차의 역작이었다. 작고 날씬한 한국차가 고속도로를 달리는 모습에 대한민국 예비역 장교점퍼 차림의 유학생은 감격의 눈물을 흘렸다. 외국에 나가면 모두 애국자가 되는 법이다.

그로부터 36년이 지난 오늘, 현대차그룹은 이제 한국 경제를 떠받치는 기둥이 되었다. 현대중공업이 담당했던 그 역할을 오래전에 넘겨받았다. 2016년 봄, 필자는 현대차 울산공장을 시작으로 현장 답사에 착수했다. 세계적 산업도시, 어촌 울산을 한국의 부자도시로 도약시킨 현대차그룹의 성장 유전자와 1980년대 초반 이후의 발전과정을 가감 없이 조명하고 싶었다.

2016년 봄, 현대차 1차 탐방을 마치고 남문고개를 걸어 넘었다. 이번에는 역방향이었다. 현대중공업은 선박시장이 얼어붙자 몸살을 앓았다. 불황을 대비하지 않은 울산 동구는 쓸쓸했다. 조선업 불황과 대규모 구조조정 여파가 아직 남문고개를 넘지는 않았지만, 언젠가 현대차를 덮칠지 모른다는 불안감이 엄습했다. 그것은 한국 경제 전체에 밀려오는 쓰나미일 것이다.

한국은 선진국들이 이미 '가 본 길'을 따라 지금껏 달렸다. 최근 겪는 한국 경제의 심각한 침체현상은 가 보지 않은 길을 개척하지 못한 쓰라린 대가다. 공짜는 없다. 현대차 역시 세계 굴지의 자동차 메이커가 걸어온 길을 착실히 따라잡아 정상에 우뚝 섰다. 이제부터 는 '가 보지 않은 길'을 가야 한다. 탐험은 시작됐고 길은 흐릿하다. 한국 경제처럼 말이다.

현대차 공장을 관찰하면서 1970년대와 1980년대 초반, 작업에 열중하던 1세대 노동자의 모습이 겹쳤다.

'우리는 어떤 길을 걸어왔는가, 어떤 길을 가야 하는가?'

이 질문이 내내 머리를 떠나지 않았다. 관리직과 연구직, 생산직 이 가야 할 길, 거기에 초점을 뒀다. 비정규직 문제는 다루지 않았 다. 노동문제를 푸는 열쇠가 고임금 정규직에게 있기 때문이다. 경 영의 시행착오와 고뇌에도 관심을 둬야 했는데 명시적이지는 않지 만 이 책 행간에서 읽어 낼 수 있을 것이다. 가 보지 않은 길을 개척 하려면 노사합심의 시대를 열어야 한다. 이는 모든 산업과 대기업에 게 요구되는 숙제이기도 하다.

책을 마무리하는 시간에 대통령 탄핵정국이 발발했다. '통치력의 IMF', 어쨌든 슬기롭게 건너야 한다. 국가, 기업, 국민 모두 가 보 지 않은 길을 가야 한다. 합심 외에 다른 방법은 없다.

2017년 1월 관악산 연구실에서

송 호 근

가 보지 않은 길

한국의 성장동력과 현대차 스토리

차 례

프롤로그 — 가 보지 않은 길 4

제1부
한국의
성장 유전자

chapter. 1 쓰나미는 도둑처럼 온다 13

땡큐, 알파고! 14
제 4차 산업혁명 18
자동차 개념이 바뀐다 24
대비하고 있는가? 29
잔치는 끝났나? 34
추격자가 잡히면 37
현대차그룹, 그 기적의 드라마 44

chapter.2 울산, 한국의 운명을 쥐다 55
———

내 푸른 청춘의 도시 56
현대중공업: 도덕적 해이 69
현대차: '성공의 위기'가 몰려온다 82

chapter.3 현대차의 성장 유전자 97
———

열정(Passion) 101
조율(Tuning) 118
소명(Vocation) 132

제 2 부
성장통

chapter.4 기술 선도! 현대차 생산방식 145
———

성장의 빛과 그림자 146
오직 기술! 148
각축의 시대와 유연생산 150
해외로! 153
모듈화 157
변곡점에서 159

chapter.5 풍요한 노동자 163

—

중산층화 164
청춘이여 안녕 172
정체성 충돌 183

chapter.6 민주노조의 무한질주 197

—

민주노조(Democratic Union) 198
노조의 무한 질주 211

chapter.7 각축하는 현장 229

—

각축전(Contestation) 229

chapter.8 다양성의 시대 251

—

청년 아산과 현대 정신 252
다양성과 이질성의 시대 257
성공경험의 집착과 위기 262
희망 만들기 268

제 3 부

글로벌
기업시민

chapter.9 함대가 간다 275

함대형 생산체제 276
추격! 283

chapter.10 신문명의 전사 293

신문명의 전사, 해외공장 294
주재원은 애국자다 313
어떤 가치를 생산할까? 327

chapter.11 위대한 변신 331

민첩한 리더십 337
신뢰경영 341
혁신역량 345
함대구조 348
거버넌스 351
임금과 고용개혁 354
기업시민 357
시민·사원 362

에필로그 — 감마고와의 인터뷰 371

미주 377

/ 제1부
/ **한국의 성장 유전자**

chapter.1
쓰나미는
도둑처럼 온다

chapter.2
울산,
한국의 운명을 쥐다

chapter.3
현대차의
성장 유전자

chapter. 1

一

쓰나미는

도둑처럼

온다

땡큐, 알파고!

알파고와 이세돌의 대결, 그 세기적 드라마가 개막된 날 필자는 우연히 그곳에 있었다. 특급호텔이 세워진 광화문 네거리 그 자리는 고등학교 시절 청춘남녀가 울렁거리는 마음으로 미팅을 하는 빵집이었다. 다방이 19금인 시절, 교복 차림의 남녀 학생이 한없이 재잘거리던 곳이었다. 그 맛있는 고로케와 도너츠에는 손도 안 댄 채 요즘 말로 포스를 연출하느라 점잔을 빼던 곳, 현학적 언술로 여학생을 유혹하는 데 실패하곤 쓸쓸히 돌아서던 빵집이 그곳에 있었다.

그 농업사회 시절 추억을 반추하며 호텔 로비로 들어섰는데 기자와 카메라맨이 한가득이었다. 웬일? 그때서야 알았다. 알파고와 이세돌의 대국이 그곳에서 벌어진다는 사실을. 필자가 참석한 오찬회의는 온통 알파고 얘기로 서둘러 끝났다. 그도 그럴 것이 바로 몇 층 아래에서 특이한 바둑대회가 새로운 문명사를 예고하고 있었기 때문이다.

알파고가 세간에 알려지기 전까지 사람들은 그가 중앙처리장치(CPU) 1,202개와 그래픽처리장치(GPU) 176개를 동시에 구동하는 거대용량 두뇌라는 사실을 잘 알지 못했다. 바둑을 잘 모르는 필자도 그랬다. '제까짓 게, 감히 이세돌 9단을 넘보다니!' 그런데 알파고는 벌써 16만 개 기보를 학습한 종합정보를 바탕으로 최대 40수 앞을 내다보는 바둑 고수였다. 정책망의 연산능력과 가치망의 판단능력이 알파고의 핵심능력이자 딥러닝(*deep learning*)이 발생하는 파워플랜트다.[1]

딥러닝이란 입력한 수많은 데이터를 종합해 일종의 패턴을 발견하고(연산), 스스로 추론하고 판단을 내리는(가치) 자체 학습과정을 일컫는다. 기계가 알아서 학습하고 가치판단을 내리는 현상을 총칭해 머신러닝(*machine learning*)이라 하는데, 딥러닝은 그것의 한 유형인 셈이다. 그러니 알파고가 프로기사의 예상을 넘어 이상한 수(手)를 둔 것은 당연하다.

알파고가 바둑계를 한바탕 휘젓고 가버린 이제는 알겠다. 그것은 '악수'(惡手)가 아니라 '묘수'(妙手)였고, 이세돌 9단에게는 '비수'(匕首)였다는 것을 말이다.[2] 인간 고수 이세돌의 반격도 만만치 않았다. 이세돌 9단이 둔 4국 78수는 알파고의 정책망과 가치망을 뒤흔든 비수였는데, 알파고는 끝내 혼수상태에서 회복하지 못했다. 인공지능의 허점을 파고든 신의 한 수였다. 그럼에도, 이 세기적 대국 후에 알파고는 중국의 커제 9단 바로 아래, 세계 바둑 랭킹 2위에 올랐다. 이른바 인공지능(AI, *Artificial Intelligence*)의 시대가 열린 것이다. 미국의 제리 캐플런(J. Kaplan) 스탠퍼드대 컴퓨터공학과 교수는 이렇게 비유했다.

"당연히 알파고가 이기죠. 그건 마치 말(馬)과 자동차(車)를 두고 누가 빨리 갈지 비교하는 것과 다름없어요."3

그가 덧붙였다.

"그렇다고 알파고가 사람보다 지적 능력이 뛰어나거나 똑똑하다고 말할 수 없어요. 절대 그렇지 않습니다."4

캐플런 교수의 말처럼, 절대 그렇지 않다. 그래서 사람들은 대국 이전에 이세돌이 이기리라 기대했을 것이다. 기대는 감성의 산물이다. 기계가 인간을 이기면 안 된다고 하는 가치망이 작동한 결과다. 인간의 뇌에서는 가치망이 정책망보다 훨씬 큰 비중을 차지한다는 것을 무시한 판단이다. 인간의 뇌세포(뉴런)는 약 1천억 개, 연결고리인 시냅스(*synapse*)는 100조 개에 달한다. 그런데 중간마디가 고작 830만 개인 알파고가 이겼다는 사실은 인간 뇌에서 셈 능력이 차지하는 부분은 아주 작고 나머지는 감정, 이성, 느낌이라는 뜻이다.

그래서 팽팽한 대접전의 관전 포인트는 제각각이었다. 공학자들은 알파고가 멋지게 해낼 것을 은연중 염원했다. 과학의 새로운 지평이 열릴 것이기에. 역으로 인문학자들은 인간 이세돌이 저 무심하고 오만한 기계를 무참히 굴복시키기를 원했다. 프로기사들은 바둑계의 자존심을 지켜 주기를 갈망했다. 어떤 해설자는 이세돌이 4국에서 승리하자 벅찬 울음을 터뜨리기도 했다. 사회학자인 필자는 알파고의 표정이 어떨까를 쓸데없이 궁리했는데 끝내 떠오르지 않았다. 고차원 알고리즘으로 프로그래밍된 연산기계였을 뿐임에도 말이다.

그러나 분명한 것은 인공지능의 시대가 열렸다는 사실이다. 고등학교 시절 여학생들과 만나 천진난만한 웃음을 짓던 그곳에서. 그것은 '제4차 혁명'에 해당한다. 증기기관이 만든 1차 산업혁명, 내연기관에 의한 2차 혁명, 3차 정보혁명의 시대를 지나 인공지능혁명이 세계질서와 인류생활을 총체적으로 변화시키는 시대가 개막된 것이다. 알파고의 출현은 충격 그 자체였다. 언론과 미디어, 또는 저명 과학자들이 '제4차 혁명'의 도래를 아무리 웅변해도 한 귀로 흘려듣던 한국인들은 이제 세상이 바뀌고 있다는 현실을 절절히 받아들였다. 신선한 충격이자 두려운 충격이었다. 로봇이 인간을 대체하고 인간보다 훨씬 탁월한 능력을 발휘할 수 있다는 섬뜩한 사실을 수긍하기 시작한 것이다.

농업사회에서 산업사회를 지나 정보사회로 한 세기 만에 숨 가쁘게 달려온 한국인들은 지축을 흔드는 새로운 질서가 다가오고 있다는 사실을 인정하고 싶지 않은 심정이다. 또 적응해야 하기 때문에, 적응을 이룬 것을 포기하고 새로 시작해야 함을 의미하기 때문에. 그러니 '제4차 혁명'의 현실감을 불러일으킨 알파고에게 감사해야 한다. 이제는 좀 여유를 즐기고 싶은 한국인에게 '쉴 수 없다'는 경고를 내린 알파고에게 '땡큐, 알파고!'라고 말해야 한다. 그런데 수긍하기는 했지만, 도대체 어떤 일이 일어날까? 두려움이 밀려든다.

제 4차 산업혁명

1990년대 초반 출현한 최초의 휴대폰은 군경(軍警)이 갖고 다니는 무전기만큼 컸다. 그래도 시도 때도 안 가리고 호출음을 내는 삐삐보다는 훨씬 진화한 발명품이었다. 무전기 같은 휴대폰이 요즘의 스마트폰으로 진화하는 데에는 그리 많은 시간이 걸리지 않았다.

정보혁명은 한국인의 살길이었다. "산업화는 늦었지만 정보화는 앞서가자." 당시 거리 곳곳에 나부낀 한국인의 각오였다. 삼성전자의 발 빠른 적응과 결단, 그리고 정부의 신속한 대응에 힘입어 한국은 정보혁명의 선두에 설 수 있었다. 단군 이래의 쾌거였다. 한국경제는 반도체와 휴대폰을 앞세워 1인당 국민소득 2만 달러를 돌파했고 3만 달러 고지를 향해 진군하는 중이다.

그런데 비상이 걸렸다. 정보혁명이 스마트폰에서 다른 쪽으로 방향을 튼 것이다. 스마트폰의 정보기술은 소수 선진기업만이 독점한 전용기술이 아니라 많은 기업들이 통상적으로 사용하는 범용기술로 바뀌어 대량복제와 생산이 가능해졌고, 그 결과 중국과 같은 후발주자에게 자리를 내줘야 할 형편이다. 독창적인 길을 찾아내지 못한 한국에게 인공지능, 즉 빅데이터를 활용한 머신러닝의 시대가 도래했다. 학습능력을 갖춘 로봇의 탄생, 말하자면 알파고와 이세돌이 합성된 새로운 존재가 탄생하고 있는 것이다. 제4차 산업혁명이 모습을 드러냈다.

알파고의 연산능력과 이세돌의 뇌가 결합한다면 어떻게 될까? 이거야말로 굉장한 풍경이다. 호모 사피엔스(Homo Sapiens)를 멸종시킬 새로운 종의 탄생을 예고한다. 뇌와 컴퓨터를 연결하는 '블루 브레인 프로젝트'(Blue Brain Project)는 이미 10년 전에 시작됐다. 인간의 감정을 생산하는 오묘한 마음밭이 컴퓨터에 이식되는 것이다. 지적 설계로 자연선택을 변형하는 과학실험이 지속된다면 인지능력을 무한정 확장한 감정적 주체가 태어나지 말라는 법은 없다. 그러면 인간이 애지중지했던 모든 사회과학적, 인문학적 개념들은 유효성을 상실한다. 생명 정체성이 교체되고 법과 시장질서가 바뀐다. 매뉴팩처링은 특정 공장이 아니라 개인주택의 거실이나 창고에서 일어난다. 이른바 인포팩처링(*infofacturing*)이다.

《사피엔스》의 저자 유발 하라리의 예견은 좀 섬뜩하다. "적어도 우리와 네안데르탈인은 같은 인간이지만, 우리의 후계자들은 신(神) 비슷한 존재일 것이다."[5] 신 비슷한 존재에게는 사랑, 우정, 가정, 직장, 생계, 행복 같은 인류사적 개념은 크게 변질되고, 자본주의 시장질서 역시 요동칠 것이다.

《에로스와 문명》의 저자 마르쿠제(H. Marcuse)가 기계문명이 인간을 육체노동에서 해방시킨다는 낙관적 명제를 내놓은 것이 불과 50년 전의 일이다. 인류사에서 미증유의 경제성장이 일어난 때였다. 지난 50년간 비관론보다는 낙관론이 우세하기는 했다. 그런데 감정을 갖춘 인공지능의 탄생은 어떨까를 짐작하기란 너무나 난감한 상황이다. 마치 바이러스가 자기증식을 하듯, 입력한 프로그램이 가치망이나 감정망과 혼선을 일으킨다면 감성주체가 생성된 인공지능이 기상천외한 행동을 감행할 수도 있기 때문이다.

알렉스 프로야스(Alex Proyas) 감독이 만든 영화 〈아이, 로봇〉(*I, Robot*)이 나온 것이 2004년, 벌써 13년 전의 일이다. 인공지능을 장착한 로봇이 신경망에 혼선을 일으켜 인간에게 대든다는 섬찟한 스토리다. 말하자면 인간에 버금가는, 또는 인간 능력을 초월한 인공지능은 1980년대부터 산파과정을 거쳐 이제 본격적 탄생을 세계에 알렸다.

특정 데이터를 입력한 로봇을 한 대만 갖고 있으면 가사를 모두 맡길 수 있다. 요리, 세탁, 청소는 물론이고, 운전, 사물관리, 육아, 안전에 관한 업무를 척척 해낼 것이다. 마르쿠제가 예언했듯, 인간은 모든 노동에서 해방된다. 멋진 일이다. 그러나 그 대가도 만만치 않다. 영화 〈아이, 로봇〉처럼, 로봇과 인간이 거리를 함께 활보하고, 수요와 인간 취향에 맞춰 노동분업이 각각 이뤄진다. 인간과 로봇 간에 다툼이 일어날 수도 있다. 데이터를 활용한 어지간한 작업을 로봇이 대체하기 때문이다.

과학자들은 인공지능 로봇에게 가장 먼저 내줄 직업으로 회계사, 요리사, 법조인, 의사 등 전문 직종을 포함해 제조업체의 꽃인 기술공과 기능공을 뽑았다. 기업의 영업 기록과 수치를 모두 입력하면

영화 〈아이, 로봇〉의 한 장면

회계결과를 바로 얻을 수 있고, 레시피를 입력하면 로봇이 원하는 요리를 해낸다. 판결도 마찬가지다. 모든 판례를 입력한 로봇이 때로 감정에 치우칠 수 있는 판사보다 더 정확한 판단을 내릴 수 있다는 것이다. 기술공과 기능공? 생산라인에서 제조정보가 입력된 로봇을 가동하면 불량률 제로의 생산공정을 실현할 수 있다. 그러니 기술자와 기능공이 왜 필요하겠는가?

미래학자 제레미 리프킨(J. Rifkin)은 사물인터넷(IoT, *Internet of Things*)에 주목한다. 6 사물인터넷은 기계, 주택, 기업, 차량, 사무실, 연구실, 건물 등 모든 시설과 상품을 지능형 네트워크에 연결해주는 연결망이다. 이 지능형 네트워크는 소통인터넷, 에너지인터넷, 물류인터넷으로 구성된다. 이 인터넷에 등록된 모든 사람과 사물의 실시간 상황은 물론, 수요와 공급사슬 전반의 물류현황, 제품

흐름, 관리와 서비스에 이르기까지 모든 움직임이 데이터로 저장되고 활용된다. 이른바 인공지능을 가능하게 하는 빅데이터가 행동과 돌발상황의 예측가능성을 높여 그것에 알아서 대처하는 자동화시스템을 작동하는 것이다. 그것은 제 4차 혁명의 핵심인 스마트 인프라 혁명이다.

사물인터넷과 연결된 센서의 수는 2013년에는 35억 개였는데, 2030년이면 100조 개로 늘어날 것으로 보인다. 사물인터넷이 쓰이지 않는 분야는 없다. 우주항공, 의료, 자동차, 조선, 생명공학은 물론, 인간행동의 유형과 패턴을 찾아내는 데도 활용된다. 2030년이 되면 보통 사람들은 인터넷에 말을 거는 소유물을 약 1천여 개 갖게 되고, 선진국에서 그 숫자는 약 5천여 개 정도가 될 것으로 내다본다. 7

세계 굴지의 대기업이 사물인터넷에 막대한 자금을 쏟아붓는 이유가 바로 이것이다. "사물인터넷에 사활을 걸지 않는 기업은 결국 도태한다"고 리프킨은 단언한다. 글로벌 기업들이 내건 프로젝트는 그 명칭도 다양하다. 제너럴 일렉트릭(GE)은 '산업인터넷'(*Industrial Internet*), 시스코(Cisco)는 '모든 것의 인터넷'(*The Internet of Everything*), IBM은 '스마트 지구'(*The Smart Planet*), 그리고 지멘스(Siemens)는 '지속가능한 도시'(*Sustainable Cities*)라고 명명하고 벌써 십수 년째 사물인터넷 시대를 대비하고 있다.

리프킨은 제 4차 혁명이 일반화되는 시기를 2050년 정도로 보았다. 그때가 되면 정보, 자원, 상품을 서로 나누어 갖는 공유경제

(shared economy)의 시대가 확산될 거라고 말한다. 공유경제란 어지간한 상품과 시설은 대중생산을 통해 서로 공유된 정보를 활용하여 생산, 판매, 유통, 분배하고 여분을 나눠 갖는 질서를 말한다. 그렇게 되면 사생활의 울타리는 점점 허물어진다. 이미 페이스북, 트위터, 유튜브, 인스타그램에 익숙한 젊은 세대는 가상의 글로벌 공공 광장에서 타인과의 접속을 즐긴다.

"이 젊은 세대의 다른 이름은 투명성이고, 작업방식은 협력이며, 자기 표현방식은 확대된 수평적 네트워크에서 행하는 피어투피어 (peer-to-peer) 생산이다."8

제4차 혁명이 가져올 혁신의 단면이다.

자동차 개념이 바뀐다

천지개벽할 일은 한국이 사활을 건 자동차산업에서도 진행 중이다. 지금은 먼 곳의 천둥소리처럼 들려오는 대변혁의 물결은 곧 한반도에 엄청난 태풍을 몰고 올 것이다. 사실 내연기관의 시대가 열린 이후 지금까지 거의 130년 동안 자동차만큼 기본구조가 변하지 않은 발명품도 드물다. 차는 발명 당시부터 운송수단이었다. 운전자의 운전 공간, 승객의 탑승 공간이 있고, 엔진과 변속기를 탑재했으며, 네 바퀴를 굴려 이동하는 말 없는 마차(馬車) 개념이 그것이다. 말 대신 엔진을 탑재한 마차, 그것이 어떤 속도로 달리든 엔진으로 달리는 운송기구가 자동차다. IT 정보기기의 비중이 점차 높아져 자동차 품질 향상에 엄청난 기여를 했지만, 네 바퀴 달린 운송수단이란 원래의 본질을 바꾸지는 못했다.

1885년 독일의 칼 벤츠가 만하임 소재 자전거가게 뒷마당에서 휘발유 엔진으로 구동하는 자동차를 처음 만든 당시부터 그것은 '모터마차'였다. 벤츠가 고안한 자동차는 와이어 바퀴, 4행정 엔진, 전기 코일 점화장치, 엔진과 후륜축을 연결하는 변속기를 기본구조로 가졌는데, 지금도 골격은 동일하고 기본 기능이 운송수단임에는 변함

1885년 칼 벤츠가 제작한 초기 자동차

이 없다. 9

그러나 이제는 아니다. 자동차 탄생 후 130년 만에 본질과 기본 골격이 바뀐다. 자동차는 운송수단이기도 하지만, 이동 및 휴게수단이기도 하다. 각종 사물인터넷과 연결된 사무실, 집무실, 연구실, 또는 집안의 거실에 바퀴를 달아 이동하는 장치이자, 언제든지 휴식을 즐길 수 있는 휴게시설이기도 하다. 이동하는 휴게실, 이동하는 주택, 이동하는 사무실 개념이다.

무인자동차 혹은 자율주행차의 출현은 무엇을 뜻하는가? 운전 공간이 사라지고 다른 다양한 기능과 용도가 자리 잡는다. 운전대가 사라진 자율주행차에는 운전석과 승객석이 마주보는 형태로 놓여, 이동하는 동안 담소를 나누거나 놀이를 즐길 수 있다. 예를 들어,

가족끼리 마주앉아 주행하는 동안 지붕에 달린 레이더가 사물인터넷을 통해 주변 사물을 포착하고 최적 주행을 해나간다. 첨단 정보기기가 설치된 공간과 바퀴의 결합, 이것이 곧 미래 차의 개념이다. 자동차와 집, 사무실의 경계가 허물어지고, 공적, 사적 삶의 공간이 융합된 새로운 이동공간이 만들어지는 것이다. 그것도 명령만 내리면 목적지에 데려다주는 자율주행차 말이다.

자율주행차의 선두주자는 일본 닛산자동차와 구글이다. 닛산은 2007년 '어드밴스드 테크놀로지 센터'를 건립해 미래형 자율주행차를 연구 개발한다. 그 연구팀에 인류학자도 참여했는데, 인간의 동작과 행동, 사고, 돌발상황 반응 유형을 총체적으로 데이터화하려면 인류학자의 관찰이 절대적으로 필요하다.10 구글이 개발한 무인자동차는 벌써 180만 킬로미터 주행에 성공했다. 자율주행차에 대한 구글의 열정은 남다르고 그 성과도 뛰어나다. 구글은 이미 전 세계 네티즌의 모바일 사용 상태를 빅데이터화했고, 또한 전 세계 도로, 건물, 지형을 탑재한 구글맵을 운영하고 있어서 자율주행차 연구개발의 선두주자로 꼽힌다.

전기자동차의 대명사인 테슬라(Tesla)는 2018년에 자율주행차를 출시하겠다고 공언하였는데, 미국 시장조사업체인 IHS에 따르면 자율주행차가 본격화되는 해는 대체로 2020년 전후일 것이고, 2030년에는 약 1천만 대가 팔릴 것으로 내다봤다. 이는 자율자동차가 전 세계 자동차시장의 약 10%를 점유하게 된다는 것을 의미한다.

점유율이 문제가 아니라 자동차의 개념과 패턴이 바뀐다는 것이 문제다. 자율주행차, 무인자동차가 달리는 도로와 현재의 교통규칙, 각종 사고와 관련된 법규와 보험을 생각해 보라. 자율주행차의 사고율은 급격히 줄어든다는 것이 일반적 견해인데, 보험회사 역시 이에 대응하거나 비즈니스를 중단하고 말 것이다. 기사 서비스는 아예 증발해 버릴 것이고, 사고 확률이 현저히 낮아지면 교통법규도 간단해질지 모른다. 자율주행차는 그 자체로 전장제품 덩어리다. 차량과 스마트기기가 복합적으로 연결된 커넥티드 카(connected car)가 지배적 패턴이 되면 엄청나게 큰 새 시장이 열린다.

이 블루오션(blue ocean)을 선점하기 위해 이미 글로벌 자동차기업과 정보기업의 합종연횡이 시작된 지 오래다. 일본 글로벌업체인 토요타는 미국 포드, 정보기업 아마존과 결합했고, 마이크로소프트를 중심으로 닛산, 볼보가 커넥티드 카 시장에 뛰어들었다. 한국의 삼성전자는 BMW를 연결고리로 중국 바이두(百度)와 손잡았다. 폭스바겐은 LG전자와, GM과 혼다는 애플과 제휴를 모색 중이다. 11

여기에 테슬라! 전기자동차가 이미 출현했다. 전기자동차의 선두인 테슬라 사의 엘론 머스크(Elon Musk)는 2016년 4월 1일 테슬라의 3세대 자동차인 '모델 3'을 출시했다. 모델 3은 준중형 모델로서 6초 만에 시속 100킬로미터에 오를 수 있는 파워를 갖췄고, 자율주행 기능도 탑재한 신개념 자동차다. '모델 3'의 가격은 약 3만 5천 달러로 책정되었는데, 출시 3일 만에 28만 대가 팔리는 개가를 올렸다. 머스크의 눈길은 28만 대가 아니라 더 먼 곳에 있다. 자동차 개념과 패턴을 바꿔 전기자동차와 자율주행이 결합한 차를 주류로 만들려고 하는 것이다.

"테슬라는 세계 최고 가치를 지닌 기업이 될 것이다."[12] 머스크의 이런 신념은 2006년 태양광을 전력화하는 태양전지 프로젝트 솔라시티(Solarcity)를 시작할 때부터 이미 확고했다. 녹색기술의 대명사인 태양광 전력사업이 유례없는 성공을 거두자 머스크는 테슬라 모터스와 협력을 맺고 전기자동차 개발에 박차를 가했다. 앞에서 얘기한 리프킨의 에너지 공유혁명이 머스크에게는 태양광 발전과 태양전지로 발현된 것이다. 솔라시티처럼 태양열 시스템을 구축하면 누구나 태양전기를 생산할 수 있고, 집집마다 전력충전기를 갖추면 전기자동차의 사용은 더욱 편리하고 활발해질 것이다. 3일 동안 28만 대 예약이 그 증거였다. 전기자동차에 장착할 배터리와 솔라시티가 판매하는 저장시스템 배터리를 차질 없이 공급하는 것이 무엇보다 급선무이지만, 그것은 자동차 개념과 기본 골격의 획기적 변환에 비하면 아무것도 아니다.

대비하고 있는가?

자동차 부품은 대략 2만여 개에 달한다. 과거에는 대략 1만여 개의 완성품과 부품을 생산라인에서 조립했지만 현재는 주요 파트별로 묶어 모듈화하는 것이 대세다. 자동차 조립공정은 크게 차체, 프레스, 도장, 의장 네 파트로 나뉘는데, 여기서 중요한 공정은 각종 완제품과 부품을 조립하는 의장이다. 그런데 전기자동차와 자율주행차의 구조는 전통적인 차의 개념처럼 복잡하지 않아도 된다는 데에서 문제가 발생한다. 머스크는 3D 프린터로 차체를 생산해 보이기도 했다. 여기에 전장제품을 탑재하기만 하면 자동차가 완성된다. 이는 곧 현재의 대규모 공정 라인이 필요 없다는 뜻이고, 수만 명에 달하는 조립 노동력도 잉여인력이 된다.

여러 가지 질문이 떠오른다. 신개념 차에는 어떤 엔진이 탑재되는가? 과연 엔진이 있기는 한가? 가속기와 페달이 필요한가? 바퀴는 달리겠지만, 운전대는 물론 사라지고, 트랜스미션도 다른 형태를 띨 것이다. 이는 대규모 공장의 구조와 공정의 레이아웃이 획기적으로 바뀐다는 것을 뜻한다. 이를 혁명적 전환이라고 한다면, 한국의 자동차산업은 미래의 충격에 대비하고 있는가?

2017년 1월 CES(국제전자제품박람회)에서 기자들을 상대로 자율주행 테스트를
진행한 현대 아이오닉

현대차는 2016년 정초에 토요타 프리우스를 겨냥한 전기자동차
아이오닉(IONIC)을 출시했다. 현대차 관계자는 복합연비와 승차감
에 있어 프리우스를 넘어설 것으로 자신했는데, 미래의 수요변화에
대비한 반가운 소식이다. 자율주행차도 현대차가 오랫동안 준비해
왔기에 세계 선두급에 속한다. 현대차는 미래차 개념을 '초연결지능
형 자동차'로 설정하고 자동차, 집, 사무실, 도시를 연결한 달리는
고성능 컴퓨터를 구현한다는 계획을 착착 실행하고 있다.13

  하지만 인공지능, 빅데이터와 같은 소프트웨어 분야에서는 여전
히 열세다. 경영의 미래 대비도 그렇고, 노동 역시 미래 변화에 촉
각을 세우고 있는가? 어떤 대비를 하고 있는가? 현대차는 울산공장
에 4만 명, 그리고 아산, 전주공장, 연구소를 합하면 약 7만 명을

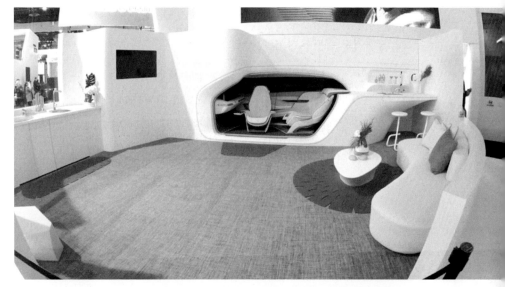

현대차의 콘셉트카(중앙). 자동차가 홈과 도킹하여 자동차 내부와 가정이 직접 연결된다.

고용한 거대기업이다. 울산공장에는 5천 명이 일하는 엔진 변속기 공장이 있다. 그리고 계열사도 변속기와 주요 부품을 생산하는 수만 명의 인력을 고용한다.

이런 상황에서 엔진구조가 바뀌면 어떤 일이 일어날까? 변속기가 지금보다 단순해지고, 대부분이 전장제품으로 대체된다면 어떤 일이 발생할 것인가? 2020년에 전기자동차와 자율주행차가 본격화된다는 예상이 맞아떨어진다면, 기술부문과 조립부문의 인력규모와 고용전선은 요동칠 것이다.

이 질문이 이 책의 주요 관심사다. 최고경영진 중 한 사람은 이렇게 우려했다.

작업현장은 임단협과 복지에만 관심을 쏟고 있지요. 노동시간 줄이고, 노동강도 낮추려 하고, 인센티브 시스템 도입이나 보직 순환에는 반대하고 … 해외공장이 생산성이 높아지는 것에는 아무런 긴장도 하지 않아요. 올해 임단협도 아마 난항일 겁니다. 주야 8시간 맞교대가 도입된 이후로 잔업문제, 성과금, 임금피크제가 쟁점이 될 겁니다. 예전처럼 주인의식을 찾아보기 어려워요. 노동 의욕과 사기(*work moral*)가 현저하게 떨어졌어요. 조장, 반장 교육을 장려하려 하는데 노조가 반대하죠. 해외공장을 견학하고 오면 태도는 약간 달라지는데, 그 사실을 서로 얘기 안 하려 하죠. 미래요? 주인의식 없이는 불투명하다고 봐야죠. 어쨌든 원칙을 지키고 같이 노력할 수밖에요. 14

마치 해무(海霧)를 뚫고 나가는 해군 함장처럼 말했다. 전직 노조 위원장도 각도는 다르지만 심정은 비슷했다.

사실 노조는 노조원의 요구에 붙잡혀 있어요. 노조원들의 복지와 임금을 위해 싸우는 거죠. 때로는 회사 경쟁력과는 무관한 사안에 목을 매는 경우도 허다합니다. 그것은 노조의 연대력과 투쟁력을 강화하기 위해 불가피한 현상이지요. 노조는 우선 노동권 보호를 위해 싸워야 합니다. 현대차 노조는 모범적으로 그리 해왔습니다. 그런데 … 자동차 산업이 변하고 있어요. 전기자동차, 자율주행차가 나오면 지금 공장은 어떻게 되는 거지요? 대안이 없습니다. 노조가 이에 대비하려 하지만 밀려드는 현안문제를 처리하기에도 역부족입니다. 전기자동차의

엔진이 바뀌면 아마 엔진공장의 다수가 일자리를 잃게 됩니다. 불 보듯 뻔하죠.[15]

엘론 머스크는 '미래의 설계자'일지 모르나 우리의 일자리를 빼앗아가는 터미네이터다. 문명은 이렇게 바뀐다. 미지의 과학기술이 '진보'의 이름으로 실용화되는 순간 낡은 패러다임에 갇힌 사람들에게는 악몽이 된다. 일자리를 잃고 생계수단을 빼앗긴다. 단군 이래 최대의 호황이 끝난다. 한국경제의 총체적 파산이 발생하면 어떻게 될까?

하버드대 경영학자 클레이튼 크리스텐슨 교수가 묻는다.

"다음엔 무엇이 일어날까?"

다보스포럼 창립자인 클라우스 쉬밥(Klaus Schwab) 회장이 경고한다.

"쓰나미는 어느 날 도둑처럼 온다."

잔치는 끝났나?

출구(出口)를 만들지 못하고, 내부 구성원들의 의욕을 북돋을 제도 창출에 무지한 기업은 결국 도태(淘汰)의 길을 걷는다. 수많은 기업 간 치열한 경쟁 속에서 신수종(新樹種) 찾기가 결코 쉬운 일이 아니고, 구성원들의 의욕과 창의적 사고를 배양할 제도 창안도 그리 만만하지 않다. 두 가지를 다 놓치면 기업의 성장은 중단된다. 마치 개별 역량을 충분히 배양하지 못하고 20대를 보내면 30대에 들어 좋은 직장을 잡지 못하는 것과 마찬가지다.

1970년대에는 그나마 시장이 호황이었다. 프랑스 경제학자 토마 피케티(Thomas Piketty)의 지적처럼, 1970년대는 인류역사상 경제성장률이 가장 높은 시기였다. 실력 없는 기업도 사업을 벌이면 이윤을 올리고 번창할 수 있었던 것은 순전히 시장 활황 때문이었다. 그 당시 한국기업에게는 신수종도 필요 없었고, 내부 구성원을 관리할 제도도 사치였다. 그저 일자리 하나면 족했고, 장시간 노동에 생계비 이상의 임금을 지급받으면 충분했다.

이런 한국기업에 1990~2010년의 성장기간은 인생으로 치면 30대에 해당한다. 성장동력은 키웠으나, 제도 창안이 특히 부실했다.

그런 상태로 구 패러다임의 유효성이 소진되는 시대, 추격자가 다른 후발 추격자에 의해 붙잡히는 시대를 맞은 것이다.

"서른, 잔치는 끝났다"고 읊조린 최영미 시인은 열렬한 사랑 이후에 오는 허무를 노래했는데, 신수종을 찾지 못해 어정쩡하게 서 있는 한국경제, 매출액 하락을 막느라 쩔쩔매는 대기업들의 속마음을 말해 주는 듯하다. 16

> 잔치는 끝났다
> 술 떨어지고, 사람들은 하나 둘 지갑을 챙기고 마침내 그도 갔지만
> 마지막 셈을 마치고 제각기 신발을 찾아 신고 떠났지만
> 어렴풋이 나는 알고 있다
> 여기 홀로 누군가 마지막까지 남아
> 주인 대신 상을 치우고
> 그 모든 걸 기억해내며 뜨거운 눈물 흘리리란 걸
>
> — 최영미, 〈서른, 잔치는 끝났다〉 부분

너무 부정적인가? 아니다. 긍정을 향한 부정이라면 얼마든지 해도 좋다. 낙관을 향한 비관이라면 얼마든지 환영이다. 부정과 비관은 현실 진단의 묘약이다. 어떤 상황에 처했는지를 냉철하게 파악하지 않으면 출구도 없다. 모두 떠났지만, "누군가 마지막까지 남아 그 모든 걸 기억해내며 뜨거운 눈물 흘리"는 사람이 있어야 한다. 성장 경험을 상세하고도 치밀하게 복기(復棋)하는 가운데 무엇을 놓

쳤는지를 기억하는 것이 중요하다.

피케티는 자본주의의 동향을 분석한 끝에 2010년을 저성장시대로 진입하는 초입이라고 단정했다. 세계 경제성장률이 2% 이하로 떨어지고 별 다른 계기가 없는 한 저성장은 오랫동안 지속될 것이라고 내다봤다. 17 성장에 익숙한 반면 저성장과 경제침체에는 어쩔 줄 몰라 하는 것이 한국경제다. 분배제도도 부실하고, 복지도 부실하다. 노동시간 나누기와 같은 사회적 합의는 불가능하고, 임금양보가 고용안정의 전제조건임을 아예 도외시한다. 호황기든 불황기든 임금은 항상 올라야 하고, 청년실업이 치솟아도 정년 연장을 주장하는 게 한국이다.

그러니 피케티가 가장 좋지 않은 사례로 든 세습사회 (*patrimonial society*) 로 돌입하는 건 당연하다. 한 가족이 소유한 자본이 자녀들의 계층 확정에 결정적 영향을 미치는 부정의한 사회가 세습사회다. 부는 세습된다. 하층민의 계층 상향이동은 지극히 제한된다. 기득권과 권력자원을 소유한 집단이 지속적으로 세습사회의 지배층이 되면 경제적, 사회적 자원의 분배가 왜곡돼 성장효과를 만들어 내지 못한다. 구성원들이 신선한 의욕을 품지 못한다. 그런 사회가 어떻게 새로운 출구를 만들 수 있을까. 그런 기업이 어떻게 신수종을 찾아낼 수 있으며, 난관을 돌파할 힘을 길러 낼 수 있을까.

추격자가 잡히면

짝퉁의 고수로 알려진 중국은 이제 짝퉁의 나라가 아니다. 모방(模倣)이 창조의 선행작업이라 한다면, 중국은 짝퉁의 계절을 지나 창의(創意)의 단계로 접어들었다 해도 과언이 아니다. 몇 년 전 압록강변의 통화(通化) 지역을 여행한 일이 있는데, 하루 묵은 호텔 이름이 히라톤(Hiraton)이었다. 어디서 많이 접하던 친숙한 이름, 힐튼과 쉐라톤의 합성어였다. 굳이 말하자면 짝퉁이었다. 객실 방문에 달린 초인종 상표도 허니벨(Honeybell)이었는데, 미국 상표인 허니웰(Honeywell)을 도용한 것이다. 그럼에도 호텔은 번듯했고 허니벨은 우아한 차임벨 소리를 냈다.

중국은 모방시대를 끝내고 본격적인 '메이드 인 차이나' 제품을 들고 세계시장을 공략 중이다. 샤오미 저가폰이 출시될 때만 해도 짝퉁 이미지가 강했는데 이제는 삼성 고가폰을 밀어내기에 이르렀다. 우리의 네이버(Naver)와 다음(Daum), 카카오톡(Kakao Talk)을 모방한 중국 포탈 바이두(百度)에 접속하는 네티즌은 하루 수억 명에 달해 이미 세계적 인터넷업체로 등극했다. TV, 세탁기 등 가전제품도 한국 제품 성능을 충분히 따라잡았다. 한국이 '발 빠른 추격자'

(fast follower)였다면, '더 빠른 추격자'에 의해 거의 잡혀 가는 형국이다. 서부영화식으로 말한다면 영화의 막을 내려야 할 형편이다.

한국은 발 빠른 추격자였다. 짧은 학습단계와 모방단계를 거쳐 제조공장을 건축하고 생산품을 쏟아 내는 데 성공했다. 속도에 있어 한국을 따라잡을 나라는 없을 듯 보였다. 가난에 한스런 가슴을 부여안고 나간 외국에서 눈동냥, 귀동냥한 정보를 대충 복기해 제품을 만들었다. 손재주가 좋은 것도 큰 보탬이 됐다. 1970년대 시작한 6대 전략산업이 대개 그런 식으로 구축됐다. 한(恨)은 오기(傲氣)를 생산했고, 손재주는 품질을 보증했다. 오기와 손재주가 결합된 역량을 국가와 재벌 오너가 경제성장 동력으로 전환했다.

1990년대까지가 기초를 다지는 기간이었다면, 전략산업의 본격적 성장은 1990~2010년에 걸친 20년 동안 이뤄졌다. 제조업 포트폴리오(portfolio)가 가장 좋은 나라를 건설한 것이다. 6대 산업이란 자동차, 조선, 철강, 비철금속, 석유화학, 반도체를 말한다. '어쨌든 따라잡자!'가 한국인의 구호였다. 그리하여 따라잡은 산업이 속출했다. 추격자에서 선도자(first mover)로 바뀐 기업도 나왔다. 포스코는 세계 철강산업의 일인자로 등극했고, 조선산업은 세계 최강이 되었다. 1970년대 후반, 스페인, 스웨덴 등 유럽 조선강국은 한국의 맹추격에 조선업 포기 결단을 내려야 했다. 그들은 다른 선진 산업으로 거점을 이동해 갔다. 반도체도 빼놓을 수 없다. 치열한 반대를 무릅쓰고 1980년대 초반부터 투자한 반도체산업은 일본을 제치고 세계 정상에 올라섰고, 급기야는 스마트폰 신화를 만들었다.

제조업 포트폴리오로 본다면, 한국은 일본, 독일과 함께 3대 제조업 강국으로 꼽힌다.

추격에서 선도로 자리바꿈하지 못하면 후발 추격자에게 결국 밀리는 것은 역사가 입증한다. 한국은 제조업 강국의 절정에서 어디로 갈지 우왕좌왕(右往左往)하는 꼴이다. 몇 년 전 삼성 임원을 상대로 강연을 했다. 갤럭시폰이 막 출시될 때였는데, 삼성의 자부심은 하늘을 찔렀다. 나도 자랑스럽기는 했으나 '빠른 추격자' 삼성은 '선도자' 애플의 위치를 탈환하지 못했음을 강조해야 했다. 나름대로 갤럭시폰과 아이폰을 비교하면서 내린 결론이었다. 삼성은 하드웨어에서는 앞섰지만 당시 갤럭시폰에 내장된 앱은 애플의 발명품이 많았다. 응용주도적 성장(application-driven growth)과 혁신주도적 성장(innovation-driven growth)의 갭은 여전히 크다. 이후 10년 동안 삼성은 애플의 소프트웨어 수준 격차를 좁혔는가? 그 격차를 좁히지 못한 채 이제 스마트폰 제조를 중국에 넘겨줘야 할 판이다. 추격당하는 자의 비애, 출구를 암중모색 중인 삼성의 초조함은 한국의 초조함이다.

2015년 10대 대기업 매출액이 현대차그룹만 제외하고 모두 하향세로 접어들었으니 초조함은 당연하다. 현대차그룹이라고 이런 하락 추세에서 자유로울 수 있을까? 정말 그렇기를 바라지만, 앞에서 서술한 미래형 자동차의 출현을 보면 결코 안심할 수 없는 상황이다. 비교론적 관점에서 보면, "미국, 일본, 유럽 기업들도 글로벌 경제위기를 겪었지만 매출액 급감으로 나타나지는 않았다. 그런데 한국기업은 매출액 하락이 두드러져서 성장과 도태의 갈림길에 서 있다"고 해도 무리는 아니다. 18 〈조선일보〉 기사는 주력업종 대부분의 침체를 산업화 50년 만에 발생한 초유의 사태로 규정지었다.

필자는 한국경제의 침체 원인을 규명하는 논문을 자주 썼는데, 그중 가장 중대한 원인으로 두 가지를 짚고 싶다. 19

첫째, 산업사회학적 관점에서, 전략산업과 대기업의 본격적 성장 기간인 지난 20년 동안 외형은 커졌지만 여전히 구 패러다임(old para-digm)의 경계를 넘지 못했다. 후발국의 추격은 구 패러다임 내에서 벌어진다. 신 패러다임으로 일찌감치 달아난 선진국들은 매출신장의 새로운 자원을 발굴하려 막대한 투자를 해왔고, 결실을 맺는 중이다. 의료, 인공지능, 제약, 생명공학, 신소재, 우주항공 분야가 선진국들이 눈독을 들이는 영역이다. 한국의 제조업은 전통산업의 경계 내에서 정상에 올라섰으나 뚫고 나갈 출구를 찾지 못했다.

둘째, 사회제도와 성장수준의 격차(gap)다. 필자는 이 점이 첫째 요인보다 더 막중하다고 생각한다. 경제성장이 지속되려면 사회제도의 뒷받침이 필요하다. 고용규칙, 노동규칙, 분배규칙 등이 상생 구조로 개선되어야 한다. 오기와 손재주가 결합된 열정을 유지 존속하려면 상당한 제도적 인센티브가 주어져야 한다. 기회균등, 불평등 완화, 소득보장, 복지확충 같은 제도적 개혁이 뒤따라야 성장을 관리하고 새로운 동력을 만들어 낸다.

흔히 경제가 앞서가고 사회제도는 뒤따라가는 것이 보통이지만, 그 격차가 너무 크면 양자의 부정합이 발생하고 갈등비용이 치솟는다. 이 부정합에서 발생하는 사회적 혼란과 갈등이 역으로 성장전선을 교란하는 것이다. 경제와 사회 간 발전수준 차이가 큰 상태를 격차사회(gap society)라 한다면, 이런 사회에서는 새로운 경제동력이 잘 만들어지지 않는다. 1인당 국민소득 2만 달러 이상의 국가는 '경제동력의 사회적 생산지대'로 진입한다. 선진국들이 1인당 국민소득 1~2만 달러 사이에서 큰 폭의 개혁적 조치를 감행한 역사적 사례는 바로 그러한 사회학적 발전요건의 중요성을 입증한다. 격차를 좁혀야 성장동력 창출과 분배투쟁을 둘러싸고 일어나는 사회적 혼란과 갈등을 관리할 수 있다. 사회적 합의의 기반이 넓어지고 도약의 발판을 만든다.

2010년 이후 한국경제에 발생한 심각한 정체 위기는 구(舊)패러다임과 구(舊)제도의 한계가 겹친 결과다. 일본이 혹독하게 겪은 '잃어버린 20년'의 원인도 동일한데, 일본 경제전문가들이 한국이 꼭 20년 전 일본을 닮았다고 말하는 이유이기도 하다. 여기에 박근혜 대통령 탄핵문제와 정권교체가 겹친 2016년 말 한국경제는 외환위기 이후 최악의 늪으로 빠져들었다. 제조업 가동률이 외환위기 당시와 비슷한 70%선으로 주저앉고, 조선업, 해운업의 산업구조조정이 제대로 진행되지 않았고, 경제사령탑이 실종됐다. 대통령은 사실상 궐위 상태로 들어갔다. '존재하지만 없는' 통치력의 실종상황이 몇 달간 지속되었다. '죽음의 계곡'이었다. 추격자가 다른 후발 추격자에게 잡혀 목숨을 잃기 쉬운 위기상황, 한국경제는 이 '죽음의 계곡'을 벗어날 수 있을 것인가?

2016년 12월, '최순실 디스카운트' 여파로 해외자본 1조 원이 증시를 빠져나갔다. 해외진출 기업들은 총수가 소환되고 뇌물죄 적용 가능성이 거론되는 최악의 상황에 직면해서 국제신인도 추락을 염려했다. 실제로 외국기업들은 의심의 눈초리로 한국기업들을 대했다. 수출이 급락하고 소비가 결빙되었음은 물론이다. 마침 중국은 사드 배치에 항의하는 전략으로 한한령(限韓令)을 내렸다. 한국스타들을 광고에서 몰아내고, 한국산 제품 수입과 사용을 규제하는 일종의 보복 심리였다. 세계경제를 좌지우지하는 대국에 어울리지 않는 행동이었으나, 실종된 통치력과 미숙한 외교의 대가였으니 하소연하기도 어쭙잖았을 것이다. 하소연할 책임주체도 사라졌고, 대책을 궁리할 정부부처 역시 행방불명 상태이다. 대안 제로, 정책 제로 상태에서 투자와 소비는 얼어붙었고, 산업구조조정은 엄두도 못 냈다.

2016년 3분기 경제성장률은 0%였다. 제자리였다는 말이다. 국제통화기금(IMF)에서 경고장이 날라 왔다. "2017년에는 3% 성장률이 불가능하다"고. OECD는 2017년 한국경제 성장률 전망치를 2.6%로 하향조정했는데 그것도 달성할 수 있을지는 미지수이다. 과거 외환위기를 경험한 경제관료들이 회동해서 '정부의 발 빠른 개입'을 주문했으나 '통치력의 IMF' 상태에서 그 요청은 공염불에 불과하다. 죽음의 계곡에 깊숙이 진입한 한국경제를 살릴 수 있는 묘안은 있는가? 있다면 실행가능한가? IMF는 경제회생 대책으로 다섯 가지 방안을 주문했는데 모두 구 제도의 소산이었다. [20] 앞에서 지적한 '구 제도 혁파' 없이는 불가능한 메뉴들이다. '가계부채 축소', '경제구조조정', '노동생산성 제고', '여성, 청년 고용 확대', '저출산과 고령화 극복'이 그것인데, 모두 정치안정과 정부의 기민한 대응력을 필요로 하는 조치들이다. 박근혜 정권이 그것에 주목하지 않은 것은 아니지만, 현장감각 결핍과 취약한 실행력은 구 제도의 완강한 존속력을 이겨 내지 못했다.

정부의 공공성이 무너진 상황에서 구 패러다임과 구 제도를 혁파할 정부의 시의적절한 조정정책을 기대할 수는 없다. 한국을 먹여 살린 6대 전략산업과 대기업들, 한국을 발 빠른 추격자로 끌어올린 산업동력의 내부를 우선 들여다보고 무엇을 스스로 혁파해야 하는지를 캐물어야 한다. 전자와 반도체, 조선업, 자동차산업, 금속과 철강, 비철금속, 석유화학산업에 쌓인 장벽은 무엇인지, 그리고 크고 작은 기업들 내부에 자라난 모순적 구조는 무엇인지를 점검하고 과감히 도려내는 거대한 변혁을 먼저 실천해야 한다. 한국 30대 대기업집단에게 내린 국민적 명령이다.

삼성을 위시해 LG, SK, GS, 롯데, CJ, 현대중공업, 두산, 한화 등 선도 재벌들의 비약적 성장 배경에는 범국민적 후원이 있었기에 이제는 새로운 돌파구를 만들어 국민의 기대에 보답해야 한다. 자동차산업의 선도자, 글로벌 기업으로 도약하고 있는 현대차 연구는 그런 절박한 당면과제의 하나에 불과하다. 이런 시선으로 현대차 내부로 탐사여행을 시작하려 한다.

현대차그룹, 그 기적의 드라마

현대차그룹의 성장과정은 한국 제조업의 역사다. 성장과정도, 그 특유의 오기도 한국을 닮았다. 창립자 정주영 회장의 일대기 자체가 한국 산업화의 스토리이고, 현대 재벌의 강점과 허점이 고스란히 한국경제의 내부 구조로 이전됐다. 미국 MIT 경영학자 엘리스 암스덴(A. Amsden)이 '하면서 배우는'(*learning by doing*) 것으로 요약한 한국적 발전의 특성은 현대차그룹에 그대로 적용된다.[21] 다른 재벌 대기업도 사정은 마찬가지이나, 현대차만큼 그 성격이 두드러지는 기업은 드물다. '현대차' 연구는 곧 '한국' 연구다.

한국은 성장통(成長痛)을 비껴가 조로증(早老症)에 걸린 아이가 된 듯한데, 다행히 현대차그룹은 치열한 성장통을 앓고 있다. 그것도 제대로 앓고 있다. 성장통은 의젓하고 성숙한 어른이 되기 위한 통과의례다. 성장통을 극복하면 어떤 외부의 충격에도 끄떡 않고 내실 튼튼한 기업으로 우뚝 설 수 있다.

1987년, 미국 하버드 경영대가 발행하는 〈하버드 리뷰〉(*Harvard Review*)에 현대차가 표지로 소개되었다. 제목은 "현대 모터 아메리카", 미국에 상륙한 자동차기업 중 가장 빠른 속도로 확장한 사례로 주목을 받았다. 현대차가 내놓은 회심의 역작 엑셀(Excel)이 상륙해 대성공을 거둔 해였다. 일본차와 미국차가 시장을 독점한 상황의 빈틈을 비집고 한국차가 머리를 들이민 것이다. 유아기에서 청년기로 전환한 징표였다.

이후 30년 세월이 흘렀다. 1990년대 초반과 2000년대 초반, 두 차례의 침체를 겪으면서 현대차그룹은 급성장 가도를 달렸다. 세계 자동차사에서 현대차그룹만큼 고속성장을 이룬 사례는 찾아보기 어렵다. 미국의 GM, 포드, 독일의 다임러-벤츠가 각각 창립 100여 년을 훌쩍 넘겼으니 불과 50년밖에 안 된 현대차그룹은 아직 청년에 해당한다. 1990년대 초반, 엑셀 성공을 바탕으로 선언한 글로벌 10 (GT10) 진입은 일종의 과욕으로 비쳤지만 10년 만에 고지에 안착했고, 2000년대 초반 목표를 상향 조정해 내건 글로벌 5(GT5)는 이미 5년 전에 달성했다. 30년 만에 연간 생산 대수 800만 대, 10개국 12개 해외 생산기지를 가동하는 글로벌 경쟁자로 등극했으니 토요타, 폭스바겐, GM, 르노 등 세계적 메이커들이 가장 두려운 상대로 지목할 만하다.

자동차산업 경쟁력을 연구한 일본의 후지모토 다카히로 도쿄대 교수는 일본 토요타가 가장 두려워하는 상대가 현대차그룹이라고 토로한다.[22] 세계 최강 기업인 토요타가 그렇다면 현대차그룹은 무엇인가 독자적인 비밀병기를 갖고 있다는 뜻이다. 1999년 현대차에 합병된 기아차는 2016년 4월 미국 조지아 공장에서 200만 대째 자동차를 생산했다. 같은 해 1월, 미국 디트로이트에서 열린 모터쇼

제네시스 EQ900

에 출품한 제네시스 G90(국내명 EQ900)은 전미 자동차협회가 주는 올해 최고의 차로 선정되었다. 제네시스는 일본 토요타의 베스트셀러 렉서스(Lexus)를 겨냥해 만든 고급차종으로서 세계시장에서 렉서스 고객을 사로잡을 만반의 준비를 갖췄다. 출시한 지 불과 3개월 만에 3만 대 예약을 받았다니 성공 예감이 무리가 아니다.

현대의 영어표기 'Hyundai'는 우리말로 '한다이'로 통한다. 두 단어를 붙이면 '현다이(Hyundai)는 한다이~'가 된다. 창립자인 정주영 회장의 브랜드 이미지 '임자 해봤어?'와 상응하는 아주 재미있는 유비적 카피다. 사실 이 '한다이~정신'은 결단, 실행, 관철, 성취를 하나의 일관된 성과로 이끌어 가는 현대차그룹의 정신적 유전자에 해당한다. 궁리와 연구가 끝나면 일단 실행에 옮겨야 한다는 강력한 추진력은 현대차그룹의 규범이자 기업헌장과도 같다.

'일단 하고 본다'는 이 '한다이~정신'은 불가능해 보이는 목표를 가능하도록 만드는 데에 위력을 발휘한다. 해보지도 않고 이리저리 가늠만 하는 것으로는 자원, 기술, 자본 부족에 허덕이는 가난한 나라 한국을 자동차 제조강국으로 만들 수 없었다.

'한다이~정신'을 개념적으로 집약한 말이 열정(passion), 도전 (challenge)이다. 치밀한 계산과 궁리 없이 무조건 실행하는 저돌적 관행은 성공 아니면 실패, '모' 아니면 '도' 같이 대박과 쪽박 사이를 오락가락한다는 한계와 취약점을 내포하기도 하지만, 아무것도 가진 것 없는 상황, 그리고 경제가 체계화되지 않은 상황에서는 오히려 성장잠재력에 기여하는 바가 컸던 것이 사실이다. 고속성장의 비밀, 토요타가 가장 두려워하는 정신적 유전자가 바로 '한다이~정신', 곧 열정, 도전이다.

현대차그룹의 성장동력은 과감한 결단과 강력한 리더십, 뛰어난 경영능력과 실행능력, 그리고 우수한 노동력을 합한 진취적 추진력에서 나오는데, 이를 관통하는 사회심리적 기(氣)는 '열정'과 '도전'이다. 열악하기 짝이 없던 1970년대 초창기 자동차 제조현장의 모습은 열정 그 자체였다. 코티나와 포드 20M을 조립했던 1970년대 초반 현대차는 '똥구루마'로 불렸다. 당시 노동자들은 망치 하나로 프레스를 만들 정도였다. 하루 평균 12시간 노동은 보통이었다. 2016년 정년을 맞은 판금부 노동자는 이렇게 회상한다. 23

(1970년대 초) 선배 분들은 30~40대로 저희보다 한참 나이가 많은, 손기술이 엄청나게 좋은 사람들이었어요. 판금망치 하나 갖고 철판을 두들겨서 차체를 만들 정도의 손기술이었죠. … 배고픈 시절에 어려서부터 기술을 배워서 훌륭했고 판금망치 하나만 들고 다녀도 밥은 먹을

1970년대 현대차
공장의 모습

수 있는 사람들이었지요. … 장인이었어요. 그런 선배들 밑에서 우리
는 보조공 역할을 했습니다.

　그들은 배가 고파서 했고, 서러워서 했으며, 못 배워서 했다. 뭔
가 이뤄야 한다는 열정, 가난에서 벗어나야 한다는 집념, 후손들을
고생시키지 않겠다는 열망이 깡통과 드럼통을 펴 철판을 만들게 한
원동력이었다. 현대차는 원래 미국 포드의 부품을 조립하는 CKD
(*Complete Knock Down*) 조립공장으로 출발했다. 조립에서 국산화로
산업발전의 차원을 훌쩍 넘은 1976년 '포니 신화'를 만들었고, 이어
국산화 100%인 엑셀 시대를 열었다. 불과 십수 년 만에 단순 조립
공장에서 자체 브랜드 생산공장으로 도약한 동력이 바로 '일단 해보
자'는 열정과 도전이었다.

　한국 산업화의 심성적 자산이기도 한 그 열정과 도전정신은 오너,

포니,
최초의 국산화 모델

경영자, 중간관리자, 노동자를 하나로 연결해 주는 단결과 연대의
고리였다. 일종의 긍정적 담합이랄까, 1987년까지는 '합심의 시대'
(era of cooperation)였다. 합심의 시대를 이끈 현대차그룹의 정신적
유전자인 '한다이~정신', 열정과 도전정신의 사회학적 기원과 특성
을 밝히는 것이 이 책의 첫 번째 주제다. 왜냐하면 그것은 한국 제조
업의 발전 동력과 겹치는 부분이 많기 때문이다.

두 번째 주제는 바로 성장통이다. 1987년 민주화 이행, 즉 정치
적 지형변화가 현대차의 내부 구조에 일대 돌풍을 불러일으켰다.
'울산 태풍'이 현대차를 강타한 이후 이 긍정적 담합 연대는 엷어지
기 시작했고, 경영과 노동의 분절과 작별이 빠른 속도로 진행되었
다. 성장통의 징후였다. 성장과 통증이 동시적으로 발생한 도약단
계로 접어든 것이다.

1987~1999년이 바로 경영과 노동 간 '이별의 시기'(era of separation)다. 성장통은 이 시기에 더욱 뚜렷해졌다. 경영은 성장에 목말라했고, 노동은 보상 극대화와 '품위 있는 노동'을 원했다. 일찌감치 유럽이 1인당 국민소득 1만 달러를 전후하여 겪은 분배투쟁의 물결이 한국사회에도 닥친 것이다. 세련된 '조정의 정치'가 필요했다. 조정의 정치는 양보를 전제로 한다. 그러나 한국의 정치적, 사회적 상황은 달랐다. 권위주의 정치의 후유증이 너무 컸다. 한국의 민주주의는 '의무 수행'보다 '권리 투쟁'을 부추기는 양상이 강했다. 경영은 비전(vision)을 내세웠고, 노동은 실리를 내세웠다. 결과는 '양보 없는 충돌'이었는데, 1998년 외환위기 사태를 겪은 끝에 이해갈등을 합의로 전환할 여지는 지극히 좁아졌다. 한국 민주주의의 특성이 '생산의 정치'에 반영된 탓이기도 하고, 전국적 대표성을 짊어진 현대차의 경영과 노동의 위상 탓이기도 했다.

1987~1999년을 '이별의 시기'로 본다면, 이후 2000년부터 현재까지를 '대립의 시기'(era of confrontation)라고 불러도 좋을 것이다. 대립의 시기는 다른 말로 '충돌의 시기'다. 한국 노사관계의 모든 양상이 현대차그룹에서 전형적으로 분출했다. 24 단순조립형 대규모 사업장이라는 특성도 작용했고, 한국 노동운동의 전위라는 정치적 위상도 주효했다. 경영의 대표선수와 노동의 대표선수가 맞붙은 격이었다. 그런데 그 격렬한 충돌에도 불구하고 현대차그룹의 고속성장은 중단 없이 진행되었고, 해외 생산법인 12개를 건설할 만큼 세계시장 개척에서도 눈부신 성과를 올릴 수 있었다는 점이 특이하다.

경영은 기술주도적 방식으로 방향을 틀어 생산공정에서 노동의 비중을 줄이는 전략을 선택했다. 생산공정 자동화, 혹은 '시스템 합리화'로 불리는 현대식 생산방식이 노조의 '호전적 실리주의'에 대응하는 전략이었던 셈이다. 노동 역시 이런 와중에 다른 어느 산업부문이 따라올 수 없을 만큼 높은 '보상 극대화'에 성공했고, 청년실업률이 날로 치솟는 가운데에도 만 60세까지 '고용안정'을 획득하는 데에 성공했다. 기술주도적 시스템 합리화가 노동의 탈숙련화를 빠른 속도로 진행시켰음에도 말이다. '최고의 기술'과 '단순 육체노동'이 결합해 승승장구하는 모델은 아마 현대차가 거의 유일하다고 해도 과언이 아니다. 현대차 울산공장의 노사관리를 담당한 A 사장도 그런 현실을 우려한다.

일본, 독일이 다(多) 기능공화가 가능하다면, 한국은 그런 것을 꿈도 꾸지 못해요. 그리 되면 얼마나 좋겠어요. 전투적 노조가 담을 쌓고 직무순환을 막고 있지요. 직무순환이 부분적으로 이뤄지고는 있지만 노조와의 합의가 있어야 가능합니다. 토요타와는 다르지요. 물론 토요타의 숙련시스템이 반드시 장점만 있는 것은 아니에요. 아무튼, 미래의 숙제입니다. 25

지금껏 유례없는 성공가도를 달리고 있지만, 이제 그것의 지속가능성을 진단해야 할 시점이다. 특히 현대차의 정신적 자산인 열정과 도전정신이 여전히 유지 존속되는가를 따져 물어야 한다. '열정은

혹시 이완되고 있지 않은가?', '열망은 혹시 변질되고 있지 않은가?'
를 말이다. '열정의 이완'과 '도전의 변질'이 일어난다면, 그것을 치
유할 방안을 찾아내야 한다. 열정의 이완은 높은 보수에 따른 '노동
의 자만'을 부추기고, 도전정신의 쇠퇴는 생산현장에서 원망(怨望)
을 제조한다. 열망(aspiration)이 원망(resentment)으로 바뀌는 것만
큼 무서운 내부의 적은 없다. 따라서 성장통의 실체는 무엇인가, 그
것을 어떻게 치유할 수 있는가를 찬찬히 따질 시점이다.

이 질문은 한국경제 전반, 특히 30대 대기업이 당면한 현실에 해
당한다. 한국의 대기업은 성장통을 치유하고 있는가? 미래를 준비
하고 있는가? 추격자의 위치에서 선도자로 도약할 준비를 하고는 있
는가? 성장통을 제대로 목도하고는 있는가?

외국의 글로벌 기업들은 20세기 산업시대의 옷을 벗어던졌다.
1990년대가 그런 변신의 시대였다. 미국은 시장의 시그널을 따라
냉혹하게 변신했으며, 독일은 이해자 자본주의(stake-holder capital-
ism)에 경쟁적 요소를 조금 도입하는 방향으로 변신을 꾀했다. 일본
은 전통적 요소를 덜어 내는 방식으로 그냥 견뎠다. 패러다임 전환
이 늦었던 이유다.

한국은 어떠했는가? 성장통을 온몸으로 버텼다. 20세기 산업사
회적 패턴을 바꾸지도 못했고, 21세기 디지털시대로의 전면적 변화
도 꾀하지 못한 채 엉거주춤한 상태로 지금까지 달려왔다. 시간이
가기를 기다렸다고 할까? 경제 전문가들이 여러 가지 해법을 내놓기
는 했으나 사회개혁이 되지 않는 한 패러다임 전환은 불가능하다.

모든 짐이 경영자에게 전가된다. 여기에 사사건건 '발목 잡는 정부' 가 겹치면 사태는 꼬인다. 그게 21세기 16년 한국의 궤적이다. 한국 경제의 성장 유전자를 새롭게 정비하는 작업이 절실한 이유다.

이런 문제의식을 현대차그룹에 적용해 답을 모색하는 것이 이 책 의 주요 관심사다. 성장통의 본질 파악과 치유는 현대차그룹을 의젓 한 장년으로, 단단한 글로벌 기업으로, 더 나아가 글로벌 톱(GT1) 으로 우뚝 설 수 있게 하는 데 반드시 필요하다. 리프킨의 지적처럼 20세기 글로벌 100대 기업 중 절반 이상이 사라졌고, 10대 기업에 이름을 올린 기업은 구글, 페이스북같이 대부분 20세기 후반에 창 립된 기업이다. 창립 50년을 맞고 청년기를 지나는 현대차그룹이 2050년에도 글로벌 기업으로 생존하려면 성장통의 치유는 필수조건 이다.

현대차그룹이 위대한 변신(great transformation)을 할 수 있을지 여부는 한국 산업발전의 미래를 가를 중대한 시대적, 역사적 과제이 기도 하다. 위대한 변신의 조건과 방향은 무엇인가? 이것이 이 책의 세 번째 주제다. 현대차그룹의 속사정을 들여다보고 혁신의 출구를 모색하려는 이 책의 의미가 역으로 한국경제 전반으로 확장될 수 있 기를 기대한다.

chapter. 2

—

울산,

한국의 운명을

쥐다

내 푸른 청춘의 도시

한반도 남동쪽 해안에 위치한 울산은 반세기 전만 하더라도 한적한 어촌이었다. 장생포와 방어진에 형성된 촌락과 태화강변에 옹기종기 모인 마을이 전부였고, 더러는 산간을 일궈 농사를 지었지만 대부분은 먹거리를 구하러 바다로 나갔다. 적은 농토와 드넓은 바다는 5만 명 정도의 인구를 먹여 살리는 데에 부족함이 없었다. 울산 토박이들은 바다와 더불어 자랐다. 태백산맥 중턱에서 발원한 태화강이 바다와 만나는 하구(河口)에는 해산물이 풍족했다. 가끔 태평양 북단을 향하던 고래 떼가 육지가 그리웠는지 태화강 하구로 몰려들기도 했다. 울산 토박이들, 지금은 대부분 공장에서 퇴직했거나 퇴직을 기다리는 중년의 노동자들은 바다의 기억 없이 청년 시절을 회상하지 못한다. 그들의 어린 시절에는 항상 바다가 있다. 배고파 바라보던 바다, 궁핍의 서러움을 달래 주던 바다, 더 넓은 세상으로 나가라고 부추기던 바다였다.

바닷길을 따라 학교를 다니던 소년은 이제 바닷길에 들어선 공장의 어엿한 직원이 됐고, 백만으로 불어난 대도시의 시민이 됐다. 초라한 어촌의 낮은 지붕, 비좁은 방에서 함께 뒹굴던 형제자매들은 울산 도심과 산중턱에 들어선 현대식 아파트에 중산층 가정을 꾸렸다. 어민에서 시민으로, 초가집에서 아파트로 직업과 생활환경은 급변했고, 책보를 안고 달리던 먼 길을 승용차로 가뿐하게 돌아가게 되었다. 태화강변은 백만 시민이 즐기는 호젓한 산책길이 되었다. 강물을 거슬러 오르는 카누 동호회원들의 고함소리도 들린다. 강 위쪽에는 그들의 자녀들, 바다보다는 인터넷, 패션, 아이돌에 열광하는 청소년들이 하굣길에 모여드는 청춘의 거리가 있고, 남쪽에는 공장 사원과 직공들이 하루 일과를 마감하러 회동하는 술집 거리가 있다.

백수십 년 전인 19세기 중반, 울주 현감은 한양 조정에 자주 장계(狀啓)를 띠웠다. 멀리 수평선에 이상한 모양의 배가 출현하고 사라진다는 내용의 보고서였는데, 이상한 배를 당시에는 이양선(異樣船)이라 불렀다. 울산 앞바다를 노략질하고 때로는 뭍에 상륙해 어민을 해치기도 한 왜구(倭寇)와는 달리, 그냥 나타났다가 시야에서 사라지는 그 배의 정체를 알 수 없었다.

1848년(헌종 14년) 함경도 단천부에 이양선 한 척이 근해에 접근했고, 깊은 바다에 한 척이 떠 있다는 장계가 올라왔다. 며칠 뒤, 울산에서도 비슷한 보고가 올라왔는데, 조정의 최고기관인 비변사(備邊司)는 같은 배일지 모른다는 결론을 내리고 부산의 동래부사에게 경계를 강화하라고 지시하였다. 헌종에게 올린 비변사의 보고가 이랬다.

대양(大洋)을 지나는데 지방관들이 문정(問情)하지 못했으니 진실로 어느 나라 배인지 알지 못했습니다. 풍마(風馬)처럼 갑작스러워 보지 못하는 땅이 많으니, 이는 오리와 기러기가 지나가는 흔적처럼 진실로 괴이하고 놀랍습니다. 1

아마 그 이양선은 고래를 쫓아 수만 리를 항해한 미국의 포경선 (捕鯨船)이었을 것이다. 가끔 표류민을 구해 준 이양선들이 있었는데, 이들의 목격에 의하면 3개의 돛대에 길이는 19파(57미터) 남짓, 넓이는 5파(15미터) 남짓이었다는 것이다. 배 곁에는 종선이 6척 걸려 있었지만 화살처럼 빨랐다고 했다. 2

그러나 이제는 그 정체를 몰라 두려워할 필요도 없고 호들갑을 떨 필요도 없다. 세계 대양을 누비는 수많은 이양선들을 울산 시민이 만들기 때문이다. 태화강 포구 양안에서는 세계 제일의 조선소가 이양선을 건조하고 있으며, 산중턱 아파트 주민들은 이양선을 몇 척 수주했다는 회사의 상황과 입소문을 듣고 산다. 건조 중인 배가 도크에 있고, 먼 바다에 배가 떠 있으면 이들의 살림살이도 괜찮을 거라 안심한다.

태화강 하구 안쪽에 위치한 자동차 선적장에도 세계 각국으로 실어 나르는 수출 선박이 있으면 안심이다. 자동차 생산과 판매가 그런대로 괜찮다는 징후다. 남쪽 장생포 인근에는 석유화학공장들이 밀집해 있다. 최신 설비를 갖춘 석유화학단지에는 외국인 기술자가 많이 고용돼 있고, 내국인도 고급인력이 많아 비교적 풍요로운 부자

현대차 울산공장 전경

동네로 간주된다.

조선, 자동차, 석유화학을 대표하는 굴지의 기업들이 밀집해 있는 곳, 젊은 시절의 가난을 딛고 청춘의 땀을 간직한 채 한국의 '산업 1번지'로 천지개벽한 곳이 울산이다. 국가재건최고회의 박정희 의장이 1962년 울산공업센터 기공식에서 한 기대와 희망이 그대로 실현되었다.

4천 년 빈곤의 역사를 씻고 민족 숙원의 부귀를 마련하기 위하여 우리는 이곳 울산을 찾아 여기에 신생공업도시를 건설하기로 하였다. … 제2차 산업의 우렁찬 수레소리가 동해를 진동하고 공업생산의 검은 연기가 대기 속에 뻗어 나가는 그날엔 국가 민족의 희망과 발전이 눈앞에 도래하였음을 알 수 있을 것이다. 이 울산공업도시의 건설이야말로 혁명정부의 총력을 다할 상징적 웅도이며 그 성패는 민족빈부의 판가름이 될 것이니 …. 3

"그 성패는 민족빈부의 판가름이 될 것이니 …"는 빈말이 아니었다. 울산은 한국 산업의 1번지이자 그 성패는 빈곤 탈출 여부, 나아가 선진국 진입 여부를 가름하는 가장 중요한 잣대가 되었다. 말하자면, '한강의 기적'의 엔진이고 심장이다. 인구는 5만 명에서 120만 명으로 늘었고, 공장 수도 1,200여 개를 상회하며, 포항, 경주 산단 지역을 포함하면 제조업 종사자 수가 20만 명을 헤아린다. 2차 산업에서 이들이 생산하는 부가가치만 전국 비중 10%를 상회하고, 인근의 포항제철을 포함하면 15%를 훌쩍 뛰어넘기에 울산을 따라올 지방자치체는 없다. 주력업종인 조선, 자동차, 석유화학은 한국 제조업의 얼굴 격이자 빈곤의 굴레를 무너뜨린 독전대(督戰隊)였다. 어촌은 대도시로 탈바꿈했고, 농어민은 도시민으로 신분을 바꿨으며, 궁핍한 초가집은 현대식 빌딩으로 대체됐다. 그것도 50년 만에 일어난 일이다.

세계에서 이렇게 빠른 속도로 성장한 도시, 가구소득이 이렇게 가파르게 상승한 도시는 울산이 유일할 것이다. 울산 토박이는 물론, 공장을 찾아 전국 각지에서 몰려든 수십만 명의 젊은 인력들이 일군 성과로 세계 산업사에 등재할 만한 역사적 쾌거다. 내 푸른 청춘의 피와 땀이 서려 있는 도시, 산업화의 애환과 고뇌를 딛고 우뚝 선 도시, 울산이 그렇다.

1970년대, 일자리를 찾아 전국 각지에서 몰려온 젊은이들의 작업장과 주거환경은 열악하기 짝이 없었다. 중·고 학력 정도의 청년들은 먹고 잘 곳, 그리고 고향에 부칠 약간의 임금을 제공하면 족했다. 작업환경이 너무 열악했고 산재(産災)도 많았기에 현대차는 '똥구루마' 공장, 현대중공업은 '조지나' 공장으로 불렸다. 사람 '조지는' 공장, 일이 힘들어 귀향하는 사람들도 속출했다. 잠깐 일하다 뜰 곳, 사람이 살 곳이 아니었다는 것이다.

1970년대 후반, 태화강에 놀러왔다가 전봇대에 붙은 광고를 보고 무작정 서류를 넣은 K씨는 퇴직을 앞두고 이렇게 회상했다.

1차 서류를 넣었는데 통보가 와서 바로 내려왔죠, 상주에서. 짐 싸서. 짐 쌀 것도 없고, 이불 하나 해서 친구 네 명이 방을 구해가 훈련소 마치고 현장 배치 받고 지금까지 다니고 있지. 말 그대로, 온통 시커매 갖고, 시커매. 말하자면 회색 도시지, 회색 도시. 4

벌집, 닭장집이 초기 노동자들이 정착한 주거지였다. 전기는 겨우 들어왔고, 식수는 공동수돗가나 우물로 해결할 때였다. 겨울에는 연탄을 들여놓을 자리도 만만치 않았다. 만삭의 신혼 주부들은 새벽에 출근하는 남편의 끼니를 때워 주려 억척스러웠다. 벌집의 공동창고에서는 연탄은 물론 소중하게 갈무리한 양념과 쌀이 자주 없

1974년 현대중공업 전경

1968년 첫 현대차 완성차공장(현 제4공장)

어졌다. 아귀다툼을 해야 했다.

처음에 여기 내려와 보니 집이 18가구가 있어. 방 하나, 부엌 하나, 하수구가 없는 그런 부엌이. 공동창고에 갖다 놓은 양념이 자꾸 줄어. 참깨도 없어지고. 별로 해먹은 것도 없는데 고춧가루도 줄고, 야채도 없어지고. 서로 정도 많았지만 살기 위해 싸움도 마다않고 몸부림쳤던 시절이었어. 아, 그런 세월이 있었구나. 5

그런 세월이었다. 고된 노동을 술로 달래고, 한스런 가난을 눈물로 달래던 시절. 공장이 밤낮으로 가동되면서 생활환경에도 급격한 변화가 발생했다. 벌집과 닭장집이 헐리고 회사가 제공하는 사원아파트가 들어선 것이다. 아파트 18평, 20평은 꿈에 그리던 가족의 보금자리였다. 울산의 성공은 '가난의 연대(連帶)'를 '경쟁의 분절(分節)'로 바꿔 놓았다. 한마음이었던 회사와 사원 사이에 틈이 생기기 시작했고, 사원도 '직원'과 '직공'으로 갈렸다. 한국의 산업구조가 만들어 낸 양극화 현상, 기회와 보상 불평등의 문제가 점차 고개를 들었다. 결실이 많아질수록, 기업이 잘나갈수록 성과배분을 둘러싼 갈등은 짙어지게 마련이다. 울산이 겪은 사회적 갈등의 진화 양상은 바로 한국사회가 고스란히 걸어온 길이다.

세계 모든 산업화의 내부에는 이런 스토리가 공통적으로 내장되어 있다. 몇몇 국가는 이를 성공적으로 다스렸고, 대다수의 국가는 그냥 시장 논리에 맡겼다. 울산은 양자의 중간 정도의 행로를 걸었지만, 분절과 대립은 피할 수 없었다. 직영과 하청, 같은 고향에서 올라온 친구들이 서로 다른 신분으로 분화해 간 과정이 울산의 발전사에 내장되어 있다. 1인당 국민소득 4만 달러의 도시는 하청업체 남편을 둔 주부의 한숨을 모른 척할 수는 없다.

슈퍼 같은 데에 가면 모두 돈 얘기를 해요. 돈 ··· 돈이, 여름에 한 번 겨울에 한 번 목돈이 나오잖아요. 중공업하고 자동차는 정말 큰돈이 나와요. 작년에는 한 2천만 원 정도 나왔으니까 ··· . 근데 우리는 하청 다니니까 그런 게 없어요. 우리 신랑만 하청 다니고 다 직영인 것 같았어요. 좀 우울했지요. ··· 명절 때 백화점 가면 미어 터져요. 직영들은 다시 10% 해주는데 우리는 그런 거 없어요. 우리들 빼놓고 자기들만 사는 느낌? 그냥 자기들만 사는 세상에 우리가 이렇게 꼽사리 낀 듯한, 그런 느낌 ··· .6

이 얘기는 아직 진행형이다. 연대에서 분절로, 분절에서 대립으로 나아가는 도시의 분위기는 앞으로 어찌 될지 모른다. 한국사회를 짓누르는 양극화 현상이 미래 한국을 어찌 만들지 모르는 것과 마찬가지다. 산업화는 사회문제를 만들고, 이것이 제대로 해결되지 못하면 역으로 생산현장을 공습한다. 사회가 기업의 가장 중요한 생태계이기 때문에 사회구조와 기업구조 간에는 공생관계(symbiosis)가 존재한다.

2016년 봄, 일간지에 두 개의 신문기사가 났다. 울산 지역 억대 연봉자 비율은 인구 대비 8.5%(3만 3천 명)로 서울 3.9%(22만 7천 명)보다 훨씬 높다.7 부산, 대구, 인천 등의 광역시도 모두 1만 명 수준에 그쳐 울산의 1인당 소득이 얼마나 높은지 가늠할 수 있다. 지역 1인당 국민소득(GDRP)이 4만 달러를 넘은 건 이미 몇 해 전이다. 현대중공업, 현대차, SK, 삼성석유화학에 다니는 직원 상당수가 연봉 1억 원 이상을 받는다. 연봉 1억 원은 모든 직장인들의 꿈의 소득이다. 연봉 1억 원은 자영업자 내지 중소기업인에게는 매출액 10억 원 이상을 올려야 벌 수 있는 금액이다.8

이와는 분위기가 전혀 다른 기사가 났다. "울산에 도크가 빈다"는 기사다. 최길선 현대중공업 사장의 한숨이 느껴질 만한 내용이었다. "수주 잔량이 11년 만에 최저 수준으로 떨어져, 도크가 빈다는 상상하지 못한 일이 눈앞에 다가왔다."9 필자가 탐문한 바로는 2016년 3월 현재 수주량은 고작 2척이었다. 예년에는 최고 80척까지 치솟은 적도 있었다고 하니 이제는 문을 닫아야 할 형편이다.10 석유화학단지도 예전과 같지 않았다. 중국업체의 저돌적 공세에 유가하락이 겹쳐 공장을 가동할수록 적자가 커지는 미증유의 비상사태를 맞은 것이다. 울산에서 그런대로 약진하는 기업은 현대자동차뿐이다. 선적장에는 세계 각국으로 나가는 신차들이 부지런히 선적되고, 공장은 쉴 새 없이 가동된다. 정말 다행스런 풍경이다.

근속연한이 길수록 기업이 잘되기를 바라고, 기업에 대한 감사의 마음이 앞서는 것은 어찌 보면 당연하다. 희망, 열정, 분노, 실망, 대립의 협곡(峽谷)을 지나 이제 정년을 앞둔 베이비부머 노동자와 배우자는 이렇게 말한다.

전에는 막 밉고 그냥 앞장 많이 섰는데, 회사가 밉다고 앞장도 많이 섰
는데, 끝날 때가 되어서인지 지금은 자꾸 고마운 생각이 나네요. 11

현대가 미운 부분도 있는데 고마운 부분이 더 많죠, 저한테는. 아들
저만큼 키울 때 어디 다른 직장에 있어 보소. 공부시킨다고 얼마나 헉
헉댔겠어요. 등록금 다 지원해 줬고 … 육십인데도 직장생활 할 수 있
는 부분도 있고, 어머니가 요양병원 계시는데 병원비 지원을 회사에서
연 500씩 하네요. 그러니까 고마워요. 12

노조 간부로 뛰어다닌 정규직 가장도, 평생 가정을 지킨 주부도
'다 고맙다'고 했다. 산전수전(山戰水戰) 다 겪은 사람들에게는 일자
리 주고 월급 주는 기업이 버텨 주는 것보다 더 고마운 일도 없다.
같이 버텨야 하다는 마음이 간절하다. 인생의 한 페이지를 접어야
할 연령대의 사람들은 그런 마음이다. 울산을 건설한 사람들, 차관
을 들여와 모래밭에 기업을 일군 기업주, 외국 바이어를 찾아 망망
대해를 건넌 사람들, 해외공장을 건설하느라 수년을 낯선 이국땅에
서 보낸 사람들, 공장에서 밤낮 없이 땀 흘린 사람들의 심정은 그렇
다. 울산을 건설한 1세대 주역들의 흘러간 청춘 속에는 후손들이 살
아갈 미래 한국의 운명을 좌우할 귀중한 열쇠가 숨겨져 있다. 울산
은 한국의 운명을 좌우했고 앞으로도 그럴 것이다.

그래서 영화 〈퍼펙트 스톰〉(*The Perfect Storm*) 처럼 가공할 만한 파도가 밀려오는 현시점에서 그동안 미뤄 둔 몇 가지 질문을 해야 한다. 울산이 새로운 국면에 봉착했기 때문이다. 성장의 절정에 다다르기까지는 올라가는 데에 정신을 쏟았다. 정체 국면, 혹은 하향 국면이 혹시라도 도래한다면 어떻게 할 것인지는 관심 밖이었다. 경영과 노동 모두 침체국면에는 익숙하지 않기 때문이다. 고속성장이 오랫동안 지속되었기에 그런 일을 생각할 겨를도 이유도 없었다. 그러나 이제 질문해야 한다. 예컨대, 이런 것들 말이다.

첫째, 산업적 관점에서, 울산의 주력산업은 과연 유지될까? 조선과 석유화학은 과거의 영광을 되찾을 수 있을까? 자동차는 과연 글로벌 톱으로 전진할 수 있을까? 울산은 미국의 디트로이트가 되지는 않을까?

둘째, 사회심리적 관점에서, 세대교체가 이뤄지는데 신세대 노동자는 1세대가 쏟은 만큼의 열정을 뿜어 낼 수 있을까? 열정이 재생산되지 않는다면 울산의 침체, 한국 산업의 침체는 불 보듯 뻔하기 때문이다.

셋째, 사회학적 관점에서, 정체성(正體性) 전환의 문제가 있다. 울산의 생산직 노동자는 이제 노동자 정체성만 갖고 살 수는 없다. 이미 중산층이 되었기 때문에. 회사원, 시민, 노동자라는 삼중 정체성이 생겨났는데 이들이 서로 충돌하지 않도록 하나의 가지런한 '시민성'으로 통합해 낼 수 있을까?

답이 쉽지 않은 이 질문들을 찬찬히 풀어내려 한다.

현대중공업: 도덕적 해이

별천지 울산 동구

울산 동구는 별천지다. 현대식 아파트가 꽉 들어찬 만세대와 동구 아파트 단지는 중공업 사원들이 자랑하는 주거지다. 1980년대 초, 노동자 합숙소와 사원 숙소를 허물고 그 자리에 세운 사원아파트는 현 시가로 4억 원이 넘는다. 일산해수욕장에서 시내 쪽을 돌아보면 최근에 들어선 고층아파트가 위풍당당하다. 서울, 부산, 인천 시민들은 웬만해서는 엄두도 못 낼 고급아파트다.

1990년대 초, 그 치열했던 골리앗 투쟁 이후 회사는 사원 복지를 위해 많은 돈을 투자했다. 유치원과 중·고등학교는 물론, 주부대학, 한마음회관, 예술회관과 백화점을 지었으며, 2002년 월드컵을 계기로 7개의 잔디구장을 갖췄다. 기업 이윤을 아낌없이 쏟아부어 동구를 별천지로 만들었다. 그런데 문제가 생겼다. 한 번도 겪어 보지 못한 문제, 수주량(受注量)이 바닥을 친 것이다.

어떤 일이 벌어지고 있는가? 필자가 현대중공업 정문에서 지인을 찾아 전화를 건 것은 황사가 뿌옇게 하늘을 뒤덮던 봄날이었다. 햇

울산 현대중공업 전경

살은 따뜻했고, 황사 속에서 목련 꽃이 피어났다. 2년 전 겨울, 현대중공업 노조원을 대상으로 강연했을 때 필자를 안내한 상무와 전무의 명함이 마침 있었다. 벨소리가 오랫동안 울렸는데 답신은 없었다. 이윽고 저쪽에서 목소리가 들렸다. 잠이 덜 깬 목소리였다. 아침 10시인데⋯. 순간, '명퇴!'라는 직감이 들었다. 직감은 불행하게도 맞았다. 50대 중반의 그 상무는 명퇴해서 멀리 서울 집에 있었고, 그 시각까지 잠이 덜 깬 것으로 미뤄 재취업은 못 한 상태였다. 전무 역시 마찬가지였다. 그 전무는 육십에 가까웠으니 명퇴해도 그리 아쉬울 것은 없었지만, 2014년부터 2015년까지 임원진의 30%가 자리를 떠났다고 한다.

임원진뿐이 아니었다. 2015년 겨울에 정규직 1,300명이 정리해고 대상이었다. 2016년 3월에는 일감이 떨어져 하청업체 노동자 약 1만여 명이 울산을 떠난 것으로 보인다. 정규직 2만 5천, 하청업체 3만 5천, 도합 6만 명에 달하는 노동력을 고용한 현대중공업은 수주량이 역사상 최저로 떨어지자 정리해고를 단행할밖에 다른 도리가 없었다.

별천지 동구는 분위기가 살벌했다. 소비는 얼어붙었고, 자영업자는 휴·폐업을 준비 중이었으며, 술집, 하숙집도 폐업을 걱정해야 하는 사태에 직면했다. 하청업체 인력은 전국 각지에서 몰려왔기 때문에 일감이 있는 한 울산에서 숙식을 해결한다. 1만여 명이 떠난 자리의 여파는 컸다. 원룸은 임대를 포기했고, 식당은 한산했다. 경기는 택시기사가 정확히 진단한다. 그 택시기사는 3년 전 현대중공업에서 명퇴한 전직 용접공이었다.

그때 잘했지요. 친구들이 부러워해요. 그땐 그래도 퇴직금 2억에, 격려금 1억을 들고 나왔지만, 지금은 엄두도 못 내요. 빈손으로 나와야지요. 경기요? … 택시 3년인데, 월급 60만 원에 200만 원 해서 대략 250만 원은 손에 쥐었거든요. 지금은 택도 없지요. 150만 원 가져가면 다행일까. [13]

현대중공업은 20년간의 호황을 뒤로 하고 최악의 골짜기로 들어섰다.

잔치 끝의 절규

2016년 4월, 급기야 대우조선해양과 삼성중공업이 모여 있는 거제도에서 SOS 신호음이 울렸다. 물량이 급감해 거제 지역에서만 최소 2만 명 정도가 일자리를 잃게 될 것이기에 정부가 나서 '고용위기지역'으로 지정해 달라는 탄원이었다. SOS 신호를 발신한 당사자는 경영진이 아니라 노조였다.[14] 경영진과의 사전 교감이 있었는지는 모를 일이지만, 아무튼 노조가 나섰다. 물량 급감, 조선 3사 유혈경쟁, 적자를 감수한 수주라는 세 가지 위기 요인으로부터 노조는 책임이 상대적으로 작다는 암시와, 정리해고의 주 대상인 임시계약직과 하청 근로자에 대한 정규직 노조의 동정심과 연대감이 동시에 읽히는 대목이었다. 양사 모두 근로자 4만 명 중 2만 5천~2만 8천 명 정도가 임시계약직이거나 하청업체 인력임을 감안하면 노조의 요청은 절박하고 정의로웠다.

이런 경우 정부와 지자체가 할 수 있는 일은 지극히 제한적이다. 고작 고용보험제도 외에 노동시장의 안전장치가 열악한 현실에서, 그리고 조선 3사의 자구책이 본격화되지 않은 현실에서 고용위기지역 선포로 제공할 수 있는 공적 혜택이 그리 마땅치 않다.

더욱이 조선 3사는 그동안 너무나 잘나간 산업 아니었던가? 거제와 울산을 포함해 한국경제 전반을 좌지우지한 제조업의 기둥이었다. 선박시장의 호황이 지속된 지난 20년 동안 매년 수십조 원에 달하는 국부(國富)를 생산한 공로는 알아줄 만한데, 고용위기지역 선포는 마치 갑자기 어려워진 '부잣집 보호' 같은 느낌을 주는 것도 사실이다.

잘나갈 때 그들은 무엇을 했는가? 이런 때가 올 것에 대비하지 않고 혹시 돈 잔치를 한 것은 아닌가? 근로자들의 임금이 높은 것은 바람직한 일이나 호황을 구가할 때 불황에 대해 약간이라도 관심을 기울였는가? 혹시 고용위기지역 선포 요청 이전에 정규직이 임시직과 하청 근로자에게 일감 양보라는 진정한 연대 행동이라도 결의했는가를 묻고 싶은 것이다. 이런 내부의 자구책이 전제되어 있다면 고용위기지역 지정을 통해 공적 지원을 제공해야 마땅하지만, 어딘지 석연찮은 구석이 많다.

현대중공업 노조는 이와는 전혀 다른 요구를 들고 나왔다. 하청 근로자 1만여 명이 짐을 싸는 시점에서 열린 노사협의회에서 정규직 노조는 정년퇴직자에게 회사 복지시설에 대한 할인혜택을 무기한 연장해 줄 것과, 회사 앞 현대호텔의 연 2회 무료이용권을 전노조원에게 제공할 것을 동시에 요청했다.15 물론 불황위기 타개를 위한 다른 쟁점도 많았을 것이지만, 노조가 이런 복지 사안을 노사협의회 안건으로 올렸던 것은 분명하다. 불황타개를 위한 쟁점 중에 계약만료로 직장을 잃는 계약직과 하청업체 근로자들에 대한 어떤 배려가 있었는지는 모를 일인데, 노사관리 담당자는 부서 간 일감 나누기도 노조의 저항 때문에 어렵다고 토로했다. "물량 급감에 따라 부서 간 일감이 들쑥날쑥한 형편인데, 일감이 넘치는 부서는 일감 나누기는커녕 인력을 더 뽑아 달라고 아우성이다"는 것이다.16

2004년 동시명명식을 가진 7,500t급 초대형 컨테이너선 3척

　경영진과 노조는 골리앗 투쟁 이후 무분규합의에 도장을 찍었고 실제로 무분규 20년을 지켜 냈다. 이는 조선산업 노조의 호전적 전통에 비추면 놀라운 성과였고 발전이었다. 무분규 작업장은 생산성의 급상승을 가져왔고 마침 조선업 호황에 힘입어 20년간 고속성장을 구가한 원동력이 됐다. 그런데 무분규 보상이 너무 컸다는 것, 호황기간 불황대비에 누구도 관심을 기울이지 않았다는 점이 문제였다. 임금비용과 복지비용이 치솟았고, 작업현장의 '도덕적 해이'(moral hazard)가 만연됐다. 이 점에 대해서는 후술할 것이지만, 신임 회장과 사장은 임직원에게 배포한 담화문에서 이 도덕적 해이를 솔직히 인정했다. "일감이 줄어든 만큼 호황기에 노조와 만든 지나친 제도와 단체협상 사항을 원점에서 재검토해 현실에 맞게 고쳐 나가야 한다"고. 17

　실력에 비해 너무 컸다는 것, 무분규 보상이 너무 과다했다는 것, 그래서 이 거품을 걷어 내야 한다. 그러나 일단 상승한 임금과 복지

를 양보할 수 있겠는가? 양보교섭의 전례가 있는가? 경영진이나 노조나 잔치 끝의 절규였다.

기업 경영위기는 우선 경영진의 책임이다. 해양플랜트에 올인 한 책임을 지라는 노조의 비난에 경영진은 사실상 할 말이 궁하다. 위기의 발생 기원을 따지는 일은 복잡하다.

조선시장은 대체로 20년 정도인 선박 수명에 따라 부침(浮沈)을 반복한다. 세계 조선업계는 2000년대 초를 선박수주량이 바닥을 치는 시점으로 예상해서 사전에 대폭적인 구조조정과 정리해고를 단행했다. 그 즈음 세계적 업체인 엑슨과 모빌, 쉘 사는 1~2만 명을 감축하고 불황대비에 들어간 반면, 조선업 정상을 지키던 한국업계는 오히려 공격적인 전략을 택했다. 대량 정리해고가 사회적 파장을 불러일으키는 상황에서 한국의 조선 3사는 불황타개책으로 사업 확장에 나선 것이다. 이른바 신수종(新樹種)을 찾아 나섰다. 그때 눈에 들어온 것이 해양플랜트 사업이었다.

시공(construction)에 자신 있었던 한국업체들은 높이 500미터에 이르는 해양시추선을 단지 바다에 떠 있는 대형구조물로 간주했다. 저거라면 해볼 만하다고 자신한 것이다.

그런데 해양플랜트는 첨단기술의 합작품이다. 건조과정은 EPCI로 구분되는데, 엔지니어링(Engineering), 구매(Procurement), 시공(Construction), 설치(Installation)가 그것이다. [18] 각 부문에는 이미 첨단기술과 정보를 가진 세계적 기업들이 진을 치고 있는 형편이었지만, 한국업체들은 시공기술만을 믿고 E, P, I를 그런 기업에 맡

현대중공업에서 제작한 부유식 원유생산저장설비

기면 된다고 간단히 생각했다. 19 시공기술만 가진 한국업체가 엔지니어링, 설계, 조립, 부품제조, 시운전에 이르기까지 모든 공정을 책임지는 형태로 수주가 이뤄졌다.

그런데 설계도면, 부품설계, 조립기술 등 핵심기술은 외국의 전문회사에서 사와야 했다. 이윤이 점차 줄어든 것은 당연한 결과였다. 여기에 선박수요가 급감하는 불황이 겹치자 사업 확장에 나섰던 조선 3사 간 수주 경쟁이 벌어졌고 심지어는 한국업체 간 정상가의 10% 정도 낮은 가격을 감수하는 비정상적 사태도 발생했다.

그럴 만도 했다. 서울대 김용환 교수는 조선업계의 인력 구성을 지목한다. 선박관련 인력이 75%, 해양기술관련 인력이 25% 정도인 상황에서 이윤의 3/4이 거꾸로 해양플랜트에서 나왔으므로 출혈 수주도 불사하게 되었다는 것이다.

발주처가 요구한 무리한 조건을 감수하는 사례도 많았다. '시추선 건조 후 시운전 과정에서 계약조건에 미치지 못하면 계약 전체를 무효화할 수 있다'는 조항조차 받아들였다.[20] 공대 교수들이 지적한 '개념설계'(conceptual design) 역량이 부족한 상태에서 과욕을 부린 결과가 현재의 위기로 나타난 것이다.

개념설계 역량이란 작업현장 경험을 바탕으로 기존 기술 패러다임의 한계를 뚫는 창의적 사고와 기술을 말한다. 선박 건조는 전통적 기술영역이다. 여기에 약간의 개량된 기술이 접목될 수는 있겠지만, 세계 1위 조선산업국으로 등극할 때까지 시공분야를 제외하고 산업계가 풀어야 할 과제를 새롭게 정의하고 창의적 해법을 제시하는 역량을 쌓지 못했다. 설계부문이 그런 영역이고, 기술 패러다임을 획기적으로 바꾸는 비즈니스 모델을 개발하는 능력이 그러하다.

공대 교수들은 새로운 화학물질을 생산하는 프로세스를 설계하는 역량, 산업수요에 맞춰 시스템IC의 신개념도를 고안하는 역량을 예로 든다. 그것은 모방 추격모델로는 여의치 않고 경험지식의 꾸준한 축적을 통해 새로운 차원의 창의적 사고가 개입되어야 가능하다고 말한다.[21] 그런데, 우리의 작업현장에서 '경험의 축적'은 일어나는가? 우리의 산업현장은 창의적 사고가 발현될 그런 환경인가? 기술연구 부문에서는 그럴 개연성이 높지만, 작업현장은 아니다. 도덕적 해이가 만연하기 때문이다.

작업현장: 도덕적 해이

기업 경쟁력은 불황 때 위력을 발휘한다. 개념설계 역량이 주로 기술력, 창의력이라는 공학적 차원의 지표라면, 광의의 경쟁력은 이를 포함해 사회학적 조직역량을 뜻한다. 불황 타개를 위해 조직이 준비되어 있는가, 불황의 충격을 흡수할 내적 역량은 있는가, 경영과 노동을 막론하고 각 구성원이 기업의 상황에 얼마나 긴장하고, 위기상황에서는 특권을 양보할 각오가 되어 있는가의 문제다.

인력감축을 반대하면 기업의 고용능력을 보전할 다른 방도를 마련해 줘야 한다. 구조조정을 반대하려면 기업이 회생할 수 있는 다른 여력을 보강해 줘야 한다. 서로의 기득권을 결코 포기하지 않은 채 내부 투쟁과 갈등으로 사분오열되는 것이 법정 관리에 들어가는 대부분 기업들의 공통점이다.

현대중공업은 호황 때 불황을 대비하지 못했다. 삼성중공업과 대우조선해양도 사정은 마찬가지다. 말하자면 호황 때 돈 잔치를 했다. 곳간에 식량을 쌓을 생각은 않고 수확한 대로 다 써버렸다. 이제는 식량이 없어 손을 내민 꼴이다. 그것도 궁핍해지긴 마찬가지인 일반 시민에게 말이다. 도덕적 해이가 극명하게 드러난 현장이다.

도덕적 해이를 세 가지 관점에서 조명해 보자.

첫째, 무분규 합의 20년 동안 임금과 복지가 가파르게 상승했음은 앞에서 지적했다.

임금은 근속년수와 직급에 따라 약간씩 다르겠지만, 생산직 사원이 대략 연봉 1억 원을 받는다고 보면 된다. 용접공이었던 앞의 택시기사는 퇴직 전 연봉이 약 9천만 원에 달했다고 했다. 울산 동구는 세계 산업도시에서 그 유례를 찾아볼 수 없을 정도로 잘 꾸며진 복지공간이다. 사원아파트는 물론, 한마음회관, 백화점, 보육시설과 유치원, 중·고등학교가 운영 중이고 현대식 체육시설이 갖춰져 있다. 자녀 학자금이 전액 지급되고, 부모 간병비와 의료비도 부분 지급된다. 명절 때는 상품권과 함께 큰 액수의 보너스가 주어진다. 한국에서 가장 돈이 많이 드는 항목이 주택과 교육이라고 보면, 현대중공업은 거의 무상복지를 실행했다고 해도 과언이 아니다.

그런데 이런 보상과 복지가 생산성 향상으로 나타났는가? 생산성은 그렇다 치더라도, 작업현장에서 높은 노동 의욕으로 발현되었는가? 또는 직무 헌신도(job commitment)가 높아졌는가? 고임금과 기업복지의 기본 목적은 애사심과 직무 헌신도, 생산성을 높이는 데에 있다. 현대중공업은 어떠한가? 그렇다고 자신 있게 말할 수 있을까?

둘째, 직영(直營)과 협력업체 간의 관계다.

면담에 의하면, 직영사원은 대체로 감독 업무를 맡고, 현장노동은 협력업체의 몫이다. 정규직 직영근로자가 수백 개로 쪼개진 작은 작업단위인 조, 반, 팀을 맡고 감독한다. 작업에 참여는 하겠지만, 대체로 힘든 일, 고된 일, 위험한 일은 협력업체 근로자가 맡는다. 그런데 직영사원과 협력업체 근로자 간에는 연봉과 복지, 고용안정에서 엄청난 차별이 존재한다. 도덕적 해이가 발생하는 현장의 모습이 이렇다. 이른바 '직영사원의 제국'(foreman's empire)이 따로 없다.

협력업체의 고용은 물량에 의존하기 때문에 직영감독의 위세를 무시할 수 없다. 이 힘은 협력업체와의 계약 연장이나 교체에도 결정적 작용을 한다.

이는 작업현장에서 개념역량이 축적되지 않는 이유이기도 한데, 흔히 기능장(技能匠)으로 불리는 장인(master)은 현장노동자를 지도하고 기술을 전수할 수 있어야 존경받는다. 개념역량의 축적은 장인(匠人)을 중심으로 일어나는 것이 보통인데, 노동하지 않는 감독직에 한정된 업무 방식이 장인의 '탈(脫)숙련화'를 촉진하는 것이다. 현장에서 장인은 존경받는가? 장인들이 기존 기술의 한계와 취약점을 보완하는 어떤 창의적 아이디어를 내는가? 답은 부정적이다.

셋째, 직영사원이 관할하는 각 부서 간 칸막이 문화다.

공장 단위로는 서로 소통하고 공유하는 느슨한 형태의 문화가 어느 정도 발전되어 있겠지만, 첨예한 쟁점이 발생했을 경우 부서 간 합의를 통해 해결하는 긴밀한 소통문화가 형성되고 있는지가 문제다. 현대중공업에서 "부서는 서로 다른 기업이다". 선박 건조는 일관생산라인이 아니고 유형이 너무 다른 수백 개, 수천 개 기능팀의 집합체이다. 기능이 서로 다른 작업팀을 이끄는 감독이 존재하고 부서 간 하루 작업량과 노동표준도 다르다고 할 때 서로 얘기가 잘 되겠는가? 선박 건조기술의 유형적 복잡성 때문에 감독이 군림하는 부서 간 칸막이 문화는 매우 강력하다. 전체적 작업 진행과정을 총괄하는 관리본부가 있기는 하지만, 목표치와 납기 일정을 제외하고 구체적 작업진도는 대체로 감독의 재량권에 달린 것으로 보인다. 현대중공업의 작업구조는 일종의 벌집을 떠올리게 한다. '여왕벌 없는 벌집'이다.

도덕적 해이가 발생하는 현장의 모습이다. 분절(分節) 구조, 차별 구조에서 도덕적 해이가 발생하지 않으면 오히려 이상하다. 이런 조직은 외적 충격에 취약하기 마련이다. 특히 물량이 급감했을 때에 그 충격을 흡수할 완충기능은 현격히 떨어지고, 부서 간, 인력 간 이해갈등이 촉발된다. 기득권을 포기하지 않으려는 투쟁이 시작되는 것이다. 일감 확보, 임금 보전, 복지를 둘러싼 투쟁이 일어나고, 그 투쟁은 힘이 약한 집단, 다시 말해 내부 노동규칙에 의해 보호받지 못하는 집단에 희생을 전가하는 방향으로 전개된다. 비정규직으로 통칭되는 임시계약직, 협력업체 근로자가 그들이다. 그래서 1만여 명이 벌써 짐을 싼다. 업계 전문가에 따르면, 도크는 향후 2~3년 동안 점차 비워질 예정이다.

현대차: '성공의 위기'가 몰려온다

성공 속에 내재한 고위험(High Risk)

현대중공업을 엄습한 파도가 현대자동차에는 몰려오지 않을까? 남목 고개를 사이에 둔 동구와 북구는 '적어도' 오늘은 다른 세상이다. 동구를 덮친 불황파도가 아직 남목 고개를 넘지 못한다. 1987년 울산 태풍이 불어닥칠 때 현대중공업을 휩쓴 화염이 남목 고개를 넘어 울산 전역으로 퍼져 나갔다. 현대자동차는 얼떨결에 그 화염에 휩쓸렸는데 현중 노조가 협력무드로 전환한 뒤엔 그 주도권이 현대차 노조로 이양됐다. 그것은 정치적 파도였지만, 고삐 풀린 채 널뛰는 세계시장의 파도는 동구와 북구를 가리지 않는다.

조선업은 당분간 열세와 침체를 면치 못할 것이다. 동구 사람들은 지금의 파도가 쓰나미로 진화하지 않기를 바랄 뿐이다. 그러나 쓰나미는 엉뚱한 곳에서 발생할 가능성을 배제하지 못한다. 오늘은 별 탈 없이 잘나가는 자동차산업에 언제 먹구름과 해일(海溢)이 몰려올지 아무도 모른다. 그러니 현대차 울산공장과 북구 사람들은 고개 넘어 동구가 겪는 사태가 남의 일이 아니다.

2009년 미국 캘리포니아에서 토요타 렉서스가 가속 페달 오작동을 일으켰다. 고속주행 중이었던 경찰관 가족은 전원 사망했다. 이후 토요타가 의욕적으로 내놓은 친환경 하이브리드차 프리우스도 브레이크 제동력에 결함이 발견됐다. 뜻밖의 작은 사건이었지만, 그 충격은 천파만파로 확대됐다. 세계 제일의 품질을 자랑하던 토요타의 명성에 금이 간 것은 물론, 총 600만 대에 달하는 차량의 리콜 사태로 번졌다.

모든 자동차 메이커가 흠모해 마지않던 '토요타 생산방식'(TPS, *Toyota Production System*)에 의문이 제기된 계기였다. 고품질을 자랑하던 토요타에 왜 결함이 생겼을까? 원인은 세 가지 무리수였다. 무리한 원가절감, 무리한 해외 생산시설 확장, 무리한 부품 아웃소싱 등이 그것이다. 22

토요타는 경쟁력 제고를 목표로 2000년부터 비용절감 운동을 벌여 약 30%에 달하는 원가절감을 추진했는데 해외 현지 주재원을 줄이는 방안도 포함됐다. 이는 해외공장에 대한 토요타 시스템의 원활한 접목을 저해했고, 물량이 막대하게 늘어난 부품을 현지에서 조달하는 과정을 철저하게 관리하지 못하는 허점을 만들어 냈다. 비용절감, 인원감축, 부품 아웃소싱이 결국 해외공장의 관리 상태를 느슨하게 만들었고, 토요타가 자랑하던 품질보증 시스템을 이완시킨 것이다. 23

자동차는 부품 2만여 개 중 어느 하나라도 작동하지 않으면 총체적 품질 불신으로 폭발하는 종합적 조립상품이다. 가속 페달이나 브레이크는 승차감과 안전에 직결되는 가장 중요한 부품 중 하나인데 생산시설의 무리한 확장이 '중대결함'을 야기한 것이다. 토요타 미국 법인 책임자는 미 의회 청문회에 불려가 고객들에게 사죄하고 사고재발 방지를 선서하는 수모를 감수해야 했다. 이후 5~6년 동안 토요타 자동차는 미국산 자동차와 한국산 자동차에 시장점유율을 할애하는 뼈아픈 과정을 거쳤다. 역으로 미국 시장에서 도약을 준비했던 현대차에게는 절호의 기회였다. 2010년 이후 미국시장 점유율이 7%선에서 10%선으로 급상승했다.

현대차가 타사의 불행과 실수를 도약의 발판으로 삼을 수 있었던 것은 어찌 보면 행운이었다. 토요타가 신뢰를 회복할 즈음인 2015년 세계 2위의 자동차메이커인 독일의 폭스바겐이 리콜 사태에 직면했다. '최고의 신뢰' 이미지를 뽐내던 폭스바겐이 배기가스 조작을 계획적으로 행했다는 사실이 발각된 것이다. 폭스바겐의 신뢰는 땅에 떨어졌다. 폭스바겐은 리콜 명령에도 적극적이지 않았기에 고객들의 비난과 불만은 더욱 커졌다. 현대차에게는 기회였다.

현대차, 기아차의 판매량 추이가 그것을 말해 준다. 2004년에 약간의 상승이 일어난 것을 제외하고는 현대차, 기아차 모두 2008년까지 판매량 상승곡선은 그야말로 완만했다. 그런데 2009년부터 급상승하기 시작하여 2015년에 이르기까지 가파른 상승세가 지속되었다. 현대차는 2009년 판매량이 320만 대에 이르더니 2015년에 500만 대에 달했고, 기아차도 동 기간에 170만 대에서 300만 대로 급상승했다. 총 판매량은 300만 대(2004년)에서 800만 대(2015년)가 되었으니 10여 년 만에 거의 260%나 늘어난 셈이다. 그간 1997년 터키공장을 시작으로 10개국 12개 해외 생산기지를 구축하였고, 33개국에 66개의 판매법인과 지역본부를 건립했는데, 현대차, 기아차 합하여 총 생산의 70%가 해외에서 이루어지는, 말 그대로 글로벌 기업이 되었다.

지난 10년이 현대차그룹이 몸집을 집중적으로 불린 기간이다. 기술향상과 품질경영이 맺은 결실은 실로 엄청나다. 임직원들도 현대차의 성장속도에 현기증을 느낄 정도라고 말한다. 세계 자동차산업사에서 유례가 없는 일이다.

그렇다고, 토요타와 같은 돌발상황이 발생하지 않을 것인가? 단기간 몸집 불리기는 이른바 '고위험 전략'(high-risk strategy)에 속한다. 토요타는 '위험회피 전략'(risk-avoiding strategy)을 전통적 기조로 해온 반면, 현대차는 '위험선호 전략'(risk-taking strategy)을 구사해 왔다. 그룹의 생리적 차이라고 할 것인데, 토요타의 리콜 사태는 '위험회피'에서 '위험감수'로 전략전환을 감행한 대가다. 그렇듯 위험감수 내지 위험선호 전략은 잠깐 한눈을 팔면 관리 범위를 벗어나 폭발할 개연성을 안고 있다.

전략선택은 조직의 특성과 맞아야 한다. 전략과 조직의 궁합이 맞아야 한다는 말이다. 기업조직이 빠른 적응력과 대응력, 그리고 강한 실행력을 갖춰야 내재된 위험을 제어하고 통제할 수 있다. 빤히 보이는 위험군(危險群)일지라도 조직체의 특성에 따라 통제 여부가 결정된다. 세계 전문가들도 현대의 적응력을 최고의 비교우위

로 꼽는다. 2010년 세계적 저널 〈포천〉(Fortune)의 평가다. [24]

토요타가 일관성으로, 혼다가 혁신으로 성공했다면, 현대차는 도전정
신과 속도로 성공했다. … 현대차는 과감함과 리더십을 추구하는 야심
적 기업이다.

현대차는 위험선호 전략이 생리에 맞는다고 할 수 있다. 그러나
조직과 전략의 궁합이 맞더라도 일정 수준을 넘어서면 궁합에 균열
이 발생할 수 있다. 해외공장의 숫자와 규모다. 해외생산 70% 라는
이 비율이 현대차그룹의 조직관리 능력의 한계선인가, 아니면 더 확
장이 가능한가? 이 질문은 다른 차원의 문제, 즉 해외공장을 제대로
관리하고 있는가 라는 현재적 질문과도 상통한다. 현대차그룹 경영
기획실 임원도 이렇게 말한다. [25]

중국 현지공장을 설립할 때 '현대속도'(現代速度)라는 별칭을 얻었어
요. 6개월 만에 공장을 설립하고 차를 생산했으니까. 외국 메이커들
이 한 2년 내다본 공정을 6개월에 끝냈으니 그럴 만도 하지요. 경이롭
다는 표현이지만 더 빨리 나갈 때 발생할 잠재적 위험군이 두렵지요.

위험선호 전략은 언제나 고위험을 낳는다. 지뢰밭에서 생활하는
것과 똑같다. 위험요인을 하나 제거하면 또 다른 새로운 위험요인이
발생한다. 정몽구 회장이 '품질경영'을 전사 차원의 목표로 내세운

이유는 경영진의 저돌적 전략, 즉 위험선호 전략의 고위험성 때문이다. '고위험-고보상'(*high risk-high return*)이 성공할 조건은 딱 한 가지다. '고품질!'이 그것이다.

품질이란 2만여 개 부품의 품질과, 부품 간 수만 개 인터페이스의 품질을 총체적으로 지칭하는 집합명사다. 다시 말해, 고객이 신뢰하고 호평하는 '최고의 자동차'라는 말과 상통한다. 그러나 그것이 어디 쉬운 일인가? 현대차의 유례없는 성공은 '성공의 위기'를 내재하고 있다. 마치 한국의 산업화가 세계 모범사례로 거론되는 이면에 도사린 '위기의 그림자'를 보는 것과 흡사하다.

성공 패러다임에 대한 집착을 버리지 못하면 한국경제는 가라앉는다는 것을 알면서도 변신하지 못하는 관성(*inertia*)이 걱정이다. 일본의 '잃어버린 20년'은 경제 기적 자체에 내포된 일본식 관성 때문이었다. 1975년 〈이코노미스트〉지(誌)는 항공모함에 일본제 제품을 가득 싣고 미국 시장으로 향하는 표지 그림에 '태평양시대의 도래'라는 제목을 붙였다. 일본경제의 부활을 알리는 신호였다.

그때만 해도 일본은 자신했다. 태평양전쟁 이전 경제대국의 지위를 회복하리라는 사실을 말이다. 미국 학자들이 집중 조명한 '일본적 미(美)'(*Japanese beauty*)가 태평양시대를 열 것이라고 그들은 믿었다. 그러나 1980년대 말에 이르자 '일본적 미'는 '일본적 추(醜)'로 바뀌었다. 과감한 개혁을 이끌 경제 리더십은 출현하지 않았고, 정치마저 과거의 틀에 안주했다.

한국의 현실이 자기들의 잃어버린 20년을 많이 닮았다고 일본 전문가들이 말하는 이유가 여기에 있다. 한국은 잘 버리고 잘 받아들이는 나라다. 해방 후 산업화 과정이 그러했으나, 새롭게 변신해야 할 단계에서 머뭇거리기를 20년, 정보화를 제외하면 제조업과 서비스업에서 기존의 관행을 벗어던지지 못했다. 마치 모든 정권이 교육개혁을 가장 중요한 정책사업으로 주장했으나 아직도 학력주의에서 한 발짝도 못 나간 것과 마찬가지다.

이에 비하면 미국은 유연성을 갖춘 나라다. 일본의 도약에 직면한 1980년대 초반, 미국은 정부 차원에서 국가경쟁력위원회를 MIT에 꾸렸다.26 산업이 경쟁력을 잃고 외국으로 나가는 현상, 즉 산업공동화(holification)가 한창 진행되고 있을 때였는데, 국가경쟁력위원회는 몇몇 분야를 제외하고 제조업을 버릴 것을 과감하게 주문했으며, 정보산업과 금융산업으로 구조조정할 것을 미국 국민들에게 강력하게 호소한 것이다.27 미국은 그런 현실을 받아들였고, 10여년에 걸쳐 정보화와 금융산업의 기반을 착실하게 닦아 나갔다. 1990년대 초가 되자 미국의 국가경쟁력이 살아나고 2000년대에는 제조업이 돌아오기 시작했으나, 일본은 역으로 침체국면에 빠져들기 시작했다.

변신하지 못하는 미련함, 구각을 벗어 던지지 못하는 집착증이 초래하는 경제적 재앙이다. '성공의 위기'는 이미 성공 속에 내재해 있음을 알려 주는 역사적 사례다. 성공의 위기를 넘어서려면 항시적으로 발생하는 새로운 위험요인들과 마주해야 한다. 시장의 불확실성과 같은 외부적 요인은 물론, 성공이 만들어 내는 내부적 위험요인을 미리 점검해야 한다. 과학기술과 산업트렌드를 추적하는 것도 중요하고, 위기가 발생했을 때 그것을 흡수하는 기업 내부 관리체계를 제대로 정비하는 작업도 빼놓을 수 없다. 한 나라의 경제도, 그것을 지탱하는 기업도 시장 충격을 흡수할 복원력(resilience)을 배양하는 것이 경영전략의 최우선적 덕목이다. 복원력은 제도 디자인에서 나온다. 이에 대한 자세한 검토는 제2부에서 할 예정이다.

'성공의 위기'를 감지하는 능력

한국의 운명을 쥐고 있는 울산, 그 울산의 공장 풍경은 20세기적이다. 몇몇 로봇 공정을 제외하면 현대차는 단순조립이 절반 이상을 차지하고, 현대중공업은 용접, 배관, 도장작업이 주류다. 물론 현대차 첨단기술의 전초기지인 남양기술연구소의 풍경은 다르다. 남양기술연구소는 현대차가 자랑하는 세계적 기술연구단지다. 그러나 울산 공장지대 작업현장을 출퇴근하는 생산직 사원들에게서 장인의 기품이나 미래기술을 다루는 고차원의 품격을 느껴 보기는 힘들다. 20세기적으로 먹고사는 중이다.

그러는 동안, 구글과 애플은 자율주행차의 선두주자로 부상했고, 테슬라와 닛산, 토요타는 전기자동차 선두그룹으로 올라섰다. 현대차도 이 분야에 비밀병기를 감추고는 있으나 치열한 미래경쟁에서 승리할지가 아직 불확실하다. "대비는 잘하고 있다"는 경영진의 말에 일단 안심은 된다.

삼성도 자율주행차 개발에 나섰다. 자율주행차는 달리는 모바일 기기다. 스마트폰에 바퀴를 단 개념이다. 물론 스마트폰과는 비교할 수 없이 복잡하고 정교한 IT전장을 갖춘 '달리는 집무실', '이동하는 거실, 휴게실' 개념이 자율주행차다. 구글과 애플이 자율주행차에 수조 원을 쏟아붓는 이유는 자율주행차에 장착될 전자장비의 OS를 선점하고, 자율주행의 뇌에 해당하는 맵 서비스에서 주도권을 확보하려는 데에 있다. 신차 평론가인 채영석은 글로벌 IT 기업들이 이 분야에 뛰어드는 이유를 이렇게 집약한다.

구글이 자율주행자동차를 개발하고 있다는 뉴스를 지속적으로 내보내는 것은 자동차사업을 하고자 함이 아니다. 그들의 강점인 소프트웨어 시장을 장악하기 위한 것이다. 자동차용 OS를 판매하고, 구글은 거기에 구글 맵 서비스라는 엄청난 무기를 갖고 있다. … 이 분야에서는 핀란드의 노키아와 네덜란드의 PND제조업체 톰톰, 그리고 구글맵스와 구굴어스를 보유한 구글이 주도권을 장악하고 있다. 28

달리는 모바일기기, 이것이 스마트 카(*smart car*)이고 커넥티드 카(*connected car*) 개념이다. IT업체의 놀이터인 것이다. 전문 연구 기관에 따르면, 자율주행차는 2020년쯤 선을 보이고, 2035년에는 시장규모가 1조 달러에 달할 것으로 예상된다. 예상 판매 대수는 약 1천만 대 정도로 추산되었다.

IT업체인 삼성이 뛰어들지 않을 수 없는 블루오션이다. 2010년부터 자율주행차에 관심을 갖기 시작한 삼성은 잠시 주춤하다가 2015년에 다시 연구개발팀을 꾸려 신사업 주력종목으로 추진하기에 이르렀다. 29 조금 늦은 감이 없지는 않지만 반도체 디스플레이와 전자부품, 스마트폰 기술을 앞세워 사운(社運)을 걸 만하다는 판단이 선 것으로 보인다. 이 미래차 분야에서 자동차메이커와 IT기업의 합종연횡(合從連橫)이 요즘 큰 화두(話頭)가 될 정도로 활발하다.

그렇다면 현대차는? 글로벌 메이커들이 세계 유수 IT기업과 한창 짝짓기를 하고 있는 시간에 현대차는 자동차 개념의 지각변동과 자동차산업의 정보기술화에 어느 정도 대비하고 있는가? 울산과 한국 경제의 미래가 여기에 달려 있다고 해도 과언이 아니다. 이런 관점에서 남양기술연구소는 중요하다. 현대차의 모든 첨단기술이 여기로부터 분출되기 때문이다.

1995년 문을 열고, 기아차와의 합병(1999년)을 계기로 전국 각지에 흩어진 연구 인력을 모아 2003년 종합기술센터로 재출범한 남양기술연구소는 연구 인력만 1만여 명에 이른다. 미국과 유럽에 있는 기술연구소를 합하면 약 1만 2천 명의 고급인력이 기획, 디자인, 엔진, CAE(*Computer Aided Engineering*)에 이르는 자동차 기술의 전 영역을 연구한다. 주행시험은 물론, 안전, 부품, 모듈을 이곳에서 평가하고, 이상이 발생하면 즉각 수정한다.

신차개발의 모든 공정이 여기에 집중되어 있다. 신차 모델을 직접 생산하고 테스트하는 파일럿 센터(Pilot Center)는 현대차가 자랑하는 첨단시설이다. 디자이너, 엔지니어, 품질평가 전문가들이 한

남양기술연구소 정문

초기 기획부터 주행실험까지 신차 개발의 전 공정이 집합되어 있는 남양기술연구소 전경

자리에 모여 직접 제작한 신차 모델을 종합적으로 테스트하고, 문제점이나 취약점이 발견되면 그 자리에서 즉각 수정할 수 있는 첨단시설이다.

근속 34년, 1980년대 초반부터 현대차의 성장과정을 지켜본 C부사장의 말은 단호하다.

전기차, 하이브리드차, 수소차, 자율주행차 모두 준비가 되어 있어요. 말하자면, 미래차 포트폴리오를 갖춘 셈이지요. 문제는 이 중 무엇이 상용화될 것인지를 기다리는 중입니다. 현대차는 그리 호락호락하지 않습니다. 저력이 있다고 봐야죠. 30

그의 단호한 자신감이 과장이 아니라는 사실은 연구원들의 솔직한 평가에서도 확인된다.

토요타, 폭스바겐에 비해 기술력이나 디자인은 결코 떨어지지 않아요. 단, 프리미엄 브랜드 말고 대중차 분야에서요. 그 기반을 바탕으로 우리도 프리미엄 브랜드에 도전하고 있는 중이니까요. 파워트레인, 기어, 가속기는 물론, 전장분야도 거의 최고 수준에 이르렀고요, 디자인은 토요타를 제치긴 했는데, 유럽차에 비해서는 약간 떨어지는 정도죠. 거긴 문화가 있으니까. 31

미국 JD파워(JD Power)가 주관하는 품질평가에서 2009년에는 제네시스가, 2010년에는 아반떼가 각각 1위에 등극했다는 사실은 이 평가가 자화자찬(自畵自讚)이 아님을 입증한다.

그렇다고 긴장의 끈을 놓을 수는 없다. 기술을 어느 정도 쌓았다는 뜻이지 최고에 올라섰다는 뜻은 아니다. 문제가 없다는 것도 아니다. 이에 대해서는 2부에서 상세히 고찰하기로 하고, 여기서는 일단 조직구조상의 문제, 즉 내부적 쟁점을 언급하고자 한다. '성공의 위기'는 오히려 내부에서 더 많이 발생한다. 세대가 바뀌고 있는 것이다.

세대교체는 직무태도의 변화, 연구자세의 변화, 의욕과 열정의 변화를 동반한다. 젊은 세대들은 퇴근시간을 칼같이 지키고 싶어 한다. 지시된 업무를 달성하는 데에 목을 매지 않는다. 승진보다는 보상에 더 많은 관심을 갖고, 직장보다는 가정과 사생활이 우선이다. 회식도 2차는 잘 가지 않는다. 좋은 면도 있겠으나 '끈끈한 연대'는 점차 소멸된다. '끈끈한 연대'는 업무수행의 에너지이자 소통의 윤활유다. '동료애!'(companionship)가 약화되면 그만큼 집단지능(collective intelligence)도 하락한다. 기술은 반드시 교과서에 쓰인 대로 적용되거나 응용되지 않는다. 경험에서 얻은 '암묵지'(暗默知)가 제대로 전승되어야 경쟁력을 갖는데 '충성심'과 '동료애'가 흩어진 신세대는 암묵지를 그리 중요하게 생각하지 않는 경향이 있다.

지금은 평균 38세 정도인데 이직률은 1%도 안 됩니다. 그런데 고령화에 따라 향후 10년간 40%를 점하는 중견기술 인력이 교체된다고 보면

그들이 가진 최대의 장점인 '열정과 암묵지'가 빠져나간다고 할 수 있지요. **32**

열정의 점진적 소멸과 암묵지의 상실은 당장은 큰일이 아니라고 할 수 있겠지만, 장기적으로 보면 급격히 변화하는 기술 환경에의 적응력과 대응력을 약화시키는 내부적 쟁점이다. 이는 역으로 기술연구능력 자체에 큰 타격으로 돌아올 수 있다. 그래도 아직은 현대차그룹 특유의 '끈끈한 연대'가 작업현장에 작동하고는 있지만, 앞으로 어떤 방향으로 변질될는지 아무도 모른다.

인생을 남양기술연구소에서 보낸 C부사장의 가슴에는 대한민국 독립군가(獨立軍歌)가 울린다. 기술연구소는 산업한국을 향해 진군하는 독립군 사령부다.

1990년대 중반인가, 시카고 모터쇼를 갔어요. 거기에 6개 국기가 게양됐는데, 태극기가 있더군요. 독일, 일본, 미국, 이탈리아, 프랑스, 그리고 한국. 감동적이었지요. 고유기술로 독자브랜드를 개발한 국가만이 국기를 달아 줬어요. 나는 그리 생각합니다. 산업한국의 기술을 독립시키는 독립군 사령부가 여기 남양기술연구소라고 말이죠. **33**

미래차의 공습이 예정된 이 시점에서 현대차그룹은 나름대로 준비를 하고 있다. 그러나 성공의 위기는 도처에 산재해 있는 법, 그것은 조직 능력을 갉아먹는 독소(毒素)를 뿜어낼 것이다. 그 독소는 외부에서도 산포되고, 내부에서도 분출된다.

'독립군 사령부'라는 비장한 각오라면 다가오는 위기를 새로운 기회로 반전시킬 수 있겠지만, 무엇이 위험요인인가를 감지하는 능력이 필요하다. 그 감지능력이 부족해 1인당 국민소득 3만 달러 능선에서 십수 년간 맴돌고 있는 한국을 살려 내는 구원의 손길은 기업에서, 그것도 창의적이고 열정적인 기업에서 나온다. 현대차그룹이 그 주역이 될 것인가? 그러려면 우선 성공 동력이 무엇인지를, 성장 유전자가 무엇인지를 찾아내야 한다. 다음 장의 주제다.

chapter. 3

—

현대차의

성장

유전자

외국 학자들은 자주 이런 질문을 한다. '한국이 발전하게 된 가장 중요한 요인은 무엇인가?' '산업화의 성공요인'에 관한 외국 학자들의 궁금증은 학문별로 개최되는 여러 유형의 국제학회에서 확인된다. 제2차 세계대전 이후 산업화를 추진한 나라는 많은데, 왜 유독 한국과 몇몇 국가에서만 성공했는가? 1980년대에는 일본 붐과 함께 동아시아 네 마리 용(four little dragons)이 주목받았다. 그런데 한국은 대만, 홍콩, 싱가포르와는 산업화 패턴이 다르고 특히 대규모 중화학공업에 성공했다는 점과, 도시계획과 새마을사업 같은 농촌개발운동에서 다른 국가와 차별성을 갖는다. 최빈국에서 선진국 문턱까지 치고 올라간 한국의 저력이 무엇인지가 궁금했던 것이다. 그것도 세계에서 유례없이 최단기간에 이뤄진 것이기에, 그 요인이 밝혀진다면 남미와 동남아시아, 그리고 아프리카에도 적용할 수 있으리라는 기대감이 배경에 깔려 있었다.

답은 여럿이었다. 정치학자들은 국가의 용의주도한 기획과 정치 지도력에 주목해 국가주도자본주의(state-led capitalism) 혹은 발전국가론(developmental state)을 설파했다. 경영학자들은 불모지와 다름없었던 열악한 환경에서 대기업군을 성공적으로 일으킨 기업가정신을 부각했다. 사회학자들은 근대화의 주요 요인 중 높은 교육열, 값싸고 우수한 노동력, 근면 성실한 기질 등을 강조했다. 모두 맞는 설명이지만 어딘가 한 측면만 지적했다는 아쉬움이 남기도 한다. 산업화 성공에 관한 종합적, 체계적 설명이 그만큼 어렵다는 뜻은 성공 동학의 복합성을 얘기한다.

현대차 울산공장 전경

    한국의 대표적 기업인 현대차그룹이 걸어온 고속성장의 길은 한국 산업화의 총체적 면모와 많은 공통점을 갖는다는 점에서 현대차의 성공요인을 하나로 꼬집어 말하기 힘들다. '현대차그룹은 한국의 산업화 양상을 집약한다'고 해도 이의를 제기할 사람은 거의 없다. 한국이 제조업으로 승부를 걸었다는 점에서 그렇고, 발전국가의 가장 중요한 파트너였다는 점에서 그러하다. 또한 산업화의 결과로 정착된 모기업-협력업체 간 이중구조 역시 현대차그룹에서 가장 현저하고, 노동조합도 가장 강력하고 정치지향적이다.

    현대차그룹은 약 330여 개의 협력업체를 거느리고 있는데, 현대기아차와 31개의 계열사가 생산하는 총 매출액은 2014년도에 242조 원에 달했다. 여기에 330여 개의 협력업체를 합하면 거의 300조 원에 근접할 것이다. 재계 1위인 삼성보다 산업연관 효과는 물론 연관 기업을 합한 총 매출액에서 약간 작다.

이런 관점에서 현대차그룹의 성장동력을 탐색하는 작업은 곧 한국 산업화의 동력을 규명하는 일이 된다. '현다이(Hyundai) 는 한다이~.' 현대차 구성원들의 가슴 속에 울리는 이 무의식적 명제는 마치 '한국인은 한다이~'와 여러 모로 겹친다. 한국인들은 그냥 했다. 열사의 사막에서 했고, 중앙아시아 벌판에서 했으며, 콧대 높은 유럽과 미국에서도 했다. '현다이는 한다이~'는 '한국인은 한다이'라는 당시의 성장열기가 기업에 응축된 명제다.

성장열기가 다른 대기업군에도 주유(注油) 되었음은 물론이지만, 현대차그룹만큼 대하(大河) 적 흐름을 만들어 낸 사례는 드물다. '현대차그룹의 성장 유전자는 무엇인가? 열정, 조율, 소명의식, 이 세 가지다.

열정 (Passion)

성장의 첫 번째 사회심리적 요인은 열정이다. 열정은 한국인 특유의 한(恨)과 오기(傲氣)를 바탕으로 직장충성도와 직무헌신도를 높이는 인류학적 투혼(鬪魂)이자 도전정신이다. 이 투혼은 계층상승 욕구와 성취 욕구라는 사회학적 동력으로 발현되었으며, 생산직 노동자와 관리직 임직원을 하나의 목표로 엮어 주는 접착제였다. 성장동력의 세 가지 인자(因子) 중 가장 중요한 요인이다.

도전

1986년, 필자는 보스턴에 있었다. 세계 천재들이 모이는 하버드대에 운 좋게 입학해 선진국 학생들과 겨루던 힘든 시절이었다. 말이 빠른 교수의 강의를 잘 알아들을 수 없어 강의실 구석에서 주눅 든 채 고개를 파묻고 있던 후진국 유학생이었다. 보스턴의 겨울은 추웠다. 전역 때 갖고 온 대한민국 육군 장교 점퍼가 방한복이었다. 넘을 수 없을 듯한 장벽에 절망했고 우울했다. 그때 중고차를 타고 고속도로를 달리던 나의 눈에 뉴스에서 본 그 차가 불현듯 포착됐다.

미국 진출을 위하여 선적 중인 엑셀

　엑셀(Excel)이었다. 엑셀! 한국이 만든 자동차! 나는 한참 동안
그 차를 따라갔다. 눈물이 났다. 한국산 자동차가 미국의 고속도로
를 달리다니, 그것도 보스턴에서 LA를 관통하는 90번 도로를 말이
다. 도로변에 차를 세웠다. 엑셀은 시야에서 사라졌는데, 미국을
관통할 수 있다는 생각이 그때 처음 들었다. 한국산 자동차가 달리
는데 이런 장벽쯤이야. 나에겐 엑셀이 구세주였다. 유학을 마치고
돌아온 나의 생애 최초의 자가용은 당연히 엑셀이었다.

　엑셀이 나의 열망을, 나의 오기(傲氣)를 일깨운 것이다. 미국인

포니 10만 대 생산 기념식

들도 우리보다 더 어려운 시절이 있었다. 19세기 말, 유럽에서 건너온 이주민들은 대개는 빈손이었다. 먼저 와 정착한 선입 이주민들의 박대를 받으면서도 꿋꿋이 자기 영토를 개척해 오늘날의 부귀를 일궜다. 나는 거기에 비하면 포시러운 임시 이주민이었다. 돌아갈 곳이 있으니까 말이다. 엑셀이 탄생한 과정도 오기 그 자체였다.

1974년 포니 신화를 탄생시킨 정주영, 정세영 회장은 자체 개발 기술로 만든 고유모델 신차 개발을 구상했다. 낙후된 기술, 과학자와 엔지니어 부재, 협소한 시장이라는 삼중고에서 자동차 생산국의 꿈을 꿨다는 것은 오기로밖에 달리 설명할 수 없다. 포니가 대성공을 거두는 바로 그 순간에 정 회장 형제는 'X카 프로젝트'를 구상하기 시작했다. 과감한 베팅이었다. '일본이 하는데 우리가 못 할 이유가 없다.' 식민지의 한(恨), 가난의 한, 후진국의 한이 작동했다.

일본 미쓰비시자동차와 미쓰비시상사를 학습대상이자 스승으로 설정해 인력을 파견했다. 당시 'X카 프로젝트' 기획차장이었던 박병재는 1년에 50번 이상을 일본에 오갔다고 회상했다. 변변한 부품공장 하나 없는 한국 실정에서 고유 자동차를 개발하려고 미쓰비시 공장라인과 생산방식을 베끼다시피 했다.

사진을 찍을 수 없는 공장에서 눈이 카메라가 되고, 머릿속이 메모리가 되어 라인 하나하나를 새겨 넣어야 했다. 기계의 위치, 작업자의 동선, 컨베이어 시스템의 각도가 그렇게 머릿속에 각인되었다.1

늦게 출발한 한국이 따라잡을 수 있는 방법이면 무엇이든 마다하지 않았던 시절의 오기였다.

그렇게 해서 1985년 2월 울산에 30만 대 생산능력을 갖춘 공장이 신축됐고, 'X카 프로젝트'가 낳은 전륜구동차가 생산됐다. 1년 후 엑셀은 미국에 상륙했다. 내가 본 그 차였다.

필자는 그때 부끄럽다는 생각이 처음 들었고, 한동안 감춰뒀던 오기(傲氣)가 발동했다. 오기는 한(恨)으로부터 발원한다. 가난의 한, 전쟁의 한, 못남의 한, 못 배움의 한, 식민지의 한이 그것이다.

나를 위시한 베이비부머(baby boomer, 1955~1963년생)가 이 한을 전수받은 것은 대체로 전쟁과 식민지를 함께 겪은 부모를 통해서였다. 말로 전수받은 것이 아니다. 식민지와 전쟁의 폐해를 한 몸에 안았던 부모세대가 고스란히 그런 환경을 베이비부머에게 물려줬다.

다른 도리가 없었다. 가난의 형태로 유증된 이 한(恨)의 감정은 자연스레 베이비부머세대에게 오기를 발아(發芽)시켰다. '뭐, 한번 해보지.' 신세대가 들으면 약간 무계획적인 듯한 느낌을 받을 수 있는 이 말투가 베이비부머에게는 세대적 정서가 된 까닭이다.

1970년대 학창 시절에 사회학도인 나는 전국 산업공단에 사회조사를 자주 갔다. 공장실태와 노동자들의 작업환경, 그리고 생활실태를 파악하는 조사였다. 남자 직공은 '공돌이', 여자 직공은 '공순이'로 불리던 시절이었다. 공돌이와 공순이, 농촌마을의 갑돌이와 갑순이가 공단으로 이주해 붙여진 다른 이름이었다. 1976년경, 공돌이는 대체로 월 7만 원, 공순이는 6만 원을 받았던 것으로 기억한다. 내가 1981년 육군 중위로 복무할 때 5만 원을 받았으므로 그리 적지 않은 월급이었다.

가난의 한을 풀기 위해 그 돈을 절약했고, 고향집에 부쳤다. 못 배움의 한을 풀기 위해 그 돈을 송금했다. 1970년대 말, '마산수출자유지역'이라는 거창한 이름이 붙은 지역은 2만 명의 청춘이 운집한 일터였다. 아침 7시, 거대한 사람의 물결이 수출단지 정문으로 몰려 들어갔고, 저녁 6시 또 한 차례 거대한 물결이 흘러 나왔다. 출렁이는 밀물과 썰물 같았다. 1970년대에 청춘이던 베이비부머들,

대개 농촌에서 이주한 그들, 월급을 아껴 송금을 마다하지 않던 순박한 노동자가 한국의 산업화를 일군 1세대 현장인력이었다.

그들의 공통적 심성은 '한'과 '오기'다. 부모로부터 전수받은 '한'의 감정, 그리고 어쨌든 이겨 내야 한다는 오기가 한국의 산업현장에 투영됐다. 지금은 중년 가장이자, 퇴직 후 생활을 설계할 50대 노동자들, 현대차 울산공장, 아산공장, 전주공장의 맏형이다.

우리는 7남매였어요. 부모님이 못 배운 게 한이 돼서 나를 공고에 입학시켰지요. 1970년대 초에는 그리 흔한 편은 아닌기라요. 밥은 먹고 살겠구나 … 그런 생각이 들고. 현대차에 입사해 보니 정말 힘들었어요. 하루 12시간에 야간 잔업도 했고. 새벽에 귀가하는 날이 많았는데, 이를 악물고 했어요. '한 우물 파자, 부지런히 해보자'는 생각뿐이었지요. 집에 돈도 부치고, 정말 악바리처럼 했어요. 왜 그랬을까 …. 이제 생각해 보니 회사와 인생을 같이 했뿌린네 고마이, 동반성장이랄까. 2

급여봉투를 딱 한 장 빼고 다 모아 놨어요, 내가. 30년 동안에. 나중에 병풍 만들라고. 성과급이나 뭐 나오는 거를 다 모았지요. 보니까 11만 원에 우리가 생활을 출발했더라니까. 고생, 고생 …. 뭐 이자 옛날 얘기가 됐네이. 3

일이 힘들어 떠나는 사람도 많았다. 그러나 대부분은 신생 공장에 청춘을 바쳤다. 현대차나 현대중공업이나 모여든 사람들의 동기는 한결같았다. 빈곤 탈출과 한번 인생을 걸어 보자는 오기가 서로 통했다. 그것은 베이비부머의 세대적 기질이자 소통암호였다.

도전정신이랄까 … 이것저것 다 따졌으면 못 했을 거예요. 저기다 도크 만들고, 여기다 공장 짓고, 수출하면 되겠다 이런 거 아니에요? 굴러가는 거 까짓 거 어떻게 해가지고 주물 부어 만들어서 그냥 한번 해보면 되는 거 아니야, 굉장히 무모하죠, 어떻게 보면. 무모한 도전을 생산직 노동자들이 전수받아 공감을 느낀 거 아녜요? 일종의 스파크가 일어난 건데, 1세대 노동자들 … 삶의 여건들이 결합돼 가지고, 나도 까짓 거 잃을 거 하나도 없는데, 투신할 수 있었던 거 같아요. 4

그는 베이비부머 막내다. 중요한 사실은 베이비부머의 이런 사회적 배경과 세대적 기질이 현대차의 노동문화와 작업규율의 기초를 만들었다는 점이다. 세 가지 측면을 지적해 보자.

우선, 인류학적 관점에서 베이비부머는 90%가 농어촌 태생이고 할아버지부터 아버지에 이르기까지 농민이거나 어민이다. 반농반어 집안도 많다. 그래서 농어촌의 노동문화인 '협업'을 일찍부터 습득했다. 십시일반(十匙一飯) 노동해서 가족 생계를 이어 가는 것을 생존의 당연한 방식으로 여겼다. 오늘날의 왕따 개념은 존재하지도 않았고, 존재할 수도 없었다. 개인주의가 발을 들일 틈이 없이 집단주의와 공동체 문화에 익숙한 세대다.

사회학적 관점에서 강렬한 성취동기와 교육열이 베이비부머의 특징이다. 가난의 굴레를 벗어나기 위해 뭔가 이뤄야 한다는 성취동기가 자연스레 형성되었고, 열심히 공부해서 가난의 대물림을 끊어야 한다는 부모의 한 맺힌 소망을 귀가 따갑게 듣고 자랐다. 그래서인지 진학률이 가파르게 상승한 세대가 바로 이 세대다. 1955~1963년간 대학진학률은 평균 25%에 근접했으며, 50% 이상이 중·고등학교를 마쳤다. 이들이 급성장한 산업시설 수요를 충족시킨 풍부하고 우수한 인력자원이었다. 성취동기는 바로 직무헌신으로 연결되었다. 이른바 '장시간 노동체제'와 높은 직무헌신이 결합된 고생산성(高生産性)의 일터를 만든 원동력이 이들이다.

정치학적 관점에서, 이들은 당시의 권위주의체제하에서 강한 국가주의 가치관을 배양했다. 국가주의란 자신의 성취와 국가의 성장을 동일시하는 가치관이자, 이른바 '멸사봉공'(滅私奉公)을 존재이유로 받아들이는 이념적 성향이다. 빈곤한 가족을 위해 일터로 향했듯이, 국가발전을 위해 직장에 헌신한다는 생각을 자연스럽게 갖게 된 세대다. 나의 헌신은 가족, 즉 부모와 자식의 생계안정 및 계층상승을 위한 당연한 희생이고, 가족의 안녕은 곧 국가번영이 된다고 믿었고 또 실제로 그렇게 됐으니 어느 세대보다 국가주의적 성향이 강하다.

베이비부머가 어릴 적부터 듣고 자란 사회적 구호가 "증산, 수출, 건설"이다. 증산, 수출, 건설을 위해 청춘을 바친 세대는 애국가로 하루를 시작해, 국민체조를 했고, 국민교육헌장을 낭독했으며, 국민윤리 교육을 받았다. 나는 가족이고, 가족은 국가다. 그렇다고 해서 개성이, 개인주의적 성향이 약한 세대는 결코 아니었다. 개인적 권리와 취향의 발현을 국가의 대의명분에 당분간 일임했다고 할까. 이런 통합적 가치관을 '유기체적 국가관'(organic statism)이라고 한다면, '국가주도 자본주의'가 작동하고, 재벌대기업이 태어나고, 대규모의 중화학공업화가 성공적으로 수행된 동력이 그것이다. 개인적 욕구와 주체성이 전통적으로 약화된 일본과는 달리, 대의(大義)를 위해 그것을 잠시 유보했다고 할 수 있다.

협업, 강한 성취동기, 그리고 국가주의로 무장한 1세대 노동자들이 작업현장에서 창출한 문화가 바로 '직장충성도'(company loyalty)와 '직무헌신'(job commitment)이다. 나와 가족의 관계가 뗄 수 없듯이, 나와 기업의 관계도 뗄 수 없다. 기업은 가족이고, 가족은 기업이다. 기업은 제2의 가족(second family)이었다. 가족과 기업은 동시에 성장한다. 다시 말해, 동반성장 개념이다.

산업화 초기에 대부분의 기업이 '직장을 가족같이'라는 사훈을 내걸었다.5 노동자를 이념적으로 세뇌하고자 했던 것이 아니라, 누구도 이의를 제기하지 않은 자연스러운 세대적 구호였기 때문이다. 1970년대와 1980년대를 걸쳐 한국의 노동자들이 보였던 직장충성도와 직무헌신은 세계적 수준이었다. 비록 권위주의체제의 억압적 정책이 불만의 수위를 높여 가고 있었지만 말이다. 도전과 오기, 그것은 부정할 수 없는 성장의 유전자다.

열망(熱望)

1980년대 중반, 엑셀이 미국 대륙에 상륙했을 때 자동차시장은 일본차로 넘쳤다. 이름만 들어도 압도되는 GM, 포드, 크라이슬러가 썰물처럼 밀려났다. 자동차의 본산 디트로이트에서는 화가 난 노동자들이 거리에 주차된 일본차를 막무가내로 부쉈다. 화풀이를 한다고 일단 빠진 경쟁력이 살아날까? 디트로이트가 침체 국면으로 접어들기 시작했다. 대량 구조조정은 불가피한 현상이었다. 자동차산업뿐이 아니었다. 미국 전 산업에서 대량 해고가 발생했다. 글로벌 기업의 대명사였던 AT&T, 델타항공, 코닥이 몸집을 거의 절반으로 줄였다.

〈뉴욕타임스〉에 의하면, 1979년 이후 1990년대 초반까지 약 10여 년 동안 미 전역에서 4,300만 개의 일자리가 사라졌다. 물론 새로운 일자리가 생겨나기는 했지만, 전체 가구의 3/4이 실직에 직면했고 그중 1/3이 실제로 실직했다. 1970년대 이전에는 '감축'(down-size)이란 단어는 원래 없었으나 자동차산업 침체를 계기로 사전에 등록됐다. 6 동료들이 떠난 텅 빈 사무실을 지키는 생존자는 죄스러운 마음을 감출 수 없었다. 1980년대 미국의 사회분위기는 그야말로 흉흉했다.

일본의 저력은 대체 무엇인가? 미국 언론은 일본 산업경쟁력의 비밀을 궁금해 했다. 저널리스트와 학자들이 대거 파견됐다. 대학에서는 일본학이 최고의 인기를 누렸다. 하버드대 사회학과 일본통인 에즈라 보겔(Ezra Vogel) 교수가 1979년에 출간한 저서 《일본 넘버 원》(Japan as No. 1)은 순식간에 베스트셀러가 됐다. 7 미국 공영방송은 일본의 공장과 기업관리의 구조를 탐문해 그 강점을 미국 전역에 방송했다.

필자는 그때 스즈키(Suzuki) 자동차공장이 소개된 프로를 우연히 접했다. 스즈키의 강점은 무엇인가? 그 당시만 해도 스즈키 자동차는 경쟁력이 그리 높지 않은 싸구려 대중차였다. 토요타와 닛산에 밀려 고전을 면치 못하였는데, 스즈키 경영진은 스포츠카를 만들어 미국시장 점유율을 높이려는 기획을 밀고 나갔다. 생산라인에서 나온 첫 번째 차가 공장 내 신사(神社)에 올려졌다. 빨간 색상의 날렵한 스포츠카는 일본 수호신이 모셔진 신사의 고풍스런 모습과 어울려 묘한 분위기를 연출했다. 임원진이 앞줄에 서고, 수천 명의 공장 직원이 대형을 맞춰 정렬했다. 마치 일본 가미가제가 출정식(出征式)을 앞두고 제례를 올리는 듯 엄숙하고 비장한 모습이었다. '필승'이란 글자가 새겨진 머리띠를 둘렀다면 영락없는 가미가제 출정식이었다.

미국인들은 전율했고, 나도 전율했다. 생산품을 전쟁하듯 만드는구나…, 임원과 직원이 혼연일체가 되어 성공을 비는구나…, 그러니 일본이 약진할밖에. 미국적 개인주의와 노동문화로는 도저히 상상도 못 할 장면이었다. 전통적 집단주의가 뿜어내는 힘을 미국의 혼합적 문화가 따라갈 수 없다는 결론이 나왔다. 미국은 다른 산업으로 눈을 돌렸다. 8

일본의 집단적 힘은 은(恩) 의식에서 유래한다. 인류학자 루스 베네딕트(Ruth Benedict)는 일본문화의 정수를 연구한 《국화와 칼》에서 '은의식'을 일본인이 타고난 생래적 가치관으로 파악한다. 일본인은 부모, 국가, 나아가 천황에게 빚졌다는 채무의식을 갖고 태어나는데, 그것이 은의식으로서 평생을 은혜 갚기로 사는 게 일본의 고유한 자질이다. 이른바 보은(報恩) 의식이다. 9

보은의 대상은 부모와 국가지만, 여기에 생계를 유지할 수 있도록 일자리를 준 기업도 보은의 반열에 오른다. 기업은 생계수단을 제공한 은인이라는 생각이 강하다. 일본이 발전시킨 기업복지(company welfarism)는 보은의 대가이고 직장충성심을 유지하도록 만드는 인센티브다. 일본의 기업가는 착취계급이 아니라 임금과 복지를 내려 주는 '자비로운 고용주'(benevolent employer)다.

일본에 '은'(恩)이 있다면, 한국에는 '망'(望)이 있다. 이른바 열망(熱望, aspiration)이다. 한국인들의 유전자 속에는 뭔가 이뤄 내고 싶은 열망의식이 꿈틀거린다. 성취동기가 매우 높다. 성취하기 위해서는 엄청난 노력도 하지만 불의에 가까운 온갖 수단을 동원한다. 생래적 기질이다. 엄격한 신분제사회인 조선에서도 평민[農民]과 하층민[工商人]은 양반 신분으로 계층상승을 도모했다. 쉬운 일은 아니었지만 과거제도가 약간 열려 있었기에 자녀들의 교육에 매진했다. '소 팔고 논 팔아' 공부시킨다는 게 베이비부머 시대의 말이 아니다. 조선시대부터 있었다. 어느 정도 부를 일군 평민이나 하층민이 과거에 급제해 벼슬길로 나간 사례가 많이 발견된다. 10

조선의 인사정책이 입현무방(入賢無方), 유재시용(惟才是用)을 표방했기 때문이라고 한영우 교수는 설명한다. 입현무방은 어진 사람을 뽑는 데에 모가 나서는 안 된다는 뜻이다. 지연, 혈연, 학연을 따지는 것을 지양하라는 뜻이다. 또한 유재시용은 오직 재주와 학식이 있는 사람을 뽑는다는 원칙이다. 즉, 신분차별에도 불구하고 조선사회는 계급상승이 가능한 열린 사회였다는 뜻이다. 조선 후기에는 부유해진 평민이 지역 사족(士族)을 회유하거나 뇌물 공세를 통해 양반 명부인 향안(鄕案)에 입록(入錄)하는 방식으로 계급상승을 꾀했다.

일본의 장인정신도, 따지고 보면, 일본이 조선보다 신분차별이 훨씬 강하고 단단한 폐쇄사회였다는 점에서 발원한다. 일본의 신분차별은 조선보다 훨씬 강했다. 신분상승이 불가능했고, 평민이 사무라이에게 항의하거나 덤벼들 수 없었다. 그것은 곧 죽음을 의미했다. 조선의 양반층에 해당하는 무사계급은 법과 훈령을 위반하는 평민을 그 자리에서 참수할 수 있는 권리를 부여받았다. 조선은 최악의 범죄인 역모를 처벌하는 데에도 여러 번의 공초(供招)와 심문과정을 거쳐야 했으며, 조정과 관찰사의 허락을 얻어야 효수(梟首)가 가능했다. 문서로 남겨야 했기 때문이다.

조선에는 '거둥'(擧動)이라는 행사가 있었다. 왕이 돈의문을 나와 종로와 광화문으로 돌아 민정시찰을 나가는 행차다. 이때 전국 각지의 평민들은 왕의 행차 앞에 엎드려 민원을 올린다. 도승지는 수많은 민원을 접수하느라 땀을 흘릴 정도다. 몰려드는 민원인 때문에 왕의 행차는 하루 종일 걸린다. 일본에서는 이런 풍경이 없다. 쇼군 행차에 누가 뛰어들었다가는 그 자리에서 목이 베인다. 사무라이들이 겹겹이 둘러싸 쇼군을 호위하기 때문이다.

이런 신분질서에서 일본인이 출세할 수 있는 유일한 통로는 과거(科擧)도 아니고 뇌물도 아니라, 자기 직업에서 최고가 되는 길이었다. 3대에 걸쳐 오뎅을 삶아 마을 최고의 오뎅가게로 등극하는 것, 5대에 걸친 양조(釀造)로 읍내 최고의 사케를 빚는 것이 유일한 방법이었다. 일본의 장인정신, 모노즈쿠리(もの造り)가 그렇게 만들어졌다.

그러므로 소 팔고 논 팔아 공부시키는 민족은 배달의 민족뿐이다. 그렇지 않고 75%에 달하는 세계 최고의 대학진학률을 어떻게 설명할 수 있겠는가? 자신을 장시간 노동에 바치면서도 자식들만은 그곳을 벗어나 주기를 열망한다. 열망의식은 힘든 노동과 강도 높은 노동을 이기게 하는 힘인데, 그것이 가정과 기업의 성장동력이다. 현대차에 투하된 정신이 바로 이 열망의식이다.

내가 기름밥 먹는 건 딱 하나, 애들이 어깨 피고 살게 하는 거요. 옛날에는 개천에서 용이 났다, 요즘에는 개천에서 용이 못 난다 그러는데, 의사 애들만 의사 되고, 판사 애들만 판사 되니껴. 내가 예전에 공부 못 해 한이 돼 갖고…. 애들만은 이 짓 안 시킬라꼬. 내가 하면 그만 이제.11

제가 사실은 10년째 우유배달 하거든요, 새벽에. 우유배달해서 책이나 실컷 사주자 해서 시작했는데 … 지금은 큰애 영어학원이 25만 원 들고 수학학원하고 책값하고 합하니까 75만 원이 들어가요, 월급 250만 원 받아 오는데, 글쎄. 그래도 작은애 태권도에 영어학습지에 … 다 할 겁니다. **12**

P씨는 큰아들과 작은딸을 각각 부산과 서울의 모 대학에 진학시켰다. 앞으로 취직이 걱정이지만 일단은 뿌듯하다. L씨는 한창 학비가 들어가는 중·고등학생 자녀들에게 능력이 닿는 한 뒷바라지를 각오한다. 계층상승을 향한 '망'(望) 의식은 가장으로 하여금 직장에 매진하도록 잡아 두는 끈이다.

노동자에게 꿈인 '계층상승' 열망은 관리자에게는 '기업의 성공'으로 발현된다. 관리자라고 승진을 꿈꾸지 않겠냐만, 일단 계층 사다리의 상층에 진입한 관리사원들은 기업의 성공에 열망의식이 꽂혀 있다. 컨베이어벨트를 타는 노동자와, 험난한 파도를 헤치는 기업의 안전운행을 담당한 중간 간부와, 임원의 열망은 유사하다. 열망의 초점, 노심초사(勞心焦思) 하는 과녁이 다를 뿐이다. 울산 현지 A 사장의 회상이다.

그땐 양말 빵꾸 나면 거꾸로 신고 왔지 … . 먼지투성이에. 새마을아파트라고 있어요. 어느 날 밤에 자는데 꽝 그러는 거야. 태풍 그레이스가 와서 친 거지. 지붕이 날아가고, 베란다 다 부서지고, 난리도 아니었어요. 그날도 출근했지 …. 이불 하나하고, 숟가락, 냄비하고 이거만 들고 울산에 왔지. 왜? 내가 먹고살기 위해, 자식들 공부시키려고. 회사에서 너 30년 뒤에 사장시켜 줄게, 제발 들어오세요, 이래 들어온 건 아니거든. 먹고살려고. 먹고살려면 회사가 잘돼야 하거든 …. 엑셀이 미국에 25만 대 다 들어갔을 때 우리는 전부 서로 끌어안고 울었어요.[13]

20대 말 신입을 막 벗어난 그도 울었던 거다. 이 얘기를 들으면서 미국 고속도로에서 목격한 그 장면이 떠올랐다. 나도 울었었다. A 사장은 해냈다는 감격에 북받쳐 울었을 터이고, 필자는 해내야 한다는 각오로 울었다. 태평양 양안(兩岸)에서 한국의 베이비부머가 후진국의 설움을 이겨 낸다는 세대적 결의에 바친 눈물이었다.

그 엑셀은 일본 미쓰비시자동차로 파견된 200여 명의 연수생들이 쓰레기통을 뒤져 가며 찾아낸 설계도면의 산물이었다. 눈으로 라인을 촬영하고, 머릿속에 기계설비와 배치를 그려 넣고 가져온 모방의 변용이자, 창의적 도전의 결정체였다. 그것을 바탕으로 1990년대 독자적 기술개발로 나아갔다. 알파엔진과 세타엔진을 개발해 NF쏘나타에 탑재했고, 디젤엔진을 개발해 미쓰비시와 벤츠자동차에 납품했다.[14] 역수출의 길을 튼 것이다. 현대차 성장에서 엔지니어의 사투는 이루 말할 수 없이 중요하다.

문제는 일본의 '보은'의식은 지속되는 반면, 한국의 '열망'의식은 어느 정도 성취가 이뤄진 이후에는 다른 성질로 변한다는 데에 있다. 변화의 폭과 속도는 생산직 노동자일수록 빠르고 가파르다. 변화의 경로도 예기치 않은 방향으로 흘러갔다. 사실은 예상치 못한 결과가 아니라, 충분히 예상할 수 있는 경로였다.

'중산층화한 노동자', 서양에서 1960년대에 출현한 노동자의 부르주아지화(embourgeoisement)가 한국에서는 2000년대 중반 이후 현저해진 것이다. 아무튼, 조선시대부터 저변을 흘러온 '열망'의식은 성취동기의 근간을 이루면서 자녀들의 계층상승을 위한 교육투자에 집중되었다. 자식세대는 작업현장과 노동자 지위를 벗어나게 하고 싶은 욕망이 현세대 노동자들로 하여금 높은 노동의욕으로 표출되었다. 장시간 노동을 견디게 하는 힘, 생산목표를 이루어 낸 힘, 직장충성도와 직무헌신을 세계 최고로 끌어올린 힘은 역사적으로 유증(遺贈)된 열망인자였다. 임원과 중간관리자는 열망의식의 과녁을 '기업의 성장'에 맞췄다. 그게 그들의 업무였고 사명이었다.

해외진출은 이런 열망의식 없이는 불가능하다. 누가 낯선 이국땅에서 아무도 알아주지 않는 외로운 사투(死鬪)를 벌였겠는가? 터키의 황량한 초원지대, 비만 오면 질퍽거리는 습지 인도, 시베리아 한파에 꽁꽁 얼어붙는 러시아 대평원에서 누가 밤새 공장을 건설하겠는가? 어느 국가보다 뚜렷하고 현저했던 이 열망의식은 1998년 IMF 사태 때까지 현대차를 수직 상승시킨 성장의 유전자였음은 누구도 부정할 수 없다.

조율(Tuning)

현대차의 두 번째 성장 유전자는 '조율'이다. 조율의 원시적 형태는 동네 우물파기 같은 공동노동에서 볼 수 있고, 지금도 농촌에서는 두레와 작목반 같은 공동체적 노동이 이뤄진다. 다른 말로 '협업'(collaboration)이라고도 할 수 있다. 조율을 구성하는 두 개의 핵심 요소는 유대(companionship)와 최적화(optimization)다.

'유대'는 구성원 간 끈끈한 인정, 즉 동료애다. 일상생활에서 동고동락하는 촌락구조는 동료애를 발아하는 배양토다. 모내기 때 속도와 열을 잘 맞춰야 반듯한 모심기가 완료되듯 각 파트별 긴밀한 협조와 생산공정에서의 손발 맞추기가 '최적화'다. 조율되지 않은 조립품은 불량이다. 조율되지 않은 엔진은 쓸모가 없다. 드럼통을 두들겨 자동차 강판을 만들던 그 무모한 도전에서 프리미엄급 '제네시스 EQ900' 생산기지로 발전한 수직상승의 힘은 조율이다.

동료애(Companionship)

베이비부머는 협업의 경험을 이미 터득한 세대다. 앞에서 지적하였 듯이, 베이비부머의 인류학적 특성인 농촌 출신과 다자녀 가정은 공 동체적 생활의 기본 환경이었다. 부모를 도와 논밭 일을 했고, 소와 염소를 먹였으며, 닭장에 모이를 줬다. 산 너머 사는 친척집에 뭔가 를 전달하는 심부름도 자주 했으며, 동생을 돌봤다. 방은 비좁았다. 한 방에서 서너 명씩 자고 생활하는 것은 보통, 책상을 같이 쓰고 옷 을 돌려 입어야 했다. 부모의 눈 밖에 나지 않으려고 눈치 보는 법도 배웠다. 공동체 문화에서 잔뼈가 굵은 베이비부머세대가 공장이나 기업연구소로 이동한다고 해서 달라지겠는가?

1970년대와 1980년대 중반까지 일자리를 찾아 산업공단으로 이 주한 1세대 노동자들과 관리사원들은 그런 공통적인 경험을 공유한 세대원이다. 동일한 세대로서 업무와 기능이 분화되었을 뿐, 그들 은 사석이나 술자리에서 유사한 경험담을 나누고 쉽게 소통할 수 있 었다. 누구는 가정형편이 어려워 고등학교만 졸업하고 생활전선에 뛰어들었고, 다른 이는 특별히 공부를 잘해 대학을 갔다. 산업현장 에서 다시 만난 이 동일한 세대원들은 고향을 떠나기 전까지의 농촌 생활을 생생하게 떠올리며 의기투합했고, 가문을 일으켜야 할 의무 감을 확인하며 서로 위로했다.

1세대 산업인력에게는 기업별로 별난 프로그램을 고안하지 않아 도 끈끈한 인정을 느낄 수 있는 세대적 토대가 이미 만들어져 있었던 것이다. 동료애(companionship)를 유대라 한다면, 성장경험의 공통점과 산업공단으로 이주한 동기와 경로의 유사성만으로도 동료애는 이미 발아될 준비를 마쳤다고 봐도 무리가 아니다.

대규모 인력이 모인 울산 산업공단의 술문화는 유별났다. 술자리는 힘든 육체를 달래는 휴식시간이고, 작업장에서 일어난 온갖 일을 토의하고 해결하는 유희적 노동이다. 정규 노동시간에 쌓인 쟁점들, 동료들 사이에 생겨난 미묘한 이해갈등, 회사 지침이 빚어낸 문제들, 그리고 상사의 부당한 처신 등을 안주 삼아 이런저런 얘기와 농담, 진담을 나누다 보면 어느덧 해결방안이 어렴풋이 떠오르는 게 술자리다. 말하자면, 현대차의 노동문화를 만들어 낸 베이비부머 노동자들에겐 회식과 음주가 청소년기 경험한 고향의 두레였다. 두레에서 동료애가 자라듯, 울산의 노동자들은 회식과 음주로 끈끈한 동료애를 키워 나갔다.

남편의 정년을 앞둔 어느 배우자는 이렇게 회상한다.

술 취한 남자들이 와서 방을 다 차지하고 있으면, 배는 만삭인데 갈 데가 없으니까 부뚜막에 이렇게 걸터앉아 있는 거야. 연탄불 피우는 데 거기 따뜻하게 이러고. 엉덩이 부뚜막에 붙이고 앉아서. 남자들 갈 때까지 기다렸다니까. 남자들 밤새 앉아 얘기하고, 화투치고, 담배 피고, 술 마시고 이러면, 거기서 끄덕끄덕 졸고.[15]

현대중공업 얘기지만 현대차라고 다르겠는가? 요즘 여성시대의 논리로는 쫓겨날 얘기다. 그러나 밤새 앉아 얘기하고 화투치고 술 마시는 가운데 끈끈한 인정과 유대가 싹텄다. 공동 주거문화가 만들어 낸 한국 특유의 장면인데, 이 유대감이 정치적 상황과 접속하면 1987년 발생한 울산 태풍의 에너지로 변한다. 끈끈한 인정, 동료애가 공동체 문화라고 한다면, 여기에 어떤 이념적 스펙트럼이 가세해 연대감(solidarity), 한층 발전하면 계급적 연대감으로 상승한다. 1980년대 말부터 벌어진 현상이다.

대규모 작업장과 일관공정이라는 자동차산업의 특수 환경이 노동자들로 하여금 동질감과 동료의식을 촉진한다. 컨베이어 흐름에 맞춰 자신의 몫을 해야 하고, 자신에게 할당된 노동을 완수하지 않으면 동료에게 폐를 끼치는 노동과정이 일관(一貫) 조립공정이다. 6만 명이 운집한 대규모 공장은 각양각색의 개인 사정이 억제되는 현장이다. 컨베이어 속도가 일정하고 조립공정과 작업량이 정해져 있다. 흐름에 맞추지 못하면 차질이 발생한다. 말하자면 불량률이 치솟는 것이다.

그러나 아픈 사람도 있고, 갑자기 인생에 회의를 느끼는 사람, 간밤에 나쁜 일을 겪은 사람, 집안에 우환이 생긴 사람 등이 속출한다. 일관작업에 차질을 주는 계기는 허다하다. 잔업 근로가 소득에 큰 비중을 차지하는 현실에서 잔업 배분, 작업량 분배도 어떤 분명한 원칙이 없으면 갈등을 유발한다. 그러나 초기에는 같은 세대에 속해 있다는 소속감이 유대의 원천으로 작동했다. 형편을 봐주거나, 동료의 개별 고충과 사정을 보완해 주는 형식으로 말이다.

현대차 울산공장의 일관조립공정

정년을 2년 앞둔 생산관리 사원의 말이다.

콘베아에서 제일 힘든 게 동작이 느린 친구들, 개인 사정으로 빠진 동료들, 그리고 일감이 부족한 동료들을 배려해 주는 일이지요. 예전에는 십시일반으로 그냥 했어요. 그러려니 했고, 도와주는 게 인지상정이라 생각했는데 …. 지금은 작업량이 바뀌잖아요? 누군 줘야 하고 누군가는 해야 하는데 그렇다고 1/n로 잘게 쪼갤 수도 없고, 주려고 하면 어떻게 합니까, 안 받으려고 하지, 줘야 되지 …. 요즘은 아휴 힘들어요. 16

요즘은 힘들다, 그러나 예전에는 쉬웠다. 작업현장에 세대의 혼합이 일어난 것이다. 베이비부머가 만들어 냈던 세대적 유대와 동료애가 현대차의 원천적 현장문화라고 한다면, 그것은 아직 세분화되지 않은 작업장 규율의 느슨함과 미진함을 보완하는 정서적 자원이었다. 규율과 규칙이 관료제적 통제 형태로 정착되기 이전에 베이비부머의 세대적 유대와 동료애가 현대차의 보편 관행으로 자리를 잡은 것이다. 노동규칙이 세분되고 꽉 짜이기 이전, 고생산성의 작업현장과 고속성장의 기틀을 발전시켜 나간 것이 바로 유대감과 동료애였다.

최적화(Optimization)

동료애가 조율의 정서적 요소라고 한다면, 최적화는 조율의 기능적 요소이다. 모내기를 하듯, 두레를 하듯, 손발 맞추기가 조율의 필수 요소이다. 자동차라는 전형적 조립제품의 특성이 그것을 요구한다. 부품 2만여 개의 집적체인 자동차를 완성하려면 그만큼 손발이 맞아야 하고, 부품 간 접속, 즉 인터페이스가 유연해야 한다. 그중 어느 하나라도 돌출하면 승차감, 성능, 안전에 문제가 발생한다. 부품의 완전성, 인터페이스의 유연함을 동시에 요구하는 산업은 자동차가 유일하다.

작은 차체에 2만여 개의 부품이 서로 결합되어 얽힌다고 생각해 보라. 그리고 그것이 바퀴에 실려 고속으로 주행한다고 생각해 보라. 부품의 기술적 완결성도 중요하고, 부품 간 인터페이스, 전체의 균형감, 견고함, 안정감이 중요하다. 운전석에서 느끼는 안정감과 민첩성은 승객의 안전을 좌우한다. 그러므로 부품 생산부터 조립에 이르기까지 '조율' 개념은 기술직과 연구직의 공통 관심사이다. 고도의 기술을 요하는 부품을 다른 업체에 하청 줄 때 설계도면과 함께 복잡하고 까다로운 규정이 적힌 사양서가 중요해지고, 또 생산된 부품의 품질을 엄격하게 검증하는 시스템이 가동된다.

앞에서 지적하였듯 현대차가 매우 엄격하고 까다로운 품질인증 제도를 발전시킨 이유이다. 품질인증의 기준이 정교하고 복잡할수록 완제품의 품질은 더욱 좋아진다. 독일차의 심사과정은 까다롭기로 정평이 났다. 철판 용접의 허용오차는 0.2밀리미터, 프레스 두께도 독일 아우디는 1밀리미터로 제한해 안전도를 개선한다는 것이다. 현대차도 그와 비슷한 기준을 적용한다.

프레스를 1밀리미터로 한다면, 차 중량이 달라지기 때문에 차체를 포함해서 다른 부품의 무게를 조정해야 한다. 연비와 안전에 문제가 발생하기 때문이다. 시트의 무게를 줄이든지, 볼트와 너트의 소재를 바꿔 가볍게 하든지, 아니면 다른 특단의 조치가 있어야 한다. 부품 간 상응성과 접속성을 최고로 높이고, 차량의 총체적 균형을 잡는다는 뜻에서 '최적화'(optimization) 다.

부품의 기술적 완성도는 가장 기본적인 요건이고, 여기에 고속주행의 안락함, 소음 방지, 코너링, 급정차, 시트의 인체공학적 적합도, 배기가스와 배기소음 최소화 등 차량 작동과 관련된 모든 성능이 조율에 달려 있다. 최적의 조율은 최고의 성능, 최고의 품질을 보증한다. 그러므로 최적화는 자동차산업의 생명이자 작업현장의 노동문화에 긴장을 불어넣는 핵심가치다.

그런 의미에서 현대차의 성장 유전자에는 '최적화'가 내재되어 있다. 최적화는 생산직, 관리직, 경영진을 막론하고 생산과정에서 가장 신경 써야 할 핵심요소다. 1970년대 초반, 부품업체가 그리 발달하지 않았던 시절, 포니 생산을 위해서 전국 각지에서 울산 현지공장으로 부품을 조달해야 했다. 도로사정이 안 좋고 교통망이 발전하지 않았던 당시 생산일정에 맞춰 수만 개 부품을 적시에 조달하기란 거의 불가능에 가까웠다. 생산라인이 원활하게 돌아가게 하려면 필요한 부품이 적시에 공급되어야 한다는 것은 상식이다. 생산담당 관리사원이 가장 노심초사한 일이 부품 조달이었다.

포니 생산관리를 담당했던 사원이 기억하는 당시의 에피소드가 그것을 입증한다. 안산공장에서 출발한 부품이 울산공장에 도착하지 않아 라인이 섰다는 보고를 받은 그 생산관리 사원은 경부고속도로를 달렸다. 그리고 추풍령휴게소에 정차된 납품차량을 발견했다. 17 부품 운송기사가 생산일정에 별로 관심이 없어서 일어난 일이었다. 완성차 1만 대를 만들려면 부품트럭 1만 대가 필요하다!

그러니 어떻게 적시에 부품을 공급할 것인가의 문제, 즉 부서 간, 납품업체 간, 조립공장과 관리팀 간 긴밀한 '조율'이 작동해야 생산라인이 계속 가동된다. 부품차량의 주정차, 어떤 부품이 입고되었는지 정보 파악, 부품의 적시 공급, 부품을 쌓아둘 창고 등의 연쇄적 문제를 풀어야 생산차질을 빚지 않는다. 현대차는 이 연쇄적 문제를 부품업체의 수직계열화로 풀었다.

부품 입고는 조율의 첫 단계에 불과하다. 필요한 부품을 생산계획에 맞춰 생산라인에 공급하는 것이 조율의 두 번째 단계다. 일본에서 발원한 적기생산체제(JIT, *Just In Time*)를 한국적 상황에 맞춰 변용, 창안한 모델이 현대차의 적기(適期) 생산체제이다. 조립공정에서의 적기 부품공급은 일본과 유사하지만 부품업체를 조립공장 부근에 설립해 공급시간을 단축하고 효율성을 높인 것이 바로 현대차가 고안한 조율방식이다.

'최적화 체인'(*chains of optimization*)이라고 할 수 있는 이런 생산체제는 품질인증제도와 함께 근거리 공급을 가능하게 만들었다. 이를 '함대식(艦隊式) 생산체제'라고 할 수 있을 것이다. 마치 해군의 전투함대 구성처럼 모함을 중심으로 구축함, 전투함, 상륙함, 수송선 등을 거느리고 있는 것과 모양이 흡사하다.

입고된 부품을 생산일정에 맞춰 라인에 적시 공급하는 것이 조율의 다음 단계이다. 적기생산체제의 핵심요소인 적시 공급은 각 부서 간, 팀원 간 손발이 맞지 않으면 이뤄지기 어렵다. 부품도 수출 지역별로 각양각색이기 때문에 적시 적품(適品) 공급은 품질 달성의 관건이다.

실제로 부품을 라인에 공급하는 지게차 파트장의 말에서 조율을 둘러싼 생산직의 긴장이 묻어난다.

자재 사양이 북미, 아프리카, 아랍권 등 수출지역마다 다 달라요. 에 어컨처럼 같은 부품이라도 그 기능이 다 다른 거예요. 사양이 여러 가지에 부품도 달라지다 보면 현장 라인 타는 분들은 그런 복잡한 걸 싫어해요. 아무리 파트 넘버가 붙어 있어도 성가시거든요, 일일이 구별하는 게. 그냥 라인 공정대로 딱 붙일 수 있게 순서대로 가져오라고 하지요. 그거 맞춰 줘야 합니다. 안 그랬다간 라인 세우고 난리 나죠. 옛날엔 우리가 깜빡 잊고 쉬고 있으면 달려와서 자재 빨리 갖다 달라고 통사정하고 그랬는데, 우리가 갑(甲)이었는데, 지금은 라인 타는 친구들이 갑이죠. 18

라인 타는 조립공이 최종 완제품을 완벽하게 만들어 낼 수 있도록 리듬과 호흡을 맞춰 주는 일, 그것이 조율이다.

조율, 혹은 최적화는 생산직과 엔지니어 간에도 긴밀하게 일어난다. 부품의 형태와 성능을 결정하는 일은 엔지니어의 몫이다. 세계적 메이커들과 현대차가 다른 점은 현대차의 생산시스템이 '기술자 주도형'이라는 사실, 즉 품질향상과 생산공정에서 엔지니어가 차지하는 비중이 매우 높다는 사실이다. 일본의 조율은 조립공정을 진두지휘하는 장인(匠人)과 조립공 간의 현장 팀워크에 의해 이뤄진다면, 현대차는 연구소의 엔지니어와 조립공 간의 긴밀한 소통이 생명이다.

조립공정에서 부품이 전체 균형을 해친다거나 다른 부품과의 상응성이 낮다는 판정이 나오면 즉각 그 지적사항이 연구소 해당 엔지니어에게 통보되고, 엔지니어들은 다시 그 문제를 수정하는 작업에 돌입한다. 생산직과 엔지니어 간 긴밀한 상응과정을 통하여 문제가 해결되는 구조다. 생산관리 전무인 P씨는 이렇게 말한다.

일본이 해외공장 짓고 애를 먹은 이유는 장인정신이라는 전통적 요인 때문이죠. 일본은 제품 도면을 그려 물건을 만들 때 문제가 발생하면 현장에서 거의 손끝으로 고쳐요. 장인을 중심으로 현장 생산직 노동자들이 그 문제를 해결하는 구조에요. 한국에서는 조립공들이 문제를 발견하고 즉각 수정을 요구하죠. 그러면 엔지니어들이 도면을 수정합니다. 노조가 세니까. 때로는 현장 대의원들이 설계자를 불러서 "야 이

걸 도면이라고 그랬냐?" 이렇게 세게 항의하기도 합니다. 이런 과정을 몇 번 거치다 보면 도면과 부품이 완벽해져요. 도면과 부품이 완벽하면 미국이든, 인도든, 슬로바키아든 다 통합니다. 일본보다 빠르게 해외진출에 성공한 이유죠. 19

강한 현장성이 엔지니어들의 완벽성을 촉진하는 구조다. 이런 점이 엔지니어들의 자존심을 건드리고 상대적 박탈감의 원인이 되기도 하지만, 부품과 생산공정의 조율이 이런 형태로 이뤄진다는 사실에는 변함이 없다.

조율에 가장 압박을 받는 부문은 디자인팀이다. 예술적 기질과 개성이 철철 넘치는 디자인 엔지니어들은 나름대로 독자적 취향과 멋을 현대차에 입히고 싶다. 신차의 현대적 기품과 예술성을 한껏 높이고 싶은 디자인 엔지니어들은 미국과 유럽의 자동차 메이커와 모터쇼를 자주 참관해 한국적 개성을 살린 매혹적인 외관을 구상한다. 그런데 애로사항이 있다. 내부공간 문제다.

매혹적 외관을 만들려면 내부공간을 줄여야 한다. 그러나 내부공간을 줄이는 것은 운전자, 승차자의 안락함과 안전도를 제 1덕목으로 삼는 현대차의 철학에 위배된다. 어찌할 것인가? 내부 인테리어 디자이너, 부품업체, 그리고 고객의 취향을 종합적으로 고려해 내부공간의 규모와 배치를 결정해야 한다. 외관도 치밀한 조율전략의 산물이 되는 까닭이다. 외관은 예술성의 극대화이자 부품의 상응성을 최적화한 결과다.

조율과 최적화 작업이 선제적, 종합적으로 이뤄지는 곳이 현대차가 자랑하는 파일럿센터(Pilot Center, 흔히 PT 센터로 불린다)다. 파일럿센터는 1동과 2동으로 나뉜다. 1동은 신차의 최초 모델을 실험 제작하고, 2동은 1동에서 제안된 모델을 파일럿카로 만들어 양산에 들어가기 이전 발생할 기술적 문제들을 점검한다. 부품의 성능은 물론, 승차감, 안전도, 부품 간 상응성, 추위에 견디는 내구력, 연비, 배기가스, 전장제품의 기능과 적합도, 외장과 내장 등 최초의 설계와 고객취향에 적합한지를 종합 검토하고, 양산에 문제가 없는지를 테스트한다. 그러므로 신차개발의 최종단계에서 개발 및 조립과 관련된 모든 직군이 파일럿센터에 파견되어 신차 성능을 종합적으로 점검하게 되는 것이다.

말하자면, 파일럿센터는 조율과 최적화의 연합사령부다. 파일럿센터의 이러한 모든 과정을 총괄하는 지휘부는 '신차개발팀'인데, 영어로 기능조율팀(CFT, *Cross Functional Team*)이라는 명칭을 붙였다. 수만 개 부품과 기능 간 조응성의 극대화를 추구하는 팀이다. 평생 자동차산업을 연구한 울산대 조형제 교수는 파일럿센터의 업무를 이렇게 집약한다.

CFT는 차종별로 평균 1,000개 내지 1,500개의 문제점을 파악하여 빠른 시간 내에 원인을 규명하고 개선하는 작업을 수행한다. CFT는 파일럿카의 속도, 표면처리, 열처리 등 양산에 따른 품질과 조립성의 문제를 발견하고 해결한다. CFT의 목표는 관련부서 간의 갈등을 조정하여 바람직한 방향으로 문제를 해결하는 것이다. 문제를 파악하면 해당부서에 요구하여 설계구조를 변경하거나, 설비 부품을 개선하고 동일구조로의 표준화를 추진한다. [20]

파일럿카 제작과 성능 교정에 참여하는 그룹은 CFT 100여 명, 관련 생산직 100여 명, 그리고 엔지니어 팀장 및 경영진 등으로 구성되는데, 이들은 보통 2~3개월 지속되는 업무수행을 위해 파일럿 센터 부근에 마련된 호텔에서 합숙하는 게 보통이다. 합숙을 마다하지 않는다는 것도 중요하지만, 신차 개발과정에서 기술별, 기능별 구성집단의 대표들이 모여 모든 성능을 점검하고 결함을 찾아내 사전에 해결하려는 종합적 조율의 정신이 작동한다는 것이 중요하다.

벤츠의 사례를 벤치마킹했다 하더라도 그것을 현대차 정신에 맞게 혁신적 형태로 변형한 것은 현대차의 성공 유전자에 내장된 조율정신, 즉 '동료애'와 '최적화'가 없다면 불가능한 일이었다. 흔히 다른 대기업군과 비교하여 현대차의 어떤 특성을 꼬집어 말할 때, 현대차는 참신한 아이디어가 채택되면 '그냥 한다'고 우스갯소리로 말하지만, 이는 현대차 구성원의 행동지침과 태도 속에 이미 내장된 조율원리가 있기에 가능한 일이다. 그것은 현대차를 오늘날의 글로벌 기업으로 일궈 온 모든 구성원의 마음에 깊이 스민 행동원리이자 새로운 사태 혹은 위기에 직면했을 때 가장 우선적으로 호출하는 사고방식이다.

소명 (Vocation)

천직(天職)의식

독일 사회학자 막스 베버(Max Weber)는 1917년 뮌헨대에서 《직업
으로서의 학문》(Wissenschaft als Beruf) 이라는 유명한 강연을 했다.
베버는 일반인이 생업을 위해 갖게 되는 직업(Occupation)이 아닌 천
직(天職, Beruf) 개념을 썼다. 학문은 하늘에서 내린 소명이라는 뜻
이다. 그것을 위해 태어났고, 그것을 위해 일생을 바치는 것이 천직
개념이다. 베버에게 그것은 신(神)이었다. 신의 얼굴을 보는 것, 베
일에 싸인 인간과 사회질서의 본질을 파헤치는 것, 그리하여 신(본
질)에게 한 발짝이라도 다가서는 것이 천직으로서 학자의 업무다.

소명의식은 직업에의 몰입과 헌신을 독려하는 정신이다. 효율성,
고생산성, 위기극복을 위한 투혼이 소명의식에서 발원된다.

일본의 전후 경제기적을 연구하는 학자들은 일본 문화의 특성 중
하나인 소명의식을 가장 중요한 견인차로 꼽는다. 앞에서 소개한 스
즈키 스포츠카 출정식이 대표적이다. 임원과 직원이 혼연일체가 되
어 스포츠카 출시의 성공을 기원하는 장면 속에는 일본 특유의 소명

132

의식이 읽힌다. 베네딕트가 지적한 생래적 보은의식은 '은혜 갚기'를 가장 소중한 가치로 여긴다는 점에서 소명의식과 상통한다. 하늘이 내려준 리(理)를 지킨다는 뜻의 의리(義理)가 은혜 갚기인데, 그것은 일생 동안 행해야 할, 어떤 논리로도 거부할 수 없는 본원적 업보(業報)다. 의리가 사회적 공간에서 기업과 연결되면 회사충성도, 직업몰입도, 헌신도로 발현된다. 일본의 경영자들은 그 연결고리를 용의주도하게 창안해 왔는데 장기고용과 장기거래 관행이 그것이다. 한번 인연을 맺으면 평생 동안 유지 존속하도록 만드는 것, 그리하여 개별 직원이든 납품업체든 자신의 직장생활과 사업네트워크에 전력을 다하도록 격려하는 것에 많은 정책역량을 쏟았다. 보은의식을 소명의식으로 승화시키려는 경영적 노력이었다.

전후 일본기업이 다른 나라에 비해 '통합능력'이 뛰어났던 것도 그런 배경에서였다. 인력, 상품, 자원이 부족한 상황에서 세계경쟁에 나서려면 종업원을 소중히 여기고, 하청업체를 귀중하게 여기는 통합적 사고방식이 요구되는데, 다행히 일본 고유의 정신세계에는 이런 요인들이 있었다는 것이다. 장기고용과 장기거래 관행은 자동차와 같은 통합적 제품에 필수적인 능력구축 경쟁에 매우 유리하다. 조직능력, 팀워크, 진화능력이 통합형 아키텍처(architecture)인 자동차산업의 경쟁력을 높이는 데에 결정적 역할을 했다. 아키텍처란 제품설계의 기본 구조를 말한다. 21

후지모토는 토요타와 혼다의 성공이 자원부족과 제약조건이 가져온 '뜻밖의 결과'라고 했는데, 22 오히려 계층상승이 막힌 폐쇄사회의 산물이었다. 막힌 통로를 뚫기 위한 우회적 경로탐색 과정에서 보은의식에 맞닿은 소명의식이 자라났던 것이다. 그런데 이렇게 형성된 소명의식은 능동적이기보다 피동적이며, 적극적이기보다 소극적이다. 보은의식은 명령하는 주체가 존재하는 한에서 힘을 발휘한다. 일본의 소명의식은 부모, 기업, 국가가 위에서 내려 준 생래적 명령이다. 부모, 기업, 국가에 '노!'라고 말할 수 있는 능동적, 적극적 주체가 아니라 명령을 받는 객체다. 23

일본 제국주의를 비판한 도쿄대 마루야마 마사오(丸山眞男) 교수는 주체적 자각을 동반하지 않는 소명의식을 정신병리학적 현상으로 규정했고, 그것이 가능했던 정신사적 특징을 '정신적 잡거성', 혹은 '무구조의 전통'으로 설파했다. 정신의 중추가 없는 가운데 부국강병을 위한 서양문물의 무차별적 수용의 결과라는 것이다. 24

일본은 약한 주체가 국가와 기업의 명분에 동원된 양상이 두드러졌던 데 비해, 한국은 상승욕구와 주체적 자각이 강한 개인들이 국가와 기업의 명분에 헌신했다는 차이를 강조하고 싶다. 국가와 기업의 성장을 위해 개인적 취향과 주체성을 잠시 유보해 둔 것이다. 일본이 타 민족과 세계국가를 지배하려는 욕망을 향해 진군했다면, 한국은 식민지의 설움을 씻고 빈곤을 극복하기 위해 국가와 기업의 자립과 독립을 우선적 목표로 삼았다. '강점'(occupation)과 '자립'(independence)은 본질적으로 다르다. 지배는 폭력과 강요를 동반하지만, 자립은 상호호혜(reciprocity)와 자발성을 배양한다. 한국에서, 그리고 현대차에서 발견되는 진정한 소명의식의 정신적 자양분이자 투혼의 인간학적 요인이다.

자립(Independence)

그렇지 않으면 열사의 나라에서 산업입국을 위해 수년을 견딘 인내력을 어떻게 설명할 수 있는가. 그렇지 않으면 후진국에 기술이전을 해주고, 교육센터를 건립해 현지 고급인력을 양성하고, 한국방문 프로그램을 적극 실행하는 것을 어떻게 설명할 수 있는가?

1990년대 후반, 우즈베키스탄에 설립된 대우자동차 공장은 그 나라에서 가장 고용규모가 큰 기업이었다. 타슈켄트에서 비행기로 3시간가량 떨어진 외지에서 열 명도 채 안 되는 한국인 관리자들은 정말 외롭게 업무를 수행했다. 숙소 옆 텃밭에 상추, 마늘, 배추, 쑥갓, 파 같은 채소를 직접 가꿔 가면서 말이다.

사우디아라비아 수도인 리야드에서 4시간가량 떨어진 사막 해안가, 대규모 공장만 한 담수시설을 운영하는 현지 한국인 엔지니어는 모두 8명이었다. 집에 가 본 지 1년이 훨씬 넘었다고 했다. 두바이의 랜드마크 빌딩을 건축하는 한국인 엔지니어들은 40도를 오르내리는 사막 열기와 모래바람 속에서 일했다.

이런 모습들은 소명의식의 발로이자 연장이다. 식민지로부터 막 벗어난 국가의 경제적 독립은 물론, 기업의 자립을 위해 헌신하고자 하는 개별적 소명의식이 거대한 변혁의지로 발전한 것이다. 앞에서 말한 한(恨)과 오기(傲氣)라는 '개인적 소망'에서 국가와 기업을 위한 '거대한 소명의식'으로 상승한 이 자연스런 '정신의 진화'는 현대차를 구성하는 모든 직종들, 기술직, 연구직, 중간관리직, 임원진, 경영진 모두에게서 공통적으로 나타난 현상이다. 정년을 앞둔 기술직 P씨는 예전에는 오기, 소명 같은 게 있었다고 회상한다. 연구원에게는 '산업입국'(産業立國)이 현대차에 들어온 목표였다.

산업입국이란 기술 자립을 뜻한다. 1970년대 말에서 1980년대 중반까지 미국 유학생들이 대거 입국했는데 미국기업에 비하면 보잘것없는 현대차에 인생을 건 것은 결국 소명의식이었다. 벨연구소에서 전도유망한 연구원이던 B부회장은 결국 정주영 회장의 부름을 받고 황무지나 다름없던 울산에 정착했다. 벨연구소를 떠날 때 후회는 없었다고 했다. 기술 불모지 한국에 뼈를 묻는다는 심정으로 오히려 가슴이 벅찼다고 했다. 가슴은 벅찼지만 현실은 절망적이었을 거다. 그는 엑셀 개발에 투입됐다.

뭐 월급은 1/3로 깎였지요, 연구시설은 보잘것없었고, 지원시설도 없고⋯죽을 맛이었는데 그래도 버텼어요. 기술 자립! 일본을 이겨 보자는 각오였고 그게 일종의 소명의식 아닐까도 생각해 봅니다. 아예 연구실에서 잤어요. 야전침대 갖다 놓고, 국산 엔진을 못 만들면 여기서 죽자는 다짐으로 밤낮이 없었어요. 청춘이니 그랬지. 요즘 세대에게 하라 하면 도망가고 말 걸. 25

연구원의 이런 소명의식은 현대차를 떠받치는 기둥이다. 연구원들은 신차개발 계획이나 기술개선의 필요가 발생하면 연구소에서 밤을 샌다. 연구원들은 '프로젝트 완수'를 최우선적 목표로 설정하고 자율적 근무규율을 만들었다. 출퇴근 시간이 따로 없는 것, 팀의 긴밀한 소통으로 창발적 아이디어를 공유하는 것, 그리하여 범용기술의 한계를 돌파하는 것이 그것이다. 서울 공대 교수들이 말한 '축적의 시간', 즉 개념설계 역량을 축적하고 실행하는 데에 온갖 정성을 쏟는다. 소명의식이 아니고는 연구원의 투혼(鬪魂)을 설명할 수 없다. 남양기술연구소 근속 10년 차, 비교적 젊은 연구원도 이렇게 말한다.

몇 년 전만 해도 밤 10시 퇴근버스 타는 게 불문율이었지요. 누구도 먼저 가자고 얘기 안 해요. 10분 전에 누가 겨우 이러죠. "과장님, 10시에요." 그러면 뭐라는지 아세요? "응, 먼저 가!"26

남양기술연구소 초기부터 지금까지 운영관리를 맡아 온 C부사장이 '독립군 사령부'라고 명명했던 별칭 속에는 기술자립을 국가의 경제적 독립과 동일시한 소명의식이 깃들여 있다. 평생 자동차산업에 헌신한 그 눈물겨운 경력이 닿은 곳은 결국 '국가의 발전'이라는 대의(大義)였다. 최고경영진의 소명의식은 남달랐다. 사실, 민주화 이후 대기업 총수와 경영진에 대한 사회적 비난은 나름 근거를 갖고 있기는 하지만, 그렇다고 한국 산업화의 기반을 닦은 경영진의 투혼까지 부정할 필요는 없다. 살려 내야 할 것은 살려야 한다. 개별 직군들의 소명의식이 역사적인 결실로 맺어지게 된 것도, 따지고 보면, 마치 수십 개의 지류(支流)가 한데 모여 대하(大河)를 이루듯, 생산공정, 연구소, 부품업체, 판매유통망을 하나의 거대한 기업군으로 재편한 경영진의 결단에 의한 것이라 해도 과언이 아니다. '함대식 생산체제'의 발명이 그것이다.

현대차그룹의 구조는 거대하다. 서울 본사, 모공장인 울산공장, 그 휘하에 본부가 요구한 사양에 맞춰 핵심부품을 생산하고 조달하는 직영계열사가 있으며, 울산, 아산, 전주공장에서 제조한 완제품을 국내외로 운송하는 물류기업이 있다. 그 밖에 전 세계 33개 지역 거점에 연구개발과 디자인센터가 운영 중이고, 전 세계 판매망과 서비스센터가 구축되어 있다. 수출 물량은 울산공장 옆에 구축한 부두와 평택항에서 총괄 선적한다.

각 계열사는 수 개에서 수십 개에 이르는 1차 협력사와 2, 3차 협력사를 거느린다. 이른바 기업체인, 네트워크화된 기업이다. 이 네트워크는 수직적 위계질서를 기본 원칙으로 한다. 토요타, 폭스바겐의 기업네트워크는 수평적 질서의 비중이 높다면, 현대차그룹의 네트워크는 거의 수직적이다. 마치 모함의 함대사령관이 명령을 내리면 구축함, 전투함이 일사불란하게 작동하듯 기업네트워크에 등록된 계열사와 협력업체는 모기업의 결정과 정책방향에 절대적으로 상응한다.

해외공장도 예외 없이 이런 체제를 선택했다. 현대차가 진출하는 국가에는 십수 개에 이르는 계열사와 협력업체가 동반 진출한다. 하나의 복합 기업군을 이루는 것이다. 미국의 조지아공장과 앨라배마 공장 주변에는 계열사와 협력업체가 일대 장관을 이루고 있다. '함대식 생산체제'가 낳은 한국적 창안물이다. 현대차의 품질인증 시스템은 엄정하기로 유명하다. 현대차는 2002년 '품질 5스타' 제도를 도입했다. 경신, 동희산업, 서연이화, 한국파워트레인 등 31개 사가 인증을 받았다. 품질이 그보다 높은 글로벌 기준을 충족하면 특급 판정을 받는다. 세종공업, 남양공업, 성우하이텍, 희성촉매가 '그랜드 품질 5스타' 인증을 받았다. 27 모기업의 화려한 성공에 힘입어 조 단위 매출을 내는 협력업체가 벌써 5개 이상 탄생했다. 그리고 품질인증에서 가장 높은 등급인 '글로벌 품질 5스타'를 받은 화신처럼 전기자동차 제조업체인 테슬라에 금형부품을 납품하는 데 성공한 기업이 출현하기도 한다.

함대식 생산체제는 수천, 수만 개로 분리된 부품의 생산을 몇 개의 중요한 묶음으로 모듈화하고, 관리체계를 일원화하는 과정에서 고안되었다. 경제학적으로 말하면, '경쟁의 조직화'와 '경쟁의 내부화'를 통해 '거래비용'을 축소했다. '거래비용 축소'라는 최선의 목적과 '수직적 통제'를 맞교환한 것이다. 함대적 생산체제는 다른 나라에서는 볼 수 없는 한국 고유의 기업군으로 기업의 위계질서, 수직적 통제, 기술공여, 가격안정화, 시장 불확실성 축소라는 특성이 혼합된 강력한 하이브리드다. 잡종이 번식력과 생존력이 강하듯, 기업 자립과 국가의 경제적 독립을 향한 각 구성집단의 소명의식이 혼합된 작품이다.

'함대식 생산체제'라 해서 현지에 해를 입히는 폭력수단들, 예를 들면 전투기, 전투병, 살상무기를 싣고 가는 것이 아니라, 앞에서 언급한 바, 일자리, 기술, 물자, 고급인력, 유통상품 등 상호호혜를 증진하는 인간학적 선물을 선적해 간다. 저발전과 빈곤의 아픔을 뼈저리게 체험하고 선진국의 냉혹한 대기업들과 전투를 치러야 하는 후발국의 함대가 아니고는 생각해 내기 어려운 기업체제이다. 다시 말해, 함대식 생산체제는 생산현장 노동자의 헌신, 연구원의 투혼, 중간관리직의 소망을 수렴해 '거대한 변혁의지'로 엮어 낸 경영진의 투철한 소명의식이 빚어낸 독특한 고안물이자, 현대차의 성장 유전자다.

　현대차의 성장 유전자를 요약하면 다음 그림과 같다.

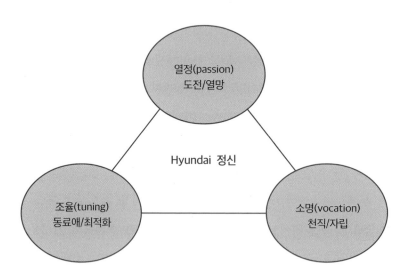

열정, 조율, 소명이라는 성장 유전자가 한껏 발화해 현대차는 글로벌 기업으로 우뚝 섰다. 불모지에서 구축한 글로벌 기업, 그것은 생산현장에서 경영에 이르기까지 후손과 기업과 국가를 위해 뭔가 이뤄 내겠다는 의지의 결집이었다. 포니를 만들던 생산직원이 퇴직자가 되어 제네시스 EQ900의 질주를 흐뭇하게 바라보듯, 산업전선에서 뛰다 퇴역한 임원진들도 지난날의 열정을 생각하면 자긍심이 피어오르고 감격이 북받친다. 현장 사원들도 같은 마음이다. '정몽구 회장이 저 나이에 한결같은 열정으로 저렇게 뛰어다니는 것을 보면 일손을 놓지 못합니다.' 가식이 아니었다. 성장 유전자는 아직 살아 있다. 누구는 불굴의 열정이라 했고, 누구는 도전정신이라 했다. '현다이(Hyundai)는 한다이~' 정신이 저 험난한 21세기 파도를 뚫고 나가는 것을 누가 바라지 않으랴. 한국 산업화의 자존심을 지키는 등대, 그 열정을 한국인이 가꿔 나가기만 한다면, 일본, 중국, 미국이 두려우랴.

제2부

성장통

chapter.4

기술 선도!
현대차 생산방식

chapter.5

풍요한
노동자

chapter.6

민주노조의
무한질주

chapter.7

각축하는
현장

chapter.8

다양성의
시대

chapter. 4

—

기술 선도!
현대차
생산방식

성장의 빛과 그림자

1960년대 소규모 자동차기업에서 일약 세계 매출 5위 글로벌 완성차그룹으로 도약한 현대차는 한국 제조업의 심장이다. 21세기 초 뒤늦게 해외 직접생산에 뛰어들어 9개국에 걸친 그린필드 공장을 짓고 글로벌 기업으로 탈바꿈하는 또 하나의 성공신화를 썼다. 전 세계 자동차산업의 루키, 장기 '축적의 기술'을 요구한다는 자동차산업에서 불과 50년 만에 글로벌 최선두 대열에 합류한 현대차의 동력이 바로 자신이라 믿는 세계 10만여 직원의 자부심은 대단하다.

세계 자동차사(史)에 유례없는 성공의 기록을 남긴 현대차이지만 정상에 한 걸음씩 다가갈수록 고뇌는 더 깊어진다. 양적인 성장만으로는 이제 한계를 느낀다. 한 단계 질적 도약이 아니면 맹추격해 오는 중국을 당해 내기 어렵다. 성공에 수반된 빚(liability)이라 할까? 성공의 견인차라 믿어 왔던 현대차 고유의 정신과 조직문화에는 이제 유연성과 다양성이 필요하다. 생산량 증대와 결함 제로에 집중하는 동안 소비자의 눈은 자꾸 차별화와 고급 디자인, 고급 사양에 머문다. 프리미엄 브랜드를 창출하고 자율주행 및 미래자동차 패러다임을 주도해야 하는 것이다. 유연성을 회피하는 노조와 더불어 글로벌 함대의 선수(船首)를 잡아 나가야 하는 울산의 고민은 날로 깊어질 수밖에 없다.

이 난제를 풀기 위해 현대차 생산방식을 들여다보지 않을 수 없다. 제조업체로서의 성공과 지속가능성은 결국 생산 혁신에 의존하기 때문이다. 이 과제에 노사관계는 현대차 생산방식의 핵심요소다. 현대차는 1980년대 후반 회사 주도의 일방적-권위적 관계로부터 강력한 노조리더십에 입각한 양방적-대결적 관계로의 전환을 겪었다. 이후 노사의 다양한 전략과 작업장 관리규율이 서로 엇갈리는 그 쌍방향적 관계를 고려하지 않고는 현대차 내부의 고민을 이해하기 어렵다. 특히 지난 10여 년간 고임금을 추구해 온 노조와 현장규율은 세계 자동차산업의 성패를 좌우하는 유연화와 충돌을 빚었다. 이에 회사는 작업현장의 요구를 전격 수용하면서 기술로 승부했는데 기술혁신은 급기야 현대차 유연생산방식의 진화를 끌어 온 핵심 동력이 되었다.

그런데 현대차는 이런 방식으로 지속가능한 미래를 만들어 낼 수 있을까? 초국적 경쟁시대에 접어든 지금, 추격자 지위에서 선도자 지위로 향해 가는 교차점에서 10만 명의 자부심을 유지하고 수준 높은 소비자를 매혹하려면 현대차는 어떤 생산방식과 노사관계를 모색해야 할까?

오직 기술!

단순조립에서 시작한 현대차의 따라잡기(*catching up*) 전략의 독자성은 수동적 모방을 넘어 독자적 혁신 역량을 추구했다는 점이다. 미국, 일본, 유럽의 다양한 장점을 흡수해 우리 상황에 적합한 혼종(*hybrid*) 생산방식을 모색했다. 1970년대 독자모델 포니를 탄생시킨 미쓰비시와의 제휴 및 학습이 그 예다. 이 제휴는 현대차를 일본식 토요타 생산방식과 속인적 고용관계에 일찍부터 접속시켰다. 하지만 현장의 참여를 근간으로 하는 토요타 생산방식의 원형이 접목된 것은 아니다. 예컨대 토요타의 팀(*Quality Circles*)은 현대차에서 당시 산업현장에 만연했던 노동통제와 결합해 위계적 조반장 조직으로 재현되었다. 1987년 이전 작업현장에서 중간관리자의 권위는 매우 컸다.

토요타 방식처럼 현장노동자의 참여와 개선활동에서 성공 동력을 찾기에는 당시 숙련의 정도나 노동자를 대하는 사회적 환경이 모두 열악했다.1 현대차는 이보다 엘리트 엔지니어들의 조직 헌신과 열의, 애국심에서 성공의 열쇠를 찾았다. 불확실성을 대폭 줄이고 속도감 있는 '따라잡기'를 할 수 있는 선택지는 역시 기술이었다. 일본공장에 잠입해 라인 배치를 통째로 암기하고 도면을 완성해 국내에 적용했다는 신화적 에피소드는 아직도 현대차 성공의 일화로 회자된다. 엔지니어들의 선진기술 습득과 혁신적 적용은 현재까지 전승되는 현대차의 기술중심적 생산방식의 핵심 축으로 뿌리내렸다.

현대차 성공의 비결은 세 가지였다. 독립 생산을 향한 리더십의 강력한 의지와 결단, 엘리트 엔지니어의 헌신적 도전과 역량, 그리고 조반장에 의해 규율된 현장이라는 삼각구도가 그것이다.

이를 근간으로 '현대차 정신'이 자라났다. 현장과 고락을 함께하는 행동리더십, 끈끈한 남성적 유대감, 저돌적 추진력이 현대차 정신의 핵심이다. 기술주도 전략, 현대차는 오직 기술을 향해 질주했다.

옛날에 모셨던 전무님도 불 꺼지지 않는 연구소, 그런 얘기를 했었거든요. 그때는 밤늦게까지 일하는 게 당연시되고, 그러고 내가 맡은 일은 내가 책임지고 한다 그런 것들 있지 않습니까. 현대라는 그런 끈끈한 분위기요. 파업할 때 하더라도 일할 때는 막 '으샤으샤' 하는 그런 거 … 직장동료들이 어찌 보면 내 가족처럼 돼 버리고 … 그런 인간관계가 많은 것들을 풀어 나가는 소통 원동력이기 때문에. 회사에 대한 로얄티가 뭐 토요타, 폭스바겐 이런 데 비하면 우리가 성장하는 과정에서 아마 수십 배 이상 되지 않았을까요. 2

각축의 시대와 유연생산

1970년대 현대차가 삼각구도의 기반을 닦았다면, 1980년대에는 포니를 필두로 소형차 중심의 대량생산체제로 나아갔다. 생산량 증가에 맞춰 생산시설 투자에 집중했으며, 자동화와 흐름생산을 도입하는 등 생산기술을 비약적으로 발전시켰다. 1985년과 1988년 연이어 30만 대 공장을 설립해 수출에 박차를 가했고, 빠르게 성장하던 내수시장을 선도했다. 미국에 수출한 엑셀의 대대적인 성공은 이러한 움직임을 뒷받침했다.

생산능력의 확충으로 공장의 덩치가 커진 만큼 작업장 규율도 강화되었다. 관리직과 생산직 격차가 벌어지자 생산직의 상대적 박탈감이 커져 갔다. 그러던 중 발생한 1987년 노사대분규는 현대차 생산방식에 전기를 가져왔다. 이전 권위주의적 노사관계가 잦아들고 대립적 노사관계가 자리를 잡은 것이다. 현대차를 비롯한 한국 중화학 공업을 강타한 역사적 모멘텀이었다.

그러나 한국의 대립적 노사관계가 포디즘-이후(post-Fordism) 유연생산체제로 바뀔 무렵 형성되었다는 것이 문제였다. 1990년대 한국사회에 확산된 계급운동 담론이 대결의식을 더욱 강화했다. 경영진은 급증한 시장수요와 강해진 노동조합 간 부정합에 직면했다. 현장요구를 도외시하고 급증하는 물량을 감당하기는 어려웠다. 협력적 노사관계에 대한 공방전이 지속되었지만 잦은 갈등과 서툰 봉합을 거듭했다. 그런 상태로 1990년대 중반 세계화의 길로 진입했다.

글로벌 경쟁에 진입한 현대차는 예견된 난제에 직면했다. 1980년대 후반 엑셀 브랜드가 일으킨 돌풍은 잠시, 미국 소비자들의 고도화된 취향을 만족시키기 어려웠다. 품질과 고급 사양으로 승부를 거는 '포디즘-이후'의 유연생산방식을 도입해야 했다. 그러나 유연화는 1990년대 각축의 시기 노조에게는 금기어였다. 그런 상태에서 품질과 유연성을 어떻게 융합할지 장고(長考)가 시작됐다. 해답은 토요타 생산방식3의 변형에 있었다. 그것은 대량생산과 유연화를 결합한, 1980년대 새로운 베스트 프랙티스(best practice)로 자리를 굳혔던 '대량유연생산방식'(mass customization)이었다. 이미 미쓰비시와 제휴한 경험이 있는 현대차에게 토요타 생산방식은 익숙한 개념이었지만, 문제는 노사관계와의 부정합이었다.

1987년 노사대분규 이후 강력해진 노동조합에게 토요타 생산방식에 필요한 순응적 헌신과 협조를 기대하기는 어려웠다. 노동조합은 단체협약을 체결해 대립의 강도를 높이는 동안 사용자는 유연화로 방향을 틀어 각자의 길을 걷기 시작했다. 이른바 '각축의 시기'였다. 현장의 숙련 동원이 여의치 않았던 상황에서 경영진이 기댈 곳은 헌신적인 엔지니어와 기술력이었다. 1990년대 현대차에 이식된 토요타 생산방식은 일본적 원형이 아니라 필요한 요소를 취합한 실용적 하이브리드(hybrid)였다. 현대차는 토요타 생산방식의 요체, 즉 현장직 팀워크에 의한 문제발견 및 해결능력을 현장밀착형 엔지니어의 능력으로 대체했다. 자동화가 출구였다. 엔지니어들은 공격적인 자동화를 통해 현장직 팀워크에 의존하지 않는 '새로운' 토요타 생산방식을 창안한 것이다.

그 결과, 현장직은 자동화에 의해 수월하고 정돈된 작업장을 갖게 되었지만, 어느 날 자신이 '수동적 실행자', 고단하고 단순반복적인 라인 노동자가 되었음을 발견해야 했다. 유연생산의 거대한 조류속에 협치의 공간을 찾지 못한 노동조합의 점진적 고립은 경영진이 고도의 기술기반 유연생산을 추구한 1990년대 중반 이미 시작되었다. 파업능력과 단체협약 등을 통해 근력을 길렀지만, 역설적이게도 현장직의 숙련도는 약화되었다. 작업현장에서는 신참자나 근속자의 구분이 점차 소멸했다. 근속자에 대한 존경심도 더불어 사라졌다. 그러면서 자동화를 향한 경영진의 고투는 고임금과 고용보장이라는 대가를 치러야 했다.

해외로!

현대차 생산방식은 국가경제를 거의 파산으로 몰아넣은 외환위기를 거치며 중대한 변화를 겪었다. 외환위기 당시 '위기 건너기' 구조조정은 한국사회 전반에 깊은 상흔을 남겼는데, 특히 대량해고 사태가 전국에 발생하면서 노동시장의 기존 질서와 규범을 통째로 흔들었다. 현대차의 경우 중대 계기(critical junction)가 된 두 사건을 언급해야 한다.

첫 번째 계기는 1998년 고용조정이다. 예상치 못했던 대규모 해고와 무급 휴직, 그리고 뒤이은 사내 하청인력의 대거 투입은 현장직에게 큰 충격이었다. 고단한 노동과 성장의 고락을 함께 겪어 낸 회사로부터 어느 날 날아온 해고통지서는 나와 회사 사이의 심리적 계약(psychological contract)을 깨뜨렸고, 떠난 자와 남은 자에게 모두 충격을 가했다. 충격의 여파는 깊었다. 노동조합이 임금보상을 극대화하고 고용안정 전략을 채택하게 된 계기였다.

옛날에는 힘들 때 옆에 있는 동료들 많이 의지하고 같이 어울려 그걸 빨리 해결하는 그런 문화가 돼 있었다면 지금은 … 서로 간에 동료애라

든가 이런 것이 너무 상실돼 갑니다. 대화가 거의 없어지고 내 일만 합니다. 끝나면 대화보다는 혼자 사이드로 빠져가지고 혼자 핸드폰 보면서 혼자 생각하고, 그런 것이 일상화되었어요. 회사란 것이 옛날에는 동료들과 같이 어울려서 집보다 더 어떤 자기 존재의식을 느끼는 곳이었는데, 지금은 제가 생각하기에 그냥 돈 버는 곳, 그 이상도 그 이하도 아니라고 생각합니다.[4]

대부분은 다시 회사로 복귀했지만, 이 사건은 일종의 트라우마가 되었다. 해고 위험이 사라진 후에도 한번 내면화된 트라우마는 습관적으로 되살아났으며, 회사에 대한 신뢰는 복원되지 않았다. 노조는 이익극대화의 도구가 되었고 사회운동조직으로서의 건강성은 크게 훼손됐다.

두 번째 전환의 계기는 최고경영진의 결단이다. 리더십은 크게 두 가지, '생산량 증대'와 브랜드 가치 제고를 위한 '품질경영'을 강력하게 추구했다. 현대차는 2000년대 초 세계 시장점유율 5위로 목표를 상향 조정했는데(GT5), 이는 본격적인 해외투자와 생산으로 실현되었다. 국내 공장 캐파(capacity)로는 글로벌 선두대열에 가까이 갈 수 없었다. 이미 상승한 임금과 노사관계 압박을 고려하면 국내에 공장을 더 건설하기도 어려웠다.[5] 세계무대로의 진출은 이미 선택이 아니었다.

어디에 둥지를 틀 것인가? 서유럽과 북미는 기술/숙련상의 이점이 있지만 높은 제도적·문화적 진입장벽으로 실패 위험이 높았다.

반면 해외자본 유치를 위해 정부가 각종 유인을 제공한 인도, 터키, 중국의 그린필드 공장은 후발주자 현대차로서는 오히려 해볼 만한 모험이었다. 노동자의 숙련에 크게 의존하지 않는 현대의 기술중심 생산방식은 뜻밖에 후발국 그린필드와 정합성(整合性)이 높았다. 현대차는 특유의 수직적 네트워크를 총동원하는 함대형 진출을 통해 해당국의 열악한 인프라 문제를 해결하고 조기 정착하는 데에 성공했다. '현대 방식', 일단 최고경영진이 내린 과감한 투자결정에 대해서는 예의 추진력이 따라붙었다.

15년간 현대차는 새로운 도전을 현실화했다. 종합예술이라 할 만했다. 척박한 그린필드에 초현대식 공장을 건설하고, 경험 없는 노동자를 모집·훈련시켜 생산에 투입하고, 현지 조달체계와 생산네트워크를 구축하고, 새로운 소비자를 읽고, 모델을 현지화하고, 판매망을 구축하는 총체적 사업을 '현대 속도'로 밀어붙였다. 현대차그룹은 2015년 현재 총 생산량 800만여 대 중 70% 이상을 해외공장에서 생산하는 구조를 갖췄다.

현대차 경영진은 품질경영의 뒷받침 없이는 글로벌 전략이 사상누각이라는 점을 잘 알고 있었다. 교과서적 관점에서 품질경영은 현장 협조 없이는 불가능하다. 그런데 리더십은 생산량, 품질, 유연화라는 세 개의 목표를 '기술혁신' 속에서 성취하고자 했다. 생산기술의 혁신, 즉 자동화와 생산네트워크의 고도화를 밀어붙였고 엔지니어의 현장 밀착도를 더욱 높였다. 그 결과, 고생산성을 향한 끊임없는 혁신과 자동화를 통한 품질향상은 현대차의 가장 중요한 특징이 되었다.

이제 귀한 것은, 좀 소중한 것들은 로봇이나 이런 것들이 많이 하고, 저희는, 사람들은 단순서브나 단순조립만 좀 하고. 6

요즘은 풀 프루프(*fool proof*) 같은 장비로 그걸(품질 확인을) 하게끔 해요. 사람이 보고 흘려보내던 걸 다시 한 번 그 장비로 제대로 장착이 됐나 확인하는 그런 방법들, 이게 안 해도 되는 것들인데 … 같은 공정이라도 로봇이 하는 곳은 넘어가는데 … 중간에 크로스체크를 많이 해서 품질 문제는 많이 좋아졌어요. 숙련이 떨어지는 건 자꾸 염려가 되지만요. 7

모듈화

모듈화는 세계 메이커들이 따라올 수 없는 현대차의 또 다른 특징이다. 21세기 자동차 생산의 새로운 패러다임을 창안한 것이다. 모듈화를 통한 생산네트워크의 통합은 획기적이었다. 모듈화는 최종 조립공정 수를 줄일 수 있는 방식이지만, 2만여 개의 부품이 장착되는 자동차 제품에는 적합하지 않다는 생각이 지배적이었다. 그러나 정보통신 기술과의 접목은 고정관념을 깼다. 독립기술을 보유한 부품사 네트워크를 활용한 독일 자동차 제조사들이 선두주자였지만 현대차는 새로운 방식을 개척했다. 8 부품사와의 공조생산에 적극적이었던 현대차는 모듈생산을 통해 질적으로 차별되는 네트워크 생산을 고안해 독일에 필적하는 상태로 진전시켰다. 토요타의 불량제로 장점에 속도와 유연성을 부가하는 형태의 융합방식이었다.

현대차의 모듈화는 두 가지 점에서 독일과 차이가 난다. 첫째, 독일의 완성차업체가 여전히 고숙련을 요구하는 데 비해 현대차는 숙련에 대한 의존도를 줄이는 방식을 택했다. 노사관계의 제약을 극복하고자 한 결과다.

둘째, 생산네트워크의 성격이다. 독일의 완성차업체가 독자 기술력을 지닌 글로벌 부품사들과 '개방적 네트워크'로 연결되어 있다면, 현대차는 중층적 수직계열화를 통한 '폐쇄형 네트워크'를 만들었다. 해외공장에서는 모비스와 완성차 공장 간 일관라인이 구축되었다. 납품선이 일정하고 원청에 대한 기술의존도가 높은 한국적 산업환경에서 배태된 위계적 네트워크다. 완성차 공정의 비중이 훨씬 가벼워지면서 유연생산에 대한 노사관계의 부담에서도 한층 자유로워졌다.

다국적 완성차기업이 현지 조달체계에 기반한 생산네트워크를 운용하는 것과 대조적으로 함대형 진출을 통해 국내 협력사들을 해외에 그대로 진출시켰다. 본사를 중심으로 한 글로벌 생산의 일체화(*harmonization*)라 할 만하다. 이런 유형의 모듈화는 독자적인 장점이 있지만 성장동력과 혁신을 원청 본사에 의존한다는 단점도 내포한다.

현대차 생산방식은 여러 경험과 다양한 요소를 융합한 고도의 한국적 하이브리드 시스템이다. 유연성과 효율성의 결합, 강력한 기술혁신, 연구소와 엔지니어 그룹의 끊임없는 혁신의 결과다. 그런데 이 진화과정에서 유독 현장 작업자들의 작업방식은 크게 변하지 않았다. 현장 팀워크와 건강한 공동체의식, 그리고 함께 만들어 가자는 협력적, 역동적 정신은 약화되고 있다. 지속가능성을 점검할 필요가 있다.

변곡점에서

지난 15년간 현대차의 비약적 발전은 무결점 대량생산체제의 성공으로 요약할 수 있다. 현대차 생산현장은 오늘도 예외 없이 불량률과 UPH(*Unit Per Hour*) 등 양적 계수의 작은 진동에 민감하게 반응한다. 관리자들의 성과도 이러한 양적 측정치에 좌우된다. 이런 생산방식이 성공가도를 넓혀 줬지만 지속가능한가? 현대차는 변곡점에 섰다. 현대차는 이런 유례없는 성공의 가도에서 한 단계 뛰어넘는 질적 도약을 기다리고 있다.

생산량을 유지하면서도 고부가가치 상품라인, 미래가치에 부합하는 상품라인을 안착시키는 고품질 다변화를 적극적으로 추진해야 할 단계다. 미국, 독일, 일본 자동차산업의 변신도 그러하지만, 이웃나라 중국의 빠른 추격이 현대차의 미래에 불확실성을 더하고 있기 때문이다.

현대차는 지속가능한 미래를 위해 어떤 생산방식을 구축해야 할까? 수동적, 방어적인 토요타 생산방식은 매력을 잃고 있다. 그러나 현장의 숙련과 협조를 통한 효율성과 유연성을 최대화한다는 점에서 여전히 장점을 안고 있다. 독일의 고부가가치 업체들도 최근 토요타 방식을 수용해 작업자들의 재량과 업무범위를 넓히고 있다. 완성차업체가 높은 비용의 정규노동자들에게 기대하는 역량은 종래의 숙달(*dexterity*)만이 아니다. 공정 전체에 대한 조망과 이해력, 문제 해결능력, 변화에 대한 빠른 대응능력과 집중력이다. 품질제고를 위한 자발적 참여도 중요하다. 현장의 작동방식은 현장노동자가 가장 잘 알고, 현장의 간단한 문제는 이들이 가장 빠르게 효율적으로 해결할 수 있다. 현장의 암묵지와 숙련은 파일럿모델 개발과정에서 엔지니어의 혁신공간을 현저히 확장할 수 있다. 혁신의 새로운 방향을 생각하게 하는 대목이다.

작업현장 혁신과 헌신을 살릴 수 있는 방법, 엔지니어의 역량과 현장직의 참여가 상호 시너지를 일으키는 방안에 대한 적극적인 모색은 글로벌 현대차의 숙제다. 특히, 현장직의 참여는 연구직과 엔지니어들의 좌절감과 피로감을 해소할 수 있는 열쇠이기도 하다. 엔지니어의 어깨에 과적되어 온 작업장 혁신의 짐을 현장직과 나눌 수 있도록 해야 한다. 현대차 엔지니어는 업계 최고라는 자부심과 일에 대한 열정, 그리고 조직에 대한 충성도가 높다. 이들은 다른 기업에서는 볼 수 없는 개방성을 지니고 있으며, 여러 프로젝트에 동시에 참여하고 싶은 높은 열망을 갖고 있다. 그러나 피로가 누적되고, 양적 성과에 치중한 능력주의 인사고과가 결부되면서 사기저하 분위기가 확산되기 시작했다. 오히려 노조의 보호를 택해 승진을 거부하는 기현상도 그 일부다. 엔지니어의 사기는 혁신을 향한 의욕적 프로젝트를 개발하고, 그에 대한 자율성과 충분한 인센티브를 제공함으로써 새로이 진작시킬 수 있다. 난제 중의 난제인 노사관계의 전면적 재편과 아울러, 연구직과 엔지니어의 인력관리와 제도개선이 필요한 시점이다.

chapter. 5

—

풍요한

노동자

중산층화

현대차 기술직 사원 중 '나는 중산층이다'는 명제에 흔쾌히 동의하는 사람은 얼마나 될까? 관리직과 경영진은 어쨌든 중상층에 속한다. 일반직 사원 중에는 더러 이 명제에 동의하지 않는 사람도 있을 것이다. 직종, 직급에 따라 계층소속감은 다를 수 있는데, 일반직의 처지는 다음에 살펴보기로 하고 여기서는 일단 생산직, 즉 기술직 사원에 집중한다. 생산직, 당신은 중산층인가? 이 물음에 거의 90%는 동의하지 않을 것이다. 중하층민! 이라면 모를까. 필자는 장시간 면담에서 이런 질문을 했는데, 돌아오는 답은 일률적이었고 약간의 망설임과 거부감도 묻어났다.

"연봉이 1억 가까이 되죠?"
"아뇨~!! 매달 손에 쥐는 건 고작 250만 원인데요!"

주요 언론에서 현대차 생산직 사원 평균 연봉이 9,500만 원이라고 자주 보도했고, 생산성을 훨씬 웃도는 고임금에 대해 우려를 표명했기 때문이다. 덕분에 현대차는 대한민국에서 대표적인 고임금

사업장으로 알려졌다. 이런 보도에 대해 기술직(생산직) 사원은 방어적이고, 심지어는 불편한 심기를 드러냈다.1 50줄에 접어든 기술직은 손에 쥐는 기본급이 300만 원을 조금 넘는다고 했다. 50대 중반 연령의 기술직에게 필자가 기자처럼 따져 물었다.

"세전 소득은 월 400만 원, 약 4천 8백 정도죠?"
"맞습니다."
"성과급과 각종 수당, 학자금 등을 합치면 매년 약 2~3천 되죠?"
"맞습니다."
"특근수당은 약 2천 정도?"
"대강 그 정도~."

그러면 대략 신문에 보도된 것과 엇비슷해진다. 9천만 원에서 1억 원! 이 정도면 중산층 평균 소득을 훨씬 상회할 뿐 아니라 임금근로자 평균소득의 두 배를 훌쩍 넘는다. 2015년 통계에 의하면, 임금근로자 1천만 명 중 절반이 월 200만 원 이하를 받는다. 고소득자인 것은 분명하다. 그런데 왜 기술직 사원들은 이런 사실을 수긍하지 않으려 할까? 잔업수당, 특근수당 때문이다. 지금은 잔업이 없어졌지만, 10-10 주야간 맞교대, 8-9 주야간 2교대가 시행될 때만 해도 기본급 외에 잔업과 특근수당이 주 수입원이었다. '소비생활은 특근에 맞춰졌다'는 면담자의 고백처럼, 특근은 주택, 사교육비, 가족 문화생활을 풍요롭게 만드는 밑거름이었다. 잔업과 특근을 마다 않는 가장(家長)은 고달프다. 가외로 행하는 고달픈 노동으로 버는 돈은 일상 소득, 특히 월급 범주에서 제외하는 인식이 알게 모르게 형성됐던 거다. 자신이 거부하면 벌 수 없는 임의적 수입은 월급이 아니라는 인식이 강하다.

지난 20년 동안 성과급과 특근수당 합쳐 거의 4~5천만 원에 달하는 보수가 한 해도 빠짐없이 지불되었음에도 그러하다. 그것은 엄연히 소득이다. 외환위기를 벗어난 2000년대 초반 이후 임금이 급상승해서 기술직 사원 대부분은 빠르게 중산층 반열에 들었으며, 특히 5년 전부터 이들은 연봉 1억 원에 근접하는 고소득층이 되었다.

보수체계가 너무 복잡해서 기본급과 성과급, 각종 수당을 합쳐 12개월로 나눠 지급하는 신임금제도안이 2016년 임금협상안에 올라왔는데, 아무튼, 고임금 외에도 현대차가 제공하는 여러 유형의 기업복지를 합하면 기술직 사원은 대한민국 임금생활자 중 특급에 속한다. 예를 들어, 고졸 20년 차 기술직 사원 연봉이 8천만 원을 웃돈다면 한국의 실정을 감안할 때 노동의 고됨을 떠나 가히 '신(神)이 내린 직장'이다. 그것도 만 60세까지 고용이 보장된다.

2014년, 울산지역 억대 연봉자 비율은 8.5%, 32,728명에 달했다. 서울 3.9%, 인천 2.4%, 경기 3.5%에 비하면 전국 최상이고, 전체 근로자 평균 3.2%와 비교해도 3배 정도다.[2] 아마, 고소득자는 울산 동구지역에 1만 명, 남구 석유화학단지에 1만 명, 나머지는 북구 현대차에 집중되어 있을 것이다.

이런 사정은 전주공장과 아산공장도 비슷하다. 전주의 1억 연봉자는 1.3%, 약 6천 명 정도인데, 그중 20% 정도가 전주공장에 속해 있다고 봐도 무리가 아니다. 울산공장은 이 지역 최고의 기업이고, 전주공장은 전북 최고의 기업이며, 아산공장은 충남 최고의 기업이다. 최고의 기업에 속한 사람이 중산층이 아니라면, 대한민국은 가난한 나라가 된다. 엄격한 잣대를 들이대지 않아도 '그들은 중산층이고, 더러는 중상층이다!'

현대차 울산공장, 정문 맞은편 언덕에서 보이는 광경은 중산층의 전형이다. 사원아파트는 깨끗했고, 기술직과 일반직 직원들이 거주하는 민영아파트 역시 손색이 없었다. 현대건설이 짓고 분양한 민영아파트에 기술직과 일반직이 함께 생활터전을 꾸렸다. 인근 마트는 임직원과 현장직 사원이 스스럼없이 드나들고, 편의시설도 직종, 직책, 직급 구분 없이 함께 이용한다. 계층혼합(social mix)이 이렇게 자연스럽게 이뤄지는 곳은 한국과 일본 외에 손에 꼽을 정도다.

노동자의 나라 스웨덴만 해도 '노동자 타운'(worker's town)이 별도로 존재한다. 사무직과 전문직은 별도의 중산층 타운에 거주한다. 영국의 버밍햄은 전통적 노동자 도시다. 아파트도 노동자 가족생활에 적합한 구조로 설계되고, 자녀들이 밖에 나와 놀 수 있는 넓은 공동공간을 갖췄다. 주차장 역시 마찬가지다. 상층은 시내 고급주택가에 거주하거나 값비싼 콘도미니엄에 산다. 사적 공간을 갖춘 타운하우스는 중산층의 대명사다.

자본주의의 종주국인 미국은 말할 것도 없다. 아예 노동자시(市)가 존재한다. 보스턴 외곽에 위치한 케임브리지에는 하버드와 MIT

등 세계 유명대학이 운집해 있는데, 바로 옆 서머빌과 찰스타운은 전통적 노동자 도시다. 한번은 로자 룩셈부르그(Rosa Luxemburg) 의 일대기를 다룬 영화를 보러 서머빌 극장에 갔는데, 관람객 모두 가 노조 마크가 달린 캡을 눌러 쓴 노동자들이었다.3 돈을 벌어 케 임브리지로 이주한 사람도 드물었고, 자녀들을 그 비싼 사립 명문대 학에 진학시킨 사람도 드물었다. 1980년대 중반, 사립 명문대학 학 비는 3만 달러이고, 기숙사 비용을 합하면 일반 노동자의 연봉을 넘 어선다. 그러니 누가 언감생심, 마음이라도 먹겠는가.

한국에 고급아파트가 들어선 것은 2000년대 이후의 일이다. 즉, 모든 계층이 더불어 거주하는 계층혼합형 아파트가 일반적이라는 뜻이다. 20평형에서 50평형 가구를 함께 짓고 거주하도록 하는 정 책은 계층이질감을 줄이고 사회통합을 이루기 위함이었다. 울산이 전형적이다. 생산직과 관리직 사원이 같은 아파트단지에 거주한다. 사원아파트에 살다가 돈이 조금 모이면 시내 고층아파트로 진출을 감행하거나, 학군이 좋은 옥동지역으로 진입한다. 거주유형으로 판 단하면, 노동자, 사무직, 관리직, 경영진을 구별하기 힘들다.

거주유형이 노동자 계급의식 형성에 미치는 부정적 영향은 이미 상식이 되었다.4 거주형태로 보건대, 울산은 계급의식 형성에 좋은 여건이 아니다. 역으로 말하면, '노동자의 중산층화'가 빠르게 진행 되었다는 의미에서 울산은 중산층화(embourgeoisement)의 세계적 성 공사례다.

생활양식 면에서도 상층과 다를 게 없다. 한국에서 상·중·하층을 구분하는 문화와 생활양식이 딱히 있는가? 없다. 기술직 사원의 여가생활을 조사해 보면, 등산, 낚시, 족구, 축구, 자전거, 여행 등이 리스트에 오른다. 상층도 마찬가지다. 요트같이 상층 특유의 여가활동을 하는 사람은 적다. 요즘은 골프를 즐기는 기술직 사원들이 급증했다. 야외 연습장과 실내 골프장은 물론 필드에도 자주 출격한다. 몇 년 전만 해도 상층의 운동이었던 골프가 40, 50대 기술직 사원에게도 인기 있는 종목이 되었다. 중산층이 되었다는 징표다.

노동자의 임부르주아먼트, 중산층화! 이 명제가 출현한 것은 1950년대 미국과 유럽에서였다. 과거 빈곤의 대명사였던 노동자들이 점차 가난을 극복하고 풍요한 중산층으로 편입된 추세와 그것이 초래하는 사회적 현상이 주목받기 시작한 것이다. 아예, 저명한 계급연구자 골드소르프는 《풍요한 노동자》(*The Affluent Worker*) 라는 제목의 책을 출간하기도 했다.

가장 핵심적 관심은 노동자 계급정체성의 변화였다. 계급정체성이 재생산되려면 집단거주지, 계급 고유의 문화와 생활양식, 자본가와 관리직과는 구별되는 작업현장의 규율과 관습 등을 유지 존속하는 것이 필수적인데, 경제성장에 의해 생활환경이 개선되면서 계급정체성을 흐리는 요소들이 확산되었기 때문이다. 노동자 집단아파트를 떠나 개인 주택과 자동차를 소유한 사람이 속출하고, 독서와 여가를 즐기는 등 중산층 생활양식을 수용하는 현상이 급속도로 늘어났다. 자녀 교육에도 투자하면서 중산층으로 상향 이동하는 사람이 늘었다. 국가가 제공하는 공공복지는 중산층과 노동자 간 구별을 어렵게 만들었다. 연금, 의료 등 사회안전망이 모든 계층에게 골고루 적용되자 계층 소속감과 정체성이 서로 엇비슷해진 것이다.

그렇다면, 중산층화한 노동계급은 과연 노동자 정당에 투표할 것인가? 사회민주당과 노동당의 운명은 어찌 될 것인가? 사회정의를 구현하던 노동운동은 어떻게 변질될 것인가? 1960년대 '풍요한 노동자' 명제를 출현시켰던 배경의 질문들이다.

한국에서 노동정당인 정의당에 많은 표가 나오는 지역은 울산과 창원이다. 심상정 의원이 경기 고양시에서 두 번 당선되었는데, 그렇다면 고양시가 노동자 도시인가? 아니다. 울산과 창원은 고양보다 평균소득이 낮은가? 아니다. 울산과 창원지역의 표는 사회학적 지표로 구분한 '진짜 노동자'의 표인가? 아니다. 중산층화된 노동자의 '이념적 목표'에 의한 투표다. 이미 문화적, 생활양식적 관점에서 중산층 깊숙이 진입한 노동자들이 그래도 명맥을 이어 달라는 의도적 투표다. 생활수준과 정치적 성향 간에 심각한 부정합(不整合)과 불일치가 발생한다. 이 부정합은 자연스러운 게 아니다.

계층과 투표성향 격차를 고군분투하며 메꾸는 주체가 바로 노동조합이다. 노동조합원들도 사회학적 지표에 의하면 말할 것도 없이 중산층이다. 바로 앞에서 언급한 '풍요한 노동자' 명제에 따르면, 1990년대 초반 민중당, 2000년대 통합진보당, 요즘의 정의당에 투표해야 할 사람들은 마산수출자유지역 중소기업 노동자, 예컨대 목포 대불산단의 하청업체, 경기도에 운집한 수많은 하청업체 노동자들이다. 그런데 거꾸로 연봉 1억 원에 근접한 울산지역 노동자들이 노동정당을 지탱한다. 학문적으로 설명하기 힘든 한국적 현상이다.

한국에서 노동운동의 역사적 발전과정을 따져야 이 문제가 풀리는데, 이 부정합과 불일치는 그리 오래가지 않을 것이라는 점이 중요하다. 울산의 노동조합 집행부가 이 격차를 유지하려고 힘겨운 행군을 하고는 있지만 그 입지가 급격히 좁아져 왔다. 사회적 변동양상과 계급정체성의 약화 추세에 역행하기 때문이다. 사회적 변동양상에 역주행하는 행위자는 언제나 내부 모순 요인들을 색출해 새로운 저항이념을 만들어야 한다. 그러나 그게 어디 쉬운 일인가? 노조는 현대차 기술직 사원들을 전통적 계급의식의 울타리로 계속 끌어들이고 있지만, 이미 중산층 영역으로 나가 버린 그들을 돌려세우기가 버겁다.

노동운동을 활성화하던 전통적 노동이념은 더 이상 통하지 않는다. 노조가 경제적 쟁점인 임금과 복지 극대화에 매달리는 이유이다. 이런 경우 노동운동은 사회정의를 위한 신선한 환풍구가 아니라 자신의 이익을 대변하는 이익집단(interest group)이 된다. 또는 직종의 배타적 이익을 추구하는 주창그룹(advocacy group)이 된다. 중산층화가 초래하는 현상은 깊고 넓다. 현대차 노동조합의 목소리가 그나마 설득력을 갖는 것은 지난 시절의 고달픈 기억 때문이다. 이 고달픈 기억이 점차 소멸되고 그것을 품고 있는 연장자들이 은퇴하고 나면 노동운동에 어떤 변화가 올지 예측하기 어렵다. 고달픈 기억, 중산층으로 발돋움하던 1980년대, 1990년대는 그런대로 낭만적이었다.

청춘이여 안녕

고달픈 시절이 있었다. 월급 3만 원을 받던 1970년대부터 20만 원
남짓 받았던 1980년대 말, 입에 풀칠할 정도면 만족했던 시절이었
다. 1990년대로 접어들면서 임금도 올랐고 생활형편도 좀 나아졌지
만 폭주하는 일감을 감당하려면 매일 야근을 해야 했다. 10-10 주야
간 맞교대는 물론 주말 특근은 그냥 상식이었다. 주당 66시간, 한
달 평균 260시간이라는 기록적인 장시간 노동체제를 통과했다. 그
래야 방 한 칸, 부엌 달린 내 집을 마련할 수 있었으니까. 작업장은
험하고 위험했다. 산재가 일상적으로 발생했고, 냉난방은 꿈도 꾸
지 못했다.

포니와 엑셀이 현대차의 기반을 다지던 시절, 공장 규율은 군대
보다 더 엄격했다. 조장의 지시는 하늘처럼 무서웠으며, 권한도 막
강했다. 시급은 물론 작업물량을 알아서 결정했고, 말을 듣지 않는
노동자를 해고하는 것도 가능했다. 사무직과 생산직은 작업복 색깔
도 달랐고 식당도 따로 썼다. 관리직 식당에는 선풍기가 돌아갔고,
반찬도 그럴듯했다. 생산직 식당 앞에는 차례를 기다리는 긴 줄이
늘어섰는데, 후덥지근한 데다 반찬도 엉망이었다.5 출근할 때는 단

정한 복장을 갖춰 입어야 했다. 두발은 항상 말썽이었다. 험악한 인상의 경비가 두발 불량자를 색출해 이발소로 넘기기 때문이다. 두발 문제는 현대중공업, 현대차의 공통된 관리방식이었다. 군대 내부반 검열 같은 인상을 준 거다. 내놓을 만한 이렇다 할 경력도, 학력도, 기술도 없는 농촌 출신 군필자들이 단지 먹고살 일자리를 찾아 모여든 공장의 풍경이 그랬다. 그것은 현대차, 현대중공업뿐만 아니라 산업화 초기 공장을 신설했던 산업단지의 공통된 풍경이기도 했다.

두발 ···. 그것이 1980년대 말과 1990년대 초반 노동운동의 기폭제가 될 줄이야 누가 짐작이라도 했을까. 현대차, 현대중공업 노동자들의 기억에는 이런 풍경이 인화(印畵)되어 있다.

저 같은 경우에도 주말에, 제가 주말에 어떻게 했냐 하면 머리 좍 다듬어 갖고, 스포츠, 민스포츠 해가 출근했는데, 그 당시엔 월요일 아침에 용의검사를 하거든. 내 딴에는 억수로 깔끔하게 잘라 갔는데, 짧게, 바리깡 밀어가 ··· 여기 길다고 밀어 버렸다니까, 글쎄 경비가.[6]

그것뿐 아니었다. 작업장은 비가 새기 일쑤였고, 분진(粉塵)도 많아 작업복은 금새 땀에 절거나 더러워졌다. 작업복은 비싸서 두어 달에 한 벌 정도 지급됐지만, 장갑은 하루 노동에 너덜거릴 정도로 해져서 매일 지급됐다. 조장이 매일 장갑이나 다른 소소한 필수품을 나눠줬다. 부인은 야근하고 돌아오는 남편의 모습을 눈물 없이 회상할 수 없다.

애 아빠가 꼬질꼬질한 모습으로 걸어와요. 제가 이리 딱 쳐다보고 있거든요. 그러면 쓰레기통 앞에 딱 서요. 3일 내내 그 양말과 땀에 절은 옷으로 일을 했으니까, 그걸 벗어서 쓰레기통에 버리고 와요. 제가 잔소리를 하잖아요, 냄새 나, 잔소리를 하잖아요. 지금도 눈물이 막 날라 칸다. 그러고 와요. 가방 하나 들고 작업복 꼬질꼬질하게. 수염도 못 깎고. 현관에 들어와서 수건 깔아라, 걸레 깔아라, 그렇게 얘기해요. 샤워 하고 나와서 밥 차려 주면 밥을 먹고 숟가락 놓자마자 소파에서 그대로 자거든요. 7

이건 그래도 1990년대 말의 모습이다. 자식들이 주야간 장시간 노동에 고된 아빠를 기억하지 못하는 것은 다반사다. 아빠는 집에 없다. 집에 있더라도 그냥 '자는 사람'이다. 야간 교대조는 가족들이 활동하는 주간에는 자고, 그들이 돌아오는 시간엔 공장에 있다. 초등학생 아이가 아빠를 그릴 때 잠자는 사람으로 그려 놓는 것은 당연하다.

그때는 우리 큰아이가 아빠를 잘 몰라볼 정도로 일을 그렇게 열심히 했던 … "엄마, 저 사람 누구야?" 할 정도로. 자다 보면 없던 사람이 밤늦게 들어오고, 아침 일찍 나가고, 그런 과정이 반복되다 보니까. 남편은 우리 큰애가 한 애기가 가슴 아프다고 해요, "엄마, 저 사람 누구야?" 하던 소리. 서너 살이 됐을 때도 밤늦게까지 일하고, 새벽 되면 나갔으니 …. 그래 그 말이 좀 사무친다고 …. 8

야간 교대조 아빠가 자는 시간은 비상이다. 소리가 나지 않게 조심해야 한다.

애가 밤새 우는 거야. 왜 밤낮이 바뀌었다고 그러잖아. 신랑이 야간하고 왔어. 하이고 애가 울어서 잠 못 자게 하잖아. 그래 갖고 내가 양산이 어디 있어. 우산 하나 갖고 남목국민학교를 갔어요. 벤치에서 자는데 경비실에서 왔어. 수업 중이니까 나가 달라고. 그래 갖고 쫓기났지. 9

주거환경도 말이 아니었다. 벌집, 닭집에서 사원아파트로, 사원아파트에서 회사가 분양한 민간아파트로 이주가 계속됐는데, 그거야말로 하층에서 중산층으로 이동하는 경로였다. 부인의 기억이다.

연탄아궁이를 때는데 집이 다섯, 열 가구가 같이 살았어. 그래서 그 연탄 때는데 통 창고가 없어요. 그러니까 그 노란 다라이 고무통 다라이, 거기에다 열 장씩 스무 장씩 그 뚜껑을 딱 덮어서 놔두면, 다음날 되면 연탄이 두 장이 없어져. 공동화장실 썼어요. 새댁 때니까 말도 못 하고. 10

제가 시집 올 때, 1981년도 그때는 만세대가, 그때 내가 만세대 18평짜리 … 그거 5층을 내가, 18평짜리가 380만 원인가 480만 원 주고 샀거든요. 중공업에서 지어 갖고 분양한 거거든요. 근데 그게 재개발돼 갖고, 그걸 다 헐고. 지금 … 4억이 넘습니다. 11

그 고된 시절을 버티게 한 건 공동체적 우애와 동료애였다. 같은 처지의 사람들, 같은 직장에서 생사고락을 나누는 사람들의 공동체였다. 인간애가 흘렀고, 서로를 격려했다. 연장자는 형님, 언니였고, 연하자는 동생이었던 시절이다. 작업장의 고됨을 씻고 노동력을 재충전하는 장소는 빈곤한 가족, 빈곤한 노동 공동체였다.

남자들이 이 집에도 놀러가고, 어떤 집에 다 모이는 거예요. 부서끼리. 모여 갖고 고스톱도 치고 홍합도 삶아 먹고 김치전도 해먹고 하니까, 숟가락이 딱 두 개, 신랑하고 나니까 두 개잖아요, 숟가락이. 그러면 옆집에 빌리러 가는 거야. 진짜 그때는 공동체였어. 밥그릇도 빌리고, 그때는 일회용이 없었잖아요. 밥상도 빌려 오고, 숟가락도 빌려 오고 막 …. 12

마실 문화는 한국 고유의 공동체 문화였지만, 사실 따지고 보면, 양반은 하지 않는 서민문화였다. 지금도 서울의 고급아파트에서는 마실 가는 모습은 찾아볼 수 없고, 오히려 변두리 서민아파트 단지에서나 가끔 눈에 띈다. 생활은 어려웠지만 그래도 자동차를 만든다는 자부심은 대단했다. 시내에 나갈 때에도 작업복을 그냥 입고 나가고(울산 시민은 '자동차 옷'이라 부른다), 자동차에서 일하는 걸 드러내 보이고 싶어 한다. 자녀들도 학교에서 아빠가 자동차에서 일하는 걸 무척 자랑스럽게 말하곤 한다고 했다. 1970년대와 1980년대에 걸쳐 형성된 그 공동체 문화의 '동료애'(companionship)가 1980년대 말과 1990년대 초 계급연대감(*class solidarity*)으로 급회전한 건 어쩌면 권위주의가 오래 지속된 한국적 상황 때문일 것이다. 노동운동에 먼저 눈 뜬 현대중공업이 그랬다.

그때 한참 만세대 뒤쪽에, 101동, 104동 앞에서 했거든. 전경들이 있으면 우리가 리어카에다 막 돌을 실어다 주고 아저씨들 던지게 하고 그러면 최루탄 한 번 확 터지면 저희 아파트 101동 통로로 확 와요. 그러면 문 열어 놓고, 그때만 해도 머리가 그렇게 돌아갔나 봐. 화투판을 펴 주고, 아저씨가 화투 치는 것처럼 하면 ⋯ 몇십 명씩 들어왔어. 숫기 없는 아저씨들은 가만 있어. 아저씨들 빨리 화투 쳐야 된다고, 들어오면 걸린다고, 막 문 열라 두드려서 문 열어 보고 이랬어요. 열렬하게 했어요.[13]

현중 노동운동은 1990년 골리앗 투쟁을 고비로 점차 온건화됐는데, 현대차가 1996년 노동법개혁투쟁위원회(노개투)를 띄우면서 그 바통을 이어받았다. 현대차 작업장은 일관생산라인이어서 부서별로 쪼개진 현중보다 노동운동 활성화에 훨씬 적합한 조건이었다. 불만이 쌓이면 일단 라인을 세우면 될 터였다. 현대차는 1980년대 말 엄습한 극도의 불황을 극복하고 조업이 그 어느 때보다 착착 이뤄지고 있을 때였다. 해외공장을 가동한 것도 그와 때를 같이한다. 1997년 터키공장 준공을 필두로 중국 진출을 눈앞에 두고 있었다. 물량이 넘쳐나면 노동조합의 교섭력도 그만큼 커진다.

1990년대 골리앗 투쟁 당시 현장

그러던 와중에 느닷없이 외환위기가 엄습했다. 1998년은 현대차뿐 아니라 모든 한국인에게 악몽의 해였다. 1998년 회사는 정리해고를 결정했고, 전체 인력의 22%에 달하는 10,166명이 회사를 떠나야 했다. 다음 장에서 자세히 살펴볼 예정인데, 현대차 기술직 사원들에게 트라우마가 된 이 사건은 결국 277명 정리해고로 끝났고, 대부분의 해고자는 작업장으로 돌아왔다. 현대차 기술직 사원의 부인은 그때의 긴박한 시간을 기억한다.

1998년 여름 맞죠? 그때 제 남동생이 서울에 전경으로 있다가 실려 내려오니 누나가 사는 남목고개더래요. 출근하는 애 아빠도 걱정이지만 어린 남동생도 걱정이. 남동생이 누나누나, 누나네 차 은색 아반떼가 지나가면 똑같잖아요. 우리 누난가 싶어 너무 고통스럽고 너무 덥고 그래서 그래 생각했대요. 저 고개만 넘으면 누나 집인데 좀 씻고 왔으면 좋겠다. 저도 지나가면서 전경들 보면 동생 찾고…….14

그때 정리해고자 부인들이 유모차 부대를 조직해 거리로 나왔다. 아이 머리에 띠를 두른 채 전경들 앞에 선 거다. 정리해고자들이 겪은 고통은 이루 말할 수 없었다.

허무하게 쓰러져, 길거리에 쪼그려 앉아 출근하는 동료들의 바쁜 걸음 사이에 우리는 버려진 날들이 있었다. 살려고 발버둥 쳐도 살 수 없는 날들이 있었고, 마누라 몰래 눈물 훔치며 술병을 부수던 날들이 있었다. 아이에게 옷 하나 제대로 사주지 못하던 날들 …. 쫄아들고 줄어든 아들의 옷 사이로 그 조그만 아들의 배꼽을 동그란 눈으로 훔치던 부끄러운 날들이 있었다. 학교 가는 아들에게 용돈도 없이 교육비도 내지 못하는 비참한 날들을 우리는 어찌 잊어버릴 수 있겠는가![15]

귀환한 무급 휴직자들과 정리해고자들이 겪은 고통은 2000년대 현대차 노동운동의 족쇄이자 정신적 트라우마(*trauma*)가 되었다. 빈곤에서 벗어나고자 했던 한(恨)은 회사에 대한 한으로 바뀌었다. 그러나 그 한은 현대차 노동운동을 건강한 방향으로 발전시키는 데에 걸림돌로 작용했다. 이른바 노동계급 전체를 위한 '공동이익 대변 기능'(*collective-voice function*)에서 자신의 고용안정에 매달리는 '독점 기능'(*monopoly function*)으로 변질하는 계기였다. 노동조합이 비정규직 16.9%를 방패삼아 정규직 해고 절대불가 방침을 관철한 것도 그때였다.

아무튼 그런 시절이 있었다. 술 한 잔 걸치지 않고는 기억할 수 없는, 눈물 없이는 회상할 수 없는 고된 시절이 있었다. 해안을 메꾼 간척지에서 기업을 일으킨 현대차나, 빈손에 젊음 하나로 공장에 모여든 노동자들이 함께 겪었던 성장의 초기 애환이다. 여기에 강압적 수단과 공권력을 동원했던 권위주의 정권이 가세했으니 노동자들의 고투(苦鬪)는 이루 말로 다 할 수 없었다. 그러는 사이, 노동자들은 이제 어엿한 중산층이 되었다. 요즘 생산라인에 투입되는 신입들은

울산공장 주간조의 퇴근길

취업사정이 지극히 어려워진 최근 현실에 비추면 행운이다. 고졸 학력이 주류인 기술직 사원은 이제 주간 2교대 작업체제를 상식으로 알게 되었으며, 타 기업에 취직한 동문들에 비해 훨씬 풍요로운 생활을 영위한다.

신세대 사원들은 특근을 원치 않는다. 퇴근시간이 임박하면 칼퇴근을 원칙으로 한다. 휴일이면 등산도 가고, 스키장도 가고, 펜션을 빌려 친구들과 논다. 그리곤, 같은 일을 하는데 왜 자신의 월급이 적냐고 가끔 연장자에게 불평한다. 연장자들은 신세대 사원들이 철이 덜 들었다고 생각한다. 지난날을 생각하면 더욱 그렇다. 30평형대 아파트에 살면서 자녀들을 대학에 다 보내고, 비교적 여유 있는 생활을 누리는 연장자들은 중산층의 일원이 됐다. 그 고된 시절의 서러운 청춘을 이제 떠나보내야 한다. 그 아득한 청춘의 애환을. 뒤돌아보지 말아야 한다. 청춘 초입에서 절명한 김광석의 노래 〈부치지 않은 편지〉처럼 말이다.

꽃피기는 쉬워도 아름답긴 어려워라! 그대 청춘의 꽃은 기업이 되고 가족이 되었다. 그 꽃은 대한민국을 일군 눈물이자 사랑이었다. 그 청춘을 후회 없이 떠나보내라. "그대 눈물 이제 곧 강물 되리니, 그대 사랑 이제 곧 노래 되리니", 빈손일망정 청춘 시절엔 꿈이 있었다, 산 같은 꿈 말이다. "산을 입에 물고 나는 눈물의 작은 새"가 그대의 청춘이었다. 이제, 그 고난의 시절과 작별할 시간, 보내자, "뒤돌아보지 말고 그대 잘 가라"고.

정체성 충돌

근속 30년이 된 라인장 P씨는 울산 시내 번화가 삼산동 아파트에 살고 있다. 32평형, 시가로 약 4억 원을 호가한다. 새 집이라면 4억 5천만 원 정도. 아들은 울산대 졸업반이고, 딸은 중국 유학 중이다. 1985년 부산에서 고등학교 졸업 후 빈손으로 올라와 단칸방에서 시작한 살림살이가 이렇게 불어났다. 배우자는 시내 마트에서 작은 김밥집을 운영한다. 맞벌이 부부, 연소득은 세전 약 1억 5천만 원. 남부럽지 않은 중산층, 아니 중상층 살림살이다. 근속 20년 차는 연봉 9천만 원~1억 원 정도를 받으니까 현대차에 입사한 사람들은 대체로 자신처럼 자수성가한 유형이라고 말했다.

"자동차 다니는 사람들은 먹고사는 데에 큰 불편은 없거든요. 사법고시죠, 현대차 들어오는 것도 하나의 사법고시 패스 같아요."

고등고시는 대한민국 사람들이 모두 부러워하는 출세의 징표인데, 현대차 입사가 그런 거와 비슷하다고 했다.

라인을 타는 기술직들은 대졸 학력의 관리직보다 자녀교육에 훨씬 열성적이다. 못 배운 한을 풀고 싶은 욕망과, 자녀들만이라도 공장에서 벗어나 어엿한 전문가로 키워 보겠다는 의욕이 충천한다. 한국에서는 교육투자가 가장 효율적인 계층사다리임을 절감했기 때문이다. 라인을 타는 기술직들과 대학 출신의 일반관리직 간에는 서로 소통을 방해하는 적대적 장벽이 존재한다. 그 장벽은 생산현장에서 오랫동안 자연스럽게 형성되기도 했고, 회사가 제도적으로 만든 면도 있다.

직종과 직책별 입직구가 다르고, 임금과 승진체계가 다르다. 생산과 관리는 서로 다른 '내부 노동시장'(internal labor market)이다. 기술직은 일반관리직 사원을 일종의 적대적 시선으로 바라본다. 동반자가 아니라 적군이고, 회사 동료가 아니라 저항해야 할 지배자다. 노조의 표현으로 '회사의 주구(走狗)'다.

그러나 소득수준과 생활여건으로 보건대 기술직과 관리직 사이에 그다지 큰 차이는 없다. 물론 관리직이 조금 형편이 낫기는 하지만, 한국에서 계층을 구분하는 가장 중요한 사회학적 지표로 판단하자면 그들은 같은 계층에 속한다. 3대 지표인 소득, 주택, 교육투자에서 관리직이 약간씩 나을 뿐 서로 다른 계층임을 입증하는 돌출적 양상은 보이지 않는다. 미국이나 유럽처럼 문화자본(cultural capital)이 계층구분의 중대한 잣대가 아니기 때문이다. 30평형대 아파트와 중형자동차를 소유하고, 자녀를 대학에 보낸 가정은 한국에서 중산층이다.

노동자와 전문직 간에 계층 고유의 언어와 억양 차이는 한국에 없다. 전통적 신분사회인 영국에는 노동자가 쓰는 언어가 따로 있다. 영국 수상을 지낸 토니 블레어는 옥스퍼드대를 나와 노동당 당수가 되었는데, 그가 쓰는 언어와 억양이 귀족계급의 것이라 해서 노동자들이 싫어했다. 미국의 공장지대에 위치한 햄버거 가게에서 이방인이 주문하기는 무척 어렵다. 단어와 억양이 다르기 때문이다. 언어는 문화생활의 수준을 결정한다. 프랑스에서는 그리스어를 할 수 있어야 중산층 대열에 낄 수 있고, 독일에서는 괴테의 시를 줄줄 외고, 바흐, 베토벤, 슈베르트 음악을 즐길 줄 알아야 중산층이자 교양시민 자격을 획득한다. 그리고 시민사회의 일원이 되어야 한다. 환경단체, 소비자단체, 인권단체 등 그가 관심을 가진 시민단체의 회원이 되어야 한다는 말이다. 직장인, 중산층, 시민이 한 몸이다.

가정에서 현대차 노동자들은 영락없는 중산층 가장이다. 대학생 자녀들은 중산층 언어와 생활방식을 습득했고, 가전제품, 가구, 인테리어 등 생활여건도 중산층이다. 방 3개를 가족원 각각의 독자적 공간으로 꾸미고, 벽걸이 TV가 설치된 거실에서 나누는 대화와 먹는 음식도 유사하다. 노동자 가족과 관리직 가족이 각각 열광하는 TV드라마나 프로그램은 따로 없다. 〈태양의 후예〉 같은 최근 인기 드라마가 공통관심사이고, 〈복면가왕〉, K-Pop을 즐겨 본다. 가족여행? 쏟아지는 일감에 쫓겨 가족여행은 꿈도 꾸지 못하는 건 기술직이나 관리직이나 마찬가지다. 월차와 연차가 있지만, 그걸 제대로 써본 사원은 드물다. 특근을 못해 소득이 줄어들기 때문이다. 관리직 역시 지방과 해외출장에 바쁘고, 업무에 쫓겨 가족여행은 엄두도 못 낸다. 요즘에는 연가를 내서 회사 지원으로 휴가를 즐기는 풍토로 바뀌긴 했다.

고작 계층 구분이 가능하다면 대학 시절 배운 일반교양과 전문지식 정도이고, 관리직이 외국어 구사능력에서 좀더 낫다는 차이밖에 없다. 사실, 인터뷰 과정에서 논리적 사고의 특성을 느낄 수 있었다. 기술직 사원은 논의 주제마다 서로 다른 논조를 동원했는데 가만 따지면 서로 충돌하는 논리일 경우가 잦았다. 기술직은 TV 외에 신문이나 전문잡지를 보는 경우가 드물었다. 논리적 사고를 하지 않는 빈 공간에 노동조합의 주장과 이념이 내려앉기 쉽다는 느낌을 지울 수 없었다. 그게 장기적으로 보면 관리직 사원과 큰 차이를 만들어 내는 문화자본일 것이지만, 아무튼, 생활여건과 생활양식으로 봤을 때 기술직과 관리직 간 뚜렷한 계층구분은 없다. 모두 확실한 중산층이다.

돈! 중산층 생활여건을 만들기 위해 기술직 사원들은 돈에 모든 인생을 걸었다. 돈이면 계층의 문턱을 넘을 수 있는 한국적 실정이 그들로 하여금 '일 중독자'가 되게 했다. 생활여건과 소비수준이 특근에 맞춰진 까닭이다. 특근이 없으면 계층문턱을 넘을 수 없고, 3대 중산층 지표를 달성할 수 없다. 그래서 미친 듯이 일했고, 미친 듯이 벌었다. 27년 차, 의장에 배속된 기술직 사원은 '일 중독자'란 표현을 썼다.

예, 대졸 출신에 대한 자존심 비슷한 그런 문제도 있고요. … 미친 듯이 했어요. 나중에는, 우리 세대가 회사에 몰입했던 세대이기 때문에 일을 떠나서는, 일을 떠나서는, 아까 뭐 카잖아요, 놀면 당장은 병 나

는 스타일, 일에 중독됐다고 할까요, 그런 사람들이 많거든요. 16

　배우자들도 같은 이유로 돈에 악착같이 매달린다. 단기간 해외파
견을 나간 남편의 부인은 환율에 민감하다. 출장비가 후하게 지급되
기 때문이다. 출장비로 환(換) 치기를 하는 '와세다 부인'이라는 말
이 생겼다. 달러, 유로화, 엔화 환율이 좋을 때 바꿔 놓았다가 되팔
아 차액을 남겨 생활비에 보태는 부인들을 일컫는 용어다. 억척어멈
들은 "애들한테 좀 넉넉하게 쓸 수 있으니까"라는 한국적 사유를 달
았다.

　주택과 교육 투자를 위해 남편들은 잔업, 특근, 철야를 마다하지
않았다. 가끔 부인에게 인생을 돈과 바꾸기 싫다고 푸념하지만, 아
파트 바꾸고, 양육비 교육비 대느라 늘어난 지출을 감당하러 작업장
으로 간다. 집에 있어 봐야 주부대학, 취미모임, 시민강좌, 미용체
조, 독서회를 다니면서 여러 가지 교양을 쌓은 부인과 말이 통하지
않는다. 부인은 소소한 문화자본을 갖춰 중산층 깊숙이 편입되었으
니 관심사와 세상을 보는 가치관이 달라졌다.

　모처럼 특근이 없는 날 부인과 같이 뭔가를 도모하기가 버겁다.
자유를 구속받는다. 주간조 남편을 둔 부인들에게 낮 시간은 자유
그 자체다. 자녀들이 학교에 가고 나면 완전한 해방감을 만끽한다.
"야간만 하는 사람하고는 살고 싶지 않다"는 풍조가 널리 퍼진 것도
그 때문이다. 주간의 무한한 자유시간을 남편 뒷바라지 하는 데에
써야 하기 때문이다. 타 도시에 비해 울산 이혼율이 급증한 배경이

다. 이혼까지는 아니더라도 부부싸움, 갈등이 늘어났다. 관심사가 달라지고, 가치관에 차이가 발생하자 소통이 어려워졌기 때문이다. 남편들의 불만도 이만저만이 아니다. 몇 년 전 인터뷰에서 들은 농담조의 말이 서글프다.

> 현대차 남편들은 가정에서 4순위예요. 1순위는 자기 몸치장 하는 거, 2순위는 자식들이고, 3순위는 하루 두 끼 멕이는 개지요. 남편은 4순위예요. … 하루에 한 끼만 멕이면 돈 잘 벌어 오니까 … . 주야간 하는 사람은 4순위에다 현금지급기라 카지요.[17]

중산층 가정을 먹여 살리는 '현금지급기' 남편은 노동자인가, 중산층인가, 아니면 중산층화된 노동자인가? 소득과 희망은 중산층인데, 중산층화된 부인과는 말이 잘 통하지 않고, 자식들과 대화할 시간도 부족하고, 노동 외에 딱히 좋아하는 생활 취향도 없는 노동자다. 중산층 정체성과 노동자 정체성이 충돌하는 현장이다. 현대차 기술직은 대부분 이런 정체성 혼란을 겪고 산다. 가정에서는 중산층 가장, 작업장에서는 철저한 노동자로서 말이다.

이 정체성 혼란을 어찌하지 못해 인터넷게임, 인터넷바둑, 헬스를 하고, 시간이 나면 등산과 낚시도 한다. 사내 동호회가 발달한 것도 이 때문이다. 현대차에는 사내 동호회가 66개 있다. 독서회, 수석회, 축구, 골프, 마라톤, 자전거 동호회 등 취향과 취미에 따라 결성된 모임이다. 기술직은 이런 동호회에 열심히 참여한다. 사교

범위도 넓히고 서로의 처지를 주고받으며 위안을 삼는다. 기분전환에도 그만이다.

작업현장에도 국사모(국밥을 사랑하는 모임) 같이 5~6명씩 짝을 지어 회식하는 팀이 생겨났다. 그들은 반 회식 때 따로 모여 앉아 팀워크를 과시하거나 작업장에서 쟁점이 발생하면 나름 의견을 제시하기도 한다. 입사동기회, 동향회, 학교동문회 등 연줄 네트워크가 널리 형성되어 있기는 한데, 대체로 사내에 국한된 네트워크라는 점이 공통이다. 정체성 혼란을 가슴 속에 간직한 사람들끼리의 이합집산이다.

이런 사내 모임들은 위안과 위로는 될지언정 정체성 혼란을 풀어낼 수 있는 계기를 제공하지 않는다. 그러니까 정체성 혼란을 내부자끼리 만남으로 '연소'(燃燒) 한다. 연소는 해결이 아니다. 없애는 것, 외면하는 것이다. 태우고 난 자리에 다시 혼란이 쌓인다.

전국에서 가장 큰 대규모 사업장 노동자들이 바로 담장 너머 펼쳐진 시민사회에 일체 시선도 주지 않는 것은 지극히 비정상적이다. 울산시 중산층의 가장 윗자리를 차지한 노동자들이 시정(市政) 이 어떻게 돌아가고, 한국 실정이 어떤지에 대해 아무런 관심을 표명하지 않는다. 다만 노조가 강력히 주장하는 노선과 정책방향에 대해서는 조건 없이 동조한다. 사회적 책임을 이행해야 한다는 의무감을 노조에 싣는다.

이명박 정권 초기 쇠고기 수입 철폐를 위해 노조와 함께 상경투쟁을 했다는 한 파트장은 왜 정당한 행동에 여론이 그토록 비난했는지

되물었다. 노동자들이 공적 책임을 이행하고 있다는 자부심을 드러냈다. 그러나 울산 시민운동을 주도하는 한 활동가의 말은 다르다.

현차나 현중이나 사회적 책임감이 약하죠. … 잘살다 보니 내 자식은 잘돼야 한다는 문제가 개인적 생활욕구에 강하게 반영되어 있어요. 심지어는 '시민연대 회원인데요' 그러면 찍힐지 모른다는 우려가 있고 해서 … 자신은 진보적이지만 드러내 놓고 회원은 못 된다, 이러거든요. 이렇게 된 탓은 개인중심적 생활이 강해진 탓이고, 그 가운데 자녀가 있어요. 좋은 대학 보내고, 결혼시키고 …, 유니온의 집단권리, 자기 개인이익, 조합이익에는 강렬하게 투쟁하지만, 사회공공성, 책임의 문제에서는 매우 소극적이고, 외면하지요. 이런 실정입니다. 18

전국 최대 규모의 노동조합에 사회적 역할을 기대할 수 없다는 말이다. 그들은 그들만의 동굴 속에서 그들만의 연대를 키워 가는 중이다. 담장 밖에서 어떤 일이 일어나든 가족 외에는 상관할 바가 아니다. 이런 중산층 상위를 차지한 노동집단의 사회적 무책임은 자신에게 되돌려져 정체성 혼란을 풀 수 없는 상태로 자신을 몰아간다. 가정에서는 중산층, 작업장에서는 노동자로서 '정체성 주야간 교대제'를 반복하는 동굴 속 존재다.

혹시 이들 중산층 옷을 입은 노동자가 중산층 영토로 투항(投降)할까를 가장 걱정하는 주체가 바로 노동조합이다. 노동조합은 조합원의 이중성을 이미 간파하고 있다. 그래서 조합원의 가장 중대한 관심사인 임금과 복지에 온갖 조직 역량을 집중하고, 작업장에서 조합원에게 가해진 규율과 노동강도를 느슨하게 풀어 주는 이완기 역할을 한다. 조합원들은 그런 노조에 힘을 실어 줌으로써 자신의 정체성 혼란을 위로한다.

작업복을 갈아입는 순간 자신은 노동자다! 라인 속도를 늘리고, 생산성과 품질 향상에 매진하는 자본의 논리에 저항하는 의젓한 노동계급의 일원으로 변신한다. 노동계급이라면 의당 그래야 하고, 자본의 경영논리를 대변하는 관리직을 욕해야 한다. 작업시간에는 적어도 정체성 혼란은 없다. '표를 먹고 사는' 노조가 이를 간파한다. 일종의 주고받는 교환의 정치(exchange politics)가 형성되는 것이다.

일관조립라인은 교환의 정치를 일상화하는 조건이다. 기능수준이 낮고 단순조립을 하는 경우 한 사람의 사고는 옆 동료에게 쉽게 전염된다. 전염성이 강한 것은 앞에서 지적한바 '논리적 사고'를 할 기회를 못 갖는 환경이기 때문이다. 노력할 시간도, 노력할 여유도 없다. 논리적 사고가 부재한 빈터는 노동권(勞動權)을 강조하는 노조의 논리에 의해 쉽게 포섭된다.

파트장, 그룹장, 라인장을 무서워했던 것은 옛일이고, 이제는 100명에 한 명꼴로 선출되는 대의원이 그 자리를 차지했다. 대의원은 라인에서 발생하는 갈등을 풀어 주고, 불만과 제안사항을 해결하는 만능 해결사다. 만약 회사의 방침을 관철시키려 노력하다 조합원과 갈등을 일으키는 파트장, 그룹장이 있으면 당장 대자보(大字報)에 이름이 오른다. 대의원은 작업복으로 갈아입은 중산층 조합원을 돌보는 보모(保姆)다. 대자보는 위력적이다.

현장관리자들이 꼬투리를 안 잡혀야 하는데, 만일 조금이라도 꼬투리가 잡히면 대자보가 딱 붙어요. 대의원들이, 저 현장관리자가 노동 탄압한다고. 그래서 단점을 옛날 과거까지 들춰내 가지고 그거를 문제화시키는 거거든요. 결국은 대자보에 오른 사람들은 다 나쁜 사람이 되는 거죠. 위에선 시끄러운 게 싫으니까 관리자보고 현장으로 도로 내려가라고 하죠. 현장여론이 악화되고 대자보가 붙고 그러면, 당신이 그만두면 좋겠다는 식으로 무마하죠. 19

관리자들은 대자보를 두려워한다. 윗선에서 문책성 인사가 내려오기 때문인데, 가능하면 노조를 건드리지 말 것을 희망한다. 꼬투리 잡히지 마라! 생산성과 직결되는 맨아워(man hour)를 결정하는 것도 노조가 우위에 있고, 라인을 세우는 권한도 그렇다. 노동강도와 생산성을 좌우하는 편성효율은 협의 대상이다. 특히 신차가 라인에 투입될 때 회사와 노조 간 기 싸움은 팽팽해진다. 예를 들어, 표준시간 1분으로 합의된 단위노동을 30초 만에 해치우고 나머지는 쉰다면 편성효율은 50%가 된다. 표준시간을 45초로 단축한다면 조립작업은 바빠진다. 쉴 틈이 없어진다. 이 노동강도를 죄고 푸는 결정적 힘을 노조가 갖고 있다면 누가 노동조합 편에 서지 않으랴. 덕분에 울산공장 편성효율은 국내외 공장 중 최하위에 머문다. 노동의 승전가(勝戰歌)가 울려 퍼진다.

노련한 조합원들은 서로 담합해서 아예 옆 동료의 몫까지 4시간 뛰고 4시간은 쉰다. 주간 8시간 맞교대가 아니라 주간 4시간 맞교대다. 쉬는 동안, 스마트폰은 둘도 없는 친구다. 드라마를 보고, 음악을 듣고, 게임을 즐긴다. 개별적으로 이루어지는 작업장의 거래가 노동규율을 어긴 것이 분명하지만 불량을 내지 않는 한 조장과 반장은 이를 묵과할 수밖에 없다.

협력업체 하청사원들을 어려운 공정에 투입하는 것은 기본이고, 심지어는 인력을 빼간다. 개별 이익을 위해 자본에 대항하는 것이 아니라 되레 하청 노동자를 착취하는 일이 발생한다. 협력업체 직원의 말이다.

차를 한 시간에 60대를 생산한다면 맨아워를 협의하게 되죠. 공정 작업자들이 1분에 한 대꼴로 조립하게 되는데, 순간적으로 좀 바쁠 때가 있습니다. 우리 용어로 빠레트, 펜더를 스무 개씩 이렇게 딱 적치해 놓습니다. 펜더 쪽은 사실은 0.5명씩 더 줘야 할 때가 있거든요. 이 0.5를 업체를 안 주고 자기네들 쪽으로 빼내 갑니다. 양쪽이니까 한 명꼴이 되지요. 그래 놓고는 없는 공정을 만들어서 자기네들은 쉽니다. 직영들은 한 시간에 두 공정을 왔다 갔다 하고, 한 시간은 쉬고 그러죠. 불공평하지만…. [20]

근골격(筋骨格) 계가 관심의 대상이 된 것은 2000년대 초반이다. 동일 작업을 하루 종일 반복하면 근골격에 이상이 생겨 일정 기간

일할 수 없는 경우가 발생한다. 이런 경우 유급휴가로 처리한다. 단협 합의사항이다. 산재판정을 받지 않았더라도 근골격계 이상 진단을 받아 오면 쉴 수가 있다. 인터뷰에 의하면, 6만 명이 운집한 사업장에 과거에는 많게는 2천여 명, 요즘에는 줄어서 7~800명 정도가 그렇다고 한다. 조립라인에서 건강은 매우 중요한 자산이고 반복노동이 힘든 것은 사실이나 노동 생력화의 한 단면일 수도 있다.

30년 근속 정년을 앞둔 라인장의 말이 작업현장에서는 아무런 울림 없는 연장자의 잔소리다.

성취감이라는 게 있잖아요. 이 완성차 공장에 2만여 개 부품이 들어가는데 단순 반복작업만 하다 보니 메리트는 없죠. 메리트는 없는데 뭔가 진짜 자기가 차를 잘 만들어서 다른 사람들이 잘 타고 다니고 그러면 성취감을 느낄 수 있는 부분인데, 지금은 정서가, 시간적 여유가 있다 보니 이어폰 꽂고, 스마트폰 영화 보고, 아침드라마 보고, 그런 상황에서 무슨…. 21

무슨 노동자의 자부심인가?를 말하고 싶었을 거다. 무슨 '철의 노동자'인가를 말하고 싶었던 거다. 그런데 노동자의 이런 정체성이 잡초처럼 무성하게 번지면 중산층이 된 가정의 기반도 결국 붕괴할 것이라는 논리는 성립되지 않는다. 국가가 나서서, 사회가 나서서 구제해 줄 것을 믿는다. 대규모 사업장은 불사조(不死鳥)다. 옆 동네 현대중공업 사태를 두고 정부와 국민이 온통 두려움을 갖고 골몰

했던 구조조정을 떠올리면 된다. 1980년대 말, 권위주의체제를 붕괴시키고 정의로운 민주사회를 향해 진군하며 불렀던 '철의 노동자'는 이제 결코 파산하지 않는 '철의 노동자'로 바뀌었다. 22

민주노조 깃발 아래 와서 모여 뭉치세
빼앗긴 우리 피땀을 투쟁으로 되찾으세
강철 같은 해방의지 와서 모여 지키세
투쟁 속에 살아 있음을 온몸으로 느껴 보세
단결만이 살 길이요 노동자가 살 길이요
내 하루를 살아도 인간답게 살고 싶다
단결 투쟁! 우리의 무기/ 너와 나 너와 나 철의 노동자!

"강철 같은 해방의지 와서 지키세, 투쟁 속에 살아 있음을 온몸으로 느껴 보세." 저 눈물겨운 노래를 불렀던 기억은 아스라하다. 너와 나, 너와 나를 부르짖을 때 동료 어깨를 감싸 안았던 기억은 이제 아스라하다. 단결 투쟁을 외치며 진군할 때 온몸에 퍼지던 전율의 기억은 이제 아스라하다. 그 정의로운 진군가(進軍歌)가 30년 후 만들어 놓은 작업장은 되레 혁파의 대상이 되었다.

현대차 기술직 사원들은 작업장 내에서만 유통하는 이 노래를 정문을 나서자마자 휴지통에 버린다. 작업복을 벗어 버리고 중산층 옷을 갈아입는 순간, 다시 가정의 화목한 유지를, 지출이 늘어난 살림살이를 고민하는 중산층 가장으로 돌아가야 하기 때문이다. '정체성

주야 교대제'를 언제까지 지속할 예정인가, 아니면 지속할 수 있을까? 이에 답하려면 노동조합과 작업장을 더 깊숙이 들여다봐야 한다. 다음 장의 주제다.

chapter. 6

—

민주노조의

무한질주

민주노조(Democratic Union)

민주노조, 영어로 Democratic Union, 즉 민주적 노동조합이란 뜻이다. '노동조합은 민주적이다.' 이 명제는 '노동조합은 민주적이어야 한다'는 규범적 판단과, '노동조합은 일반적으로 민주적 성격을 띤다'는 현상적 판단을 모두 포괄하기에 '글쎄?' 내지 '과연 그럴까?' 같은 의구심을 표명하기가 무척 어렵다. 권위주의 정권을 오래 경험한 한국 상황에서는 이 명제를 부정하기가 더욱 곤혹스럽다.

그렇기에 노동전문가와 노사관계를 전공하는 학자들이 대체로 친노조 성향을 갖는 것은 자연스럽다. 노동조합은 민주화의 일등 공신이며 사회정의의 독전대(督戰隊)라는 체험적 신념을 은연중 품고 있으며, 노조가 빗나가도 자신의 이상적, 희망적 사고를 노조에 투영한다. 쌍용자동차 대량해고, 비정규직 철탑농성, 한진중공업 크레인 고공시위 등 한국사회를 충격에 빠뜨렸던 최근의 사태는 모두 '부도덕한 자본'에 대해 사회정의의 횃불을 높이 쳐들 수 있는 유일한 조직이 노조임을 확인시켰다. "민주노조 깃발 아래 와서 모여 뭉치세/ 빼앗긴 우리 피땀을 투쟁으로 되찾으세." 이 노래를 하면서 주먹을 불끈 쥐지 않을 사람이 누가 있을까.

노조는 민주적이다, 그리고 민주적이어야 한다. 최강의 자본과 최강의 노조가 맞붙는 현대차에서는 더욱 그래야 한다! 누가 이 규범적 명제를 부정하랴.

2016년 봄, 현지 면담을 위해 울산공장을 들렀다가 우연히 그 광경을 목격했다. 20여 명의 노조 집행부가 본부 건물 현관으로 들어섰다. 모두 노조 재킷을 입고 빨간색 두건을 둘렀다. 기세등등했다. 필자는 현관에 전시된 제네시스 EQ900을 보는 중이었다. 그 순간, 저 듬직한 기세의 노동자가 이 날렵한 차를 만들었구나 하는 생각이 스쳤는데, 노조의 호전적 인상과 프리미엄급 고급차의 우아한 품위가 왠지 엇갈렸다.

저녁 무렵에야 노조 집행부가 본부를 방문한 목적을 알았다. 정몽구, 정의선 부자가 받은 주식배당금 중 20%인 200억 원을 회사하라는 요구였다. 그 돈이면 청년 1천여 명을 구제할 수 있다는 논리였다.

어딘지 좀 생뚱맞지 않은가? 민주적이라면, 이래야 맞다. 그 1천억 원은 사실상 국내 3개 공장을 포함 해외공장이 공동으로 기여한 주가상승분이므로 일정액을 정해 기여분에 비례해 나눈다, 그리고 노동자도 임금소득 중 동일한 비율 혹은 조금 낮은 비율로 청년취업기금에 보탠다. 이러면 말발이 선다. 본부에 가서 충분히 협상할 수 있겠다. 또 하나, 왜 20%인가? 한국에서 기부금은 통상적으로 20%인가, 아니면 노조가 일방적으로 정한 비율인가?

마지막으로, 이 강압적 제안은 현장노동자의 합의를 얻은 것인

2016년 현대차 노조 임금교섭 출정식

가, 아니면 집행부 단독 결정인가? 혹시 현대차가 경영난에 빠져 오너 일가가 자산을 투입해야 할 위기 상황이 온다면 어떻게 될까? 돈이 없는 것이 좋을까, 아니면 현금 자산을 충분히 확보해 놓는 것이 좋을까? 그날 오후 본부는 좀 시끄러웠다. 그게 2016년 5개월을 끌었던 임금협상의 서막이었다.

짐작하건대, 현대차 노조가 결코 자기 이익만을 탐하는 조직이 아니라 한국사회가 직면한 사회적 현안을 같이 고민하고 있음을 널리 알리려는 의도였을 거다. 또는 출범한 지 몇 달 안 된 집행부가 투쟁의지를 불같이 태우고 있음을 조합원에게 알리려는 의도도 있었을 것이다. 어쨌거나 치열한 세계시장에서 현대차의 경쟁력을 어찌할 것인지에 대한 고민은 보이지 않았다.

하기야 '경쟁력'은 노동자를 작업현장에 더욱 단단히 매어 두려는 자본의 전술적 용어다. 노조에게 경쟁력은 공공의 적이다. 그렇다면, 민주주의와 경쟁력은 서로 대치되는 개념이 된다. 적어도 현대차 작업현장에서는 그렇다는 말이다.

작업현장에는 집행부를 탈환하려는 여러 분파가 활동 중이다. 현장파, 중앙파, 국민파 등은 노선과 이념을 달리하고 정책의 초점도 조금씩 다르다. 과거에는 PD, NL계 간 이념경쟁이었지만, 이념의 설득력이 약화된 최근에는 조합원의 이익극대화 전략에 매진한다. 현장파 민투위는 작업현장의 미시적 쟁점에 관심을 쏟으면서도 사회적 역할과 정치적 위상 강화라는 거시적, 공적 쟁점에 더 많은 역량을 집중하는 분파다. 다른 조직의 기관지인 〈들불〉은 현 정권의 실정을 10가지로 추리고 노동자들이 전면 투쟁에 나설 것을 촉구하는 기사로 가득하다. 노조가 사내 이익투쟁에 함몰되지 말고 사회적 공적 이익을 쟁취하는 투쟁전선에 나서야 한다는 취지다. 이들은 백남기 농민 국가폭력, 세월호 특조위 여당 사퇴, 저성과자 해고제 도입 등에 대한 반대투쟁이 현대차 노조가 수행해야 할 공적 기능이라고 주장한다.[1]

각 파벌마다 노선과 핵심정책은 다르다. 그런데 회사 내부 '이익투쟁'은 각 파벌이 권력장악을 위해 우선적으로 수행해야 할 필요조건이며, '대사회적 투쟁'은 노조의 대의명분을 충족하는 충분조건이다. 인기와 지지, 즉 개별 조합원의 다수 표(票)를 획득해야 대사회적 투쟁의 합법적 교두보를 확보할 수 있다. 거꾸로 대사회적 투쟁의 정당성을 높여 사내의 득표전에서 승리하기는 어렵다. 바로 이 점이 노조를 정도(正道)에서 탈선시킨 요인이다.

사회적 정당성을 통해 사내 권력을 장악하는 게 가능했던 IMF 이전까지 노동조합은 적어도 건강했다. 민주화를 향해 진군하는 범시민적 저항전의 독전대라고 할 만했다. 그러나 민주화 주도권이 시민단체로 이전되고, 특히 급작스럽게 발발한 외환위기에 의해 대량해고 사태를 겪으면서 노조의 정당성과 인기의 자원은 내부문제로 급속히 변질되었다. '고용안정과 임금'을 보장해 주는 파벌에 목표를 던질 수밖에 없는 작업현장의 의식변화가 노조의 일차적 정당성을 사내 쟁점에 한정시켰다. 한국의 최강 노조는 한국의 최강 자본과의 이익투쟁에 함몰된 것이다. 여러 가지 질문이 제기된다.

- 사회적, 공적 기능을 부차적으로 간주하는 노조는 과연 민주적인가?
- 개별 조합원의 경제 이익과 인기에 우선 영합해 표를 얻어야 하는 노조는 과연 민주적인가?
- 자본과의 무조건적 투쟁은 과연 민주적인가?
- 기업의 시장경쟁력을 의식에서 지워 버린 노조는 과연 민주적인가?
- 반 자본, 반 재벌 투쟁노선이 인간적 노동, 나아가 '노동자 세상'을 지향한다면 시장경쟁에서 생존할 수 있는가? '노동자 세상'은 과연 민주적인가?

노조의 정당성이 워낙 강했던 1998년 외환위기 이전에는 이런 질문들은 성립조차 되지 않았다. 재벌기업의 반(反) 노동주의가 거셌고, 노조배제 전략이 사회정의를 갉아먹는다는 생각에 사회 전체가

동의했기 때문이다. 노조가 기업을 꼼짝도 못하게 통제한다는 생각은 꿈같은 애기였다. 노동조합은 자본주의의 모순을 혁파하는 전사(戰士)들의 사관학교였다. 노동자의 진군에 박수를 보냈고, 권위주의 정권과의 유착관계에서 축재한 재벌기업들을 좀더 거세게 몰아붙여 민주화의 토대를 굳혀 달라는 기대를 한 몸에 받았다.

노조의 기능은 '집단이익 대변 기능'(collective voice function) 과 '독점 기능'(monopoly function), 두 가지다. 노동계급 전반의 계급이익 증진을 위해 수행하는 평등주의적 역할보다 조직노동자만의 이익극대화를 추구하는 독점 기능이 우세하게 되면 불평등이 커지고 사회정의는 멀어진다. 자본주의 모순을 혁파할 노조가 오히려 불평등을 촉발하는 독소로 변질되는 것이다. 현대차 노조가 독점 기능으로 기울게 된 데에는 그만한 이유가 있기는 하다.

현대차 노사관계는 '통제·협심의 시기'(초기~1987년)를 지나, '이별의 시기'(1988~1998년)를 거쳐, '대립의 시기'(1999년~현재)로 변화했는데, 현재의 극한적 대립관계가 1998년 외환위기로부터 발원되었음은 제 3장에서 이미 언급했다. 정부가 IMF구제금융의 조건인 양해각서를 전면 수용하면서 대대적인 산업구조조정을 몰아붙였고, 급작스런 위기상황에 내몰린 현대차는 1998년 2월 정부 차원의 노사정 합의안에 명시된 '정리해고제' 가이드라인에 따라 총 인력의 22%인 10,166명을 해고하는 결단을 내렸다. 경기침체에 의해 평균가동률이 44.3%, 조업시간도 평균 25.6시간으로 급락했다. 대상은 희망퇴직자 6,451명, 무급휴직자 2,018명, 정리해고자

277명, 자연감소자 1,420명이었다. 울산공장에서만 6천여 명이 직장을 떠나야 했다.² 중산층의 꿈은 산산조각 났다. 정리해고와 실직은 현대차뿐 아니라 전국적 현상이었다. 정리해고안에 도장을 찍어 준 노조위원장은 수감되었다. 현대차 노조는 위원장 불신임을 가결하고 몇 차례의 부분 파업과 전면 파업으로 맞섰다. 강성 자본과 강성 노조의 충돌이었다.

당시 노조는 노동시간 단축과 일자리 나누기, 임금삭감과 순환휴가를 포함하는 고통분담 차원의 협상안을 제시하기도 했는데, 위기에 몰린 회사는 이를 거부했다. 결국 몇 차례의 협상 끝에 정리해고자 277명, 무급휴직자 1,968명, 기타 고소 고발 취하 합의를 통해 3달간 지속됐던 분규는 1998년 8월 24일 막을 내렸다. 회사도, 노조도 엄청난 타격을 입은 사건이었다. 회사는 천문학적 규모의 조업차질을 빚었고, 노조는 김광식 위원장을 비롯해 간부 15명이 구속되는 상처를 감수해야 했다.

1998년 정리해고 사태는 현대차 노조가 사회적, 공적 역할보다 경제적 이익 확보라는 독점 기능에 치중하게 된 계기였다. 그나마 약한 고리로 연명하던 노사 간 신뢰는 완전히 깨졌고, 언제 해고될지 모른다는 고용불안정에 대한 정신적 트라우마가 자리 잡았다. 조합원들은 이 불안감을 해소해 줄 집행부를 원했고, 전투주의적 성향의 강성 집행부가 이에 호응했다. 현대차 노조가 사회적 조합주의 노선에서 교섭력에 기반한 '고용안정과 임금인상' 투쟁, '전투적 실리주의' 내지 '저항적 실리주의'로 선회한 배경이다.³

2000년 체결한 완전고용합의서를 바탕으로 '노동 최소화'와 '보상 극대화'라는 목표가 설정됐다. 노조와의 협의를 거치지 않고는 누구도 해고할 수 없다는 단체협약안을 성사시켰으며, 불가피한 경우 비정규직이라는 완충지대를 활용한다는 차별전략도 불사했다. 자신의 고용안정을 위해 노동계급 연대를 스스로 파기한 것이다. 한국에서 고질화된 '비정규직 문제'가 그렇게 시작되었다. 그전 한국의 노사관계에는 없었던 새로운 문제의 출발이었다. 해외진출에 관해서도 기업위기 상황이 발생할 경우 해외공장을 먼저 폐쇄할 수 있다는 조건으로 승인했다. 작업현장의 노동강도와 생산물량 분배결정에도 노조가 개입했으며, 강력한 결정권을 행사했다. 전투적 실리주의로 무장한 강성 노조는 작업장의 통제권을 장악했다. 외환위기 이전 경영권이 작업장을 통제했다면, 이후에는 노조가 이를 물려받았다. '노동자 세상'까지는 아니더라도 노조가 무소불위의 권한을 행사하는 '민주적 작업장'으로 바뀐 것이다.

그것은 노조의 위세에 밀린 경영의 양보였다. 노조가 실리극대화를 외치고, 경영이 이를 수용해 물량위주 생산을 유지하는 일종의 '교환의 정치'가 만들어 낸 결과다. 강력한 교섭력과 파업을 무기로 경영의 양보를 얻어 내는 전략이 그것이다. 파업위협과 실리(實利)가 교환되었다. 고용안정을 확보한 것은 물론 어느 기업과도 비교할 수 없을 정도로 높은 임금인상과 복지혜택을 얻어 냈다.

이런 교환이 가능했던 것은 2000년 이후 현재까지 현대차가 미증유의 성장가도를 달렸던 까닭이다. GT10에서 GT5로 진입할 만큼 현대차의 성장속도는 놀라웠고, 그에 따라 생산물량은 감당할 수 없을 만큼 늘어났다. 지난 15년간 종업원 수는 거의 2배, 생산량은 거의 3배로 불었다. 호황은 노조의 교섭력을 높인다. 더욱이 대규모 사업장, 일관조립라인, 수만 명이 운집한 공장이라는 자동차산업 고유의 특성이 노동조합의 힘을 키우는 요인인데, 현대차는 이런 요인들을 두루 갖춘 사업장이다. 노조와 회사 간 '담합의 정치'는 조합원 임금을 국내 최고 수준으로 끌어올렸다. 연봉 1억 원을 받는 고소득자가 운집한 공장이 된 배경이다.

교환의 정치는 계급연대(*class solidarity*)를 희생시키고, 내부자연대(*insider solidarity*)를 강화한다. 현대차 노조는 내부자 이익극대화를 위해 외부자(*outside*)를 기꺼이 희생시키는 전략을 구사했다. 노조의 '노동 최소화'와 '보상 극대화' 전략이 주효했던 것은 말할 것도 없이 앞서 언급했듯 최고의 연구기술진과 단순조립 노동의 결합, 팀워크 해체와 극단적 자동화 추진이라는 현대차 생산방식의 특성에 이러한 현상의 원인이 잠재해 있다.

자동화가 진전되면 될수록 현대차 생산라인에서 노동자는 개별화 과정을 겪는다. 파트에 20여 명, 그룹에 40여 명, 라인에 100여 명이 배치되어 있어도 그들 간에는 별다른 대화가 필요 없다. 개별적으로 부과된 단순반복적 업무를 차질 없이 실행하면 된다. 현대차 생산라인에는 '풀 프루프'라고 불리는 품질체크 시스템이 고도로 발달되어 있기에 숙련공이 검사할 필요도 없고 조정할 필요도 없다. 아예 숙련공 개념이 소멸되었다. 연장자가 경험에 바탕을 둔 암묵지를 더 많이 갖고 있기는 하지만, 그런 암묵지가 품질체크 시스템에서는 아무런 효과가 없다.

따라서 연장자나 신입이나, 정규직이나 하청 인력이나 주어진 업무를 수행하는 것으로 하루 작업은 끝난다. 그들 간에 품질개선 회의나 기타 기술 관련 논의는 드물다. 잠시 짬이 나면 스마트폰을 들여다보거나 휴게실에서 논다. 개별화(*individualization*) 내지 원자화(*atomization*)가 현대차 작업장의 고유한 특성이다. 그것도 외부 사정은 관심 밖이고, 오직 고용안정과 임금인상에 매진하는 개별 노동자가 현대차 공장에 운집해 있다.

2년마다 선거를 치르는 노조는 이런 사정을 정확히 간파했다. 작업장에서 개별 노동자와 노동자 사이에 점점 벌어지는 틈을 노조는 전투적 실리주의로 메꿨고, 그 전략은 성공했다. 노조의 투쟁사안과 쟁점은 분절(分節)된 노동자(*divided workers*)를 하나의 공통 관심사로 끌어들이는 접착제다. 분절된 노동자는 고용안정과 임금인상이라는 공통 관심사에 의해 모처럼 하나의 행동단위가 된다. '내부자 연대'가 형성되는 것이다.

이 내부자 연대, 현장이 원한다는 사실은 노조의 이기적 행보에 가해지는 사회적 비난을 방어하는 방패막이고, 외부자의 상황을 아랑곳하지 않아도 도덕적 책무감에서 면책시켜 주는 합리화의 근거다. 내부자 연대 안에는 사회와는 사뭇 다른 정의 개념이 유통되고, 사회적 공감대와는 절연된 가치관이 자라난다. 한국경제가 극한 위기에 빠지고 청년실업이 절정에 달해도 다른 세상의 일이다. 이상이 발생하는 건 단 하나, 물량이 감소할 때이다. 그런데 지난 15년 동안 물량 감소는 한 번도 일어난 적이 없기에 내부자 연대의 리스트에 올라 있지 않다. 보상 극대화가 이뤄지는 한 세상은 그렇게 가고 있다고 믿는다.

그렇다면, 다시 한 번 질문하자. 현대차 노조는 민주노조, '민주적 노조'인가? 민노총에 속해 있으므로 민주노조라고 불리는 것은 자연스럽고, 태생도 민주적이다. 그러나 논리와 행위는 결코 민주적이지 않다. 이유는 여럿이다.

첫째, 4만 8천 명 조합원을 거느린 현대차 노조는 선거에 의해 집행부를 선출한다. 여기까지는 민주적이다. 그런데 권력장악을 향해 서로 경쟁하는 파벌이 여럿 존재한다. 파벌들은 조합원의 표를 사기 위해 최대의 관심사에 최대의 노력을 경주해야 한다. 인기영합주의가 탄생하는 것이다. 정치권을 포퓰리즘(populism)이라 비판하는 노조 역시 임금 위주 포퓰리즘 정치에 매몰된다. 정치권처럼 공약(空約)이 남발한다. 포퓰리즘은 민주정치를 좀먹는 독소다. 포퓰리즘의 원조인 남미의 노조를 닮아 간다. 그 결과는 무섭다. 사회적 고립, 사회로부터 외면받는 거대노조가 활약하는 무대가 현대차 노조의 작업장이다.

둘째, 작업장은 대의원이 장악했다. 현대차 중간관리직은 경영과 노조 간 작업장 권력을 2 대 8로 평가했다. 필자의 관찰로는 1 대 9로 보였지만 말이다. 아무튼, UPH, M/H, HPV 등 생산성과 관련된 중요 지표 조정은 물론, 해고와 채용 모두 노동조합의 관할이라

해도 과언이 아니다. 작업장에서 일어나는 소소한 분쟁의 해결도 100여 명에 한 명꼴로 선출되는 대의원의 입김이 강하다. 직책과 직급 체계도 관리자의 뜻대로 고칠 수 없다. 그런데 문제는 대의원이 행사하는 작업장 권력이 주로 '노동 최소화'에 기여하고 생산성을 최저로 떨어뜨리는 결과를 초래한다는 사실이다.

셋째, 성과급의 분배다. 노조는 국내 3개 공장 조합원들에게 성과급을 지급할 때 생산성과 노동량과는 상관없이 동일하게 분배할 것을 단협에 명시했다. 열심히 일해도, 아예 근무 태만을 일상적으로 해도 성과급은 동일하게 지급받는다. 이른바 노조의 내부자 연대를 공고히 하려는 평등주의 원칙이다. 이는 노동 사기(work morale)를 떨어뜨리는 가장 중요한 요인이며, 각 공장이 직무헌신도를 높이려는 노력을 갉아먹는 요인이다. 그래서 노동 최소화를 향한 '무한질주'가 작동한다.

생산성과 상관없는 성과급의 공동 분배는 어찌 보면 평등지향적 의식의 발로일 것이나, 각 공장마다 생산성과 노동투여분이 다르기에 문제가 많다. 생산성이 높은 공장에 편승할 위험이 있는 것이다. 그렇다고 직급과 직책을 세분하여 임금제도를 만들기도 난감하다. 일관조립공정은 동일 시간에 동일 노동을 하기 때문이다.

넷째, 포퓰리즘의 산물이기는 하지만, 조합원을 사회적 쟁점으로부터 절연시키고 오직 경제적 이득에만 몰두하도록 부추긴다. 분절된 노동자를 실리주의라는 감옥에 가둔다. 쉽게 말해 '돈의 노예'로 만드는 것이다. 1998년 대량해고가 남긴 교훈, '있을 때 벌자'는 그

쓰라린 교훈은 스스로 돈의 노예가 되는 길을 택하게 된 이정표인데, 노조는 조합원의 총체적 전투의지를 동원할 때 그 이정표를 꺼내 든다.

조합원들의 의식공간에는 '일은 적게', '돈은 많이', '고용은 길게'라는 3개의 목표를 향해 항해하는 조각배가 위태롭게 흔들리고 있는데, 노조는 이 조각배를 독려하는 등대와 같다. 그런데 이 목표들은 동시달성이 가능한가? 상호 모순적인 세 목표를 향한 이 조각배는 두 동강 나지 않을까? 노조 역시 고민이다.

이런 풍경은 민주적인가? 노조가 사회적 공익과 사적 이익의 균형을 기하는 역사적 사명을 짊어지고 있다면, 공익을 저버리는 노조는 계급조직이 아니다. 이익단체다. 내부자 연대에 골몰하는 조직은 이익단체이자 주창단체(*advocacy group*)다. 선거가 작동하기는 하지만, 포퓰리즘에 매몰된 조직은 민주적 성격을 상실한다. 기업의 사활 문제를 의식공간에서 지워 버린 노조는 자본 길들이기에는 성공하겠지만, 자녀들이 살아갈 한국사회를, 한국경제를 살리지 못한다. 강한 자본과 강한 노동이 충돌하는 현대차의 교환정치를 스스로 깨지 않고는 노조는 사회적 고립을 면치 못할 것이고, 노조가 생존하는 터전인 기업마저 파괴하는 무서운 결과를 초래할지 모른다. 양보전략으로 대응하는 현대차에 대한 사회적 비난도 간과할 수 없다. 과거에 노조가 회사의 노조배제 전략을 규탄했듯이, 이제는 회사가 노조의 기업배제 전략을 규탄하고, 시민사회는 양자를 다 우려의 눈초리로 보는 상황에 이르렀다.

노조의 무한 질주

일은 적게, 돈은 많이, 고용은 길게 — 현장노동자들의 최고 관심사인 이 세 가지 목표를 실현하기 위해서 노조는 작업장을 장악해야 한다. 작업현장의 모든 사안을 결정할 권한을 가져야 한다. 현대차 노조는 이미 이런 조건을 충족했다. 8 대 2 비율로 노조 권한이 막강해진 작업장에서 회사의 통제력은 위축 일로를 걸었다. 웬만하면 다 들어준 덕택이다. 문제의 소지를 사전에 제거하는 것, 그래서 대자보로 어떤 공장의 충돌사태가 전 공장으로 퍼지지 않게 막는 미봉책이 난발됐다.

"어지간하면 그냥 피하지요, 구태여 충돌해서 문제를 일으키면 나만 손해니까."

회사 통제력의 근간인 라인장과 그룹장은 이렇게 말한다. '나만 손해'란 대의원에 의해 낙인찍히는 것을 말한다. 대의원이 조합 집행부에 올려 사안을 키우면 내가 스스로 보직해임 당하는 외에 해결할 방법이 없다. 그러는 사이 조합원 4만 8천 명을 거느린 대규모 단위노조, 독점기능을 가동해 비대해진 노조는 전국 최고의 임금, 전국 최고의 복지, 그리고 완전고용이라는 중산층의 꿈을 실현시키고 특권적 철옹성이 되었다.

전직 노조위원장들은 노조의 이런 행보에 대해 비판적이다. 미래를 대비하고, 기업경쟁력을 고려하고, 사회적 형평성을 동시에 살펴야 함에도 불구하고 실제로 재임기간 중에는 그럴 여유가 없었다는 것, 이제는 노조의 공익 기능을 증진해야 할 시점이라고 반성적 어조로 말한다. 자신의 노동에 훨씬 더 많은 신경을 쓰고, 사회적 인식을 더 길러야 한다는 것이다. 그러면서도 완전고용 합의, 가파른 임금인상, 8/8 근무제를 따낸 것이 노조의 가장 큰 업적임을 믿어 의심치 않는다. 다른 공장에서는 꿈도 꾸지 못할 상당한 쟁취이지만 그것이 노동의욕을 높였는가는 별개의 문제다.

한 전직 위원장은 러시아공장에서 여성노동자가 자동차 프레스에 흠을 내지 않으려 방석을 소지하고 있는 모습이 감동적이었다고 했다. "자신이 생산한 제품을 아끼는 거지요. 그런 열정을 한국공장에는 보기 어렵습니다."[4]

고용안정과 고임금을 쟁취한 노동자들이 노동규율에 대한 냉소와 '노동 최소화'로 갚고 있다면, 한국경제의 앞날은 어떻게 될까.

고용안정

완전고용 합의는 사실상 노동 사기를 진작하는 매우 값비싼 선물이다. 널뛰는 경기로부터 노동자를 보호하는 조치가 어디 쉬운 일인가. 1998년 쓰라린 대량해고 사태를 치른 뒤 노조는 2000년 완전고용 합의를 따냈다.

현재 재직 중인 정규인력은 정년을 보장하고, 국내외 경기변동으로 인한 판매부진 및 해외공장 건설과 운영을 이유로 조합과 공동결정 없이 일방적인 정리해고, 희망퇴직을 실시하지 않는다. 5

완전고용도 부족해 최근에는 정년연령을 만 60세로 늘렸다가, 2015년에는 65세로 늘려 줄 것을 협상 테이블에 올리기도 했다. 청년실업에 역행하는 발상이다. 완전고용 합의와 함께 정리해고의 완충지대를 설정했다. 비정규직이 그것이다.

생산차종의 단종, 신구 차종 간의 병행 생산기간, 한시적인 특수(特需) 발생, 생산량이 정해진 예외 작업 등 그 기간과 인원이 명백한 경우 임시로 비정규직 투입을 허용하되, 일자리 배치 공정은 노사합의한다. 공장 전체의 투입 비율은 1997년 8월 이전의 비율 이내 관리를 원칙으로 한다. 단, 노사합의한 경우는 예외로 한다. 6

이것이 비정규직 문제의 출발점이다. 과거에는 포장, 청소, 식당 등 주변 업무에 활용된 비정규직은 이후 생산라인에 직접 투입되는 인력으로 바뀌었다. 현대차 노조는 비정규직 비율을 16.9%로 고정했는데, 임금은 대개 70~80%에 불과하고, 극단적인 고용불안정에 내몰린 상태가 지속됐다. 문제는 최근까지 '하청 근로자'로 불리는 비정규직이 직영 정규직과 사실상 동일한 노동을 해왔다는 사실이다. 정규직과 비정규직이 서로 섞여 일을 하는 작업장에서 비정규직은 서러운 하층민이다. 정규직이 자기 공정으로 인력을 빼 가거나 힘들고 어려운 노동을 할당하는 일은 다반사로 일어났는데, 노조 대의원은 그것의 부당함을 시정하거나 개선을 지시하지 않는다. 조합원들이 원한다면 묵인한다. 편한 것을 좋아하고 기득권을 행사하고 싶은 문화가 팽배했기 때문이다. 대의원은 조합원들의 그런 심정을 간파한다. 거기에 호응해야 차기 대의원 선거에서 당선될 수 있다.

표를 먹고 사는 사람들이니까 … 사측에 논리적으로 끌려간다 싶으면 다음 선거에서는 당선이 안 되거든요. 국회의원하고 똑같습니다, 어떻게 보면. 그러니까, 조금 강하게 보이려 하고, 자기 나름대로 뭔가 하여튼 현장 조합원들, 현장 사람들, 직원들한테는 좀더 뭔가 챙겨 주려고 노력하다 보니까 자꾸 생각이 더 올라가게 되고, 현장의 노동문화가 이건 아니다 싶은데도 자꾸 그런 쪽으로 벗어나는 경향이 있는 거죠. 7

현장이 이러니 비정규직은 서러움을 씻을 곳이 없다. 저녁 술자리에서나 울분을 토로할 수밖에. 이런 부당한 대우와 종속적 지위에 대항하여 비정규직자는 2003년 노조를 결성했다. 이후 정규직 노조는 비정규직 노조와 연대해서 비정규직의 정규직화를 추진했는데, 10여 년에 이르는 논란 끝에 2016년 6천여 명 하청노동자를 정규직으로 전환하는 합의에 이르렀다.

정규직화된 하청 1차 인력 4천여 명은 지난 시절의 부당한 대우를 만회하려고 새로운 문제를 제기하는 중이다. 근속연한 인정, 초기 직급의 상향조정, 심지어는 오랜 기간 강요된 임금 불이익의 일괄 지급을 요청하고 있다. 정규직 노조도 예상치 못한 이런 요구에 당황한 기색을 감추지 못한다. 결자해지(結者解之)라고 했던가, 고용 안정의 철옹성을 쌓은 현대차 노조는 그들의 서러움을 씻는 차원에서 아무튼 해결책을 내놓아야 할 형편이다. 차별을 구조화했던 원죄(原罪)에 대한 대가 치르기가 시작됐다. 국내 3개 공장에 전환 배치된 4천여 명의 인력은 노조 내부에 새로운 분파를 결성할 조짐마저 보이고 있다.

2016년 봄, 울산공장에 대자보가 붙었다. "사측 노동시장 구조개악 2대 지침 등에 업고 판매조합원 징계협박"이라는 제목이었다. 2대 지침이란 노사정위원회가 제안한 '저(低)성과자 해고'와 '취업규칙 변경', 즉 '임금 피크제'다. 이 두 가지는 정부 차원의 노사정위원회가 노사의 양보를 맞교환하는 과정에서 제안된 의제인데, 민노총과 야당의 극렬한 반대로 아직 입법화가 안 된 쟁점 사안이다. 8

그 대자보가 붙은 경위는 이러하다. 회사는 판매직 사원 중 근무태만, 나태, 영업장 이탈, 부도덕한 행위를 한 사람을 골라 징계절차를 밟았고, 그중 의도적으로 영업현장을 이탈한 십수 명을 적발해 해고하려 했다. 그중에는 출근도장만 찍고 자택에서 주식투자를 일삼던 사람도 포함되어 있었다. 그게 사실이라면, 부도덕 행위만이 아니라 일종의 사기행각에 해당한다.

그런데 대자보 제목 바로 밑에는 이런 구호가 적혔다. "판매가 뚫리면 우리도 뚫린다." 저성과자 평가로 해고가 가능하다면, 울산공장의 작업장도 평가대상이 되고 이는 곧 노사정위원회 제안을 수용하는 꼴이 된다. 노조는 문제가 된 판매사원의 행위를 실사했는지 모르겠지만, 아무튼 '저성과자 해고'를 서둘러 방어하려는 포석이었다. 판매직이 아무리 근무태만이나 여타의 부도덕한 행위를 저질렀다 해도 노조의 반대가 심한 상황에서는 해고가 쉽지 않다. 단체협약에 명시되어 있는 고용보호 조항 때문이다.

그러는 사이, 작업장은 도덕적 해이(moral hazard)가 포자(胞子)처럼 번성할 좋은 조건을 갖췄다. 노동 사기를 높이는 고용안정협약은 생산성을 낮추는 활강 활주로로 변했고, 인기 영합이 최고의 권력자원인 노조는 그 활주로를 지키는 경비병이 되었다.

노동 최소화

'마지막 20분'(last twenty minutes). '민주노조'와 '경쟁력'은 아예 종자가 다른 개념임을 너무 극명하게 보여 주는 사안이 바로 이것이다. 마지막 20분! 마치 마르크스(K. Marx)의 《자본론》에 나오는 "세이(Say) 씨의 마지막 1시간"을 연상케 하는 대목이다. 영국에서 산업혁명이 무르익을 당시 8시간 노동제 도입을 외치던 노동조합의 논리가 왜 틀렸는가를 설파한 세이(Say)라는 경제학자를 마르크스가 신랄하게 비판한 내용이다. 마르크스는 8시간 노동으로는 임금이 필연적으로 낮아진다는 세이의 주장이 자본의 착취논리를 대변한 궤변이라 단정했다.

아무튼, 2016년 봄 현장을 달궜던 쟁점은 이렇다. 8/8 주간연속 2교대제를 도입하면서 노사는 '생산량과 임금 변화 없는' 8/8 근무제에 도장을 찍었다. 생산량 변화 없이 기존의 8/9 근무제를 8/8 근무제로 바꾼다는 것은 노동시간을 단축하는 대신 동일한 생산량을 달성하기 위해 노동강도를 높여야 함을 의미한다. 즉, 벨트 흐름의 속도가 빨라진다. 그런데 생산량에 맞추려면 1직은 06시 45분에서 15시 30분까지, 2직은 15시 30분에서 0시 30분까지로 정했다. 식사시간, 휴식시간을 제외한 8시간 노동제다. 1직은 5분을 더, 2직은 20분을 더 하는 조건이었다. 2직의 경우 실제로 식사시간과 휴식시간을 제외한 8시간 노동이라면 0시 10분에 끝나야 하지만, 생산량에 차질이 없으려면 20분을 더 해야 한다는 계산이 나왔고, 아무튼 그 조항에 노사가 합의해 2016년 1월 11일부터 시행에 들어갔다. 문제는 0시 10분에 퇴근하는 현장직 노동자가 많아지면서 발생했다. 경비가 규칙위반을 명분으로 퇴근자를 막아섰다. 실랑이가 벌어진 것은 당연하다.

회사는 협약위반 카드를 꺼냈고, 노조는 노동탄압이라고 맞섰다. 0시 10분까지 자신의 할당 업무를 완료한 노동자가 자율의사에 따라 퇴근하는 것을 막아서는 안 된다는 게 노조의 논리였는데, 회사는 조기 퇴근이 품질과 생산량에 차질을 빚을지 모르고 또 전체 작업윤리를 저해할 소지가 있다는 점을 우려했다. '마지막 20분'은 잔업인가? 사실상 노사합의서에는 마지막 20분을 잔업 개념으로 간주해 150% 잔업수당을 지급하기로 명시되어 있다. 그렇다면, 잔업 거부는 노동자 고유의 권한이 된다. 조기 퇴근자는 잔업 거부와 마찬가지이므로 퇴근을 막아서는 안 된다는 논리와 합의 위반이라는 논리가 팽팽히 맞섰다.

논쟁이 불거지자 현장의 다른 파벌들이 금속연대 노조위원장에게 선을 분명히 그으라고 종용했다. 현장파 민투위와 국민파가 박유기 위원장이 소속된 중앙파를 향해 화살을 날린 것이다. 현장언론 〈참소리〉는 이런 목소리를 냈다.

지금 현장은 심각한 혼란에 빠져 있다. 퇴근을 해도 되냐, 마냐의 문제도 있겠지만 힘들고 어려운 공정에서 노동하는 동지들은 조기 퇴근을 하고 싶어도 못하고, 상대적으로 여유 있는 공정에 노동하는 동지들은 '행복한 투쟁'을 벌이고 있는 것이다. … 이것이 집행부가 말하는 '강력한 집행력'의 진정한 모습인가? 박유기 집행부의 선거공약인 '당당한 노사관계의 재정립', 이렇게 해서 사측에 당당할 수 있겠는가? 당장의 '인기'에만 영합하여 권력을 유지하는 것이 과연 바람직한 집행인가? 집행부는 힘들고 어려운 길이라도 '신뢰'를 얻을 수 있는 당당한 집행을 해야 한다. 9

회사의 입장에서 20분은 엄청난 시간이다. 울산공장의 UPH(시간당 생산대수)가 450대라고 하면, 그 1/3인 150대를 생산하는 시간이다. 차량당 평균가격을 3천만 원으로 잡으면, 모두 조기퇴근해서 잃는 하루 손실이 45억 원, 한 달 1,200억 원, 1년 약 1조 4천억 원에 달한다. 그러니 회사는 협약안을 신성한 헌장처럼 들고 나올 수밖에.

그러나 현 집행부와 차기 권력을 노리는 계파들은 예상손실 1조 4천억 원보다 노동권 수호에 매진한다. 그것이 조합원의 지지를 얻는 기반이기 때문이다. "당장의 '인기'에만 영합하여 권력을 유지하는 것이 과연 바람직한 집행부인가?"에서 '인기 영합', '권력 유지' 같은 용어는 여의도 정치권에나 적합한 개념인데, '민주적 노조'가 생존하는 터전인 작업현장에서도 스스럼없이 쓰이고 있다. 그것도 현 집행부를 비판해서 차기 실권을 노리는 파벌들의 공세 논조에 정치판에서 횡행하는 타락한 용어들이 동원되고 있는 것이다.

작업현장에는 야리끼리(やりきり)라는 말이 있다. '해치운다'는 일본말로 8시간 노동 분량을 예컨대 5시간에 해치워 버리는 것을 뜻한다.

"그러니까 쉽게 말하면 노는 거죠. 만약에 컨베이어 스피드를 마음대로 당겨서 만들라면 더 빨리 만들죠. 8시간을 4∼5시간에 후딱 해치우는 거."10

올려치기와 밀어치기가 그래서 가능하다. 자기 공정을 미리 끝내 다음 공정으로 보내 버리고 일찍 퇴근하거나 논다. 작업량 완수! 할 일이 없는 것이다. 조기퇴근 문제는 이래서 불거졌다. 할 일 다 했는데 왜 퇴근을 막는가? '그건 노동권 침해'라는 노조의 주장에 조합원들이 환호하는 이유다. 그런데 〈참소리〉의 지적처럼 '행복한 공정'을 담당한 이들은 '퇴근을 하고 싶어도 못하는 동지들'을 배려하지 않는다. 한 사람이 옆 동료의 공정을 한꺼번에 해치우는 것도 인기다. 한 사람이 2~3공정을 뛰는 동안 옆 동료는 놀고, 다시 두어 시간 뒤에 역할을 바꾼다는 것이다. 지루한 노동에 동료와의 재미있는 흥정이 개입할 수 있겠지만, 그래도 컨베이어 벨트는 아무 문제 없이 느릿느릿 돈다. 불량품은 자동검색 정보시스템이 잡는다.

전주공장에는 밀어치기로 일찍 퇴근한 사람이 행방불명된 일이 있었다. 바다낚시를 갔다가 실종된 사건이다. 이런 경우 누구의 책임인가를 차치하고라도 현장을 지배하는 노동문화와 노동규율을 우려하지 않을 수 없다. '이래가지고는….' 라인장, 그룹장, 파트장들이 한결같이 걱정하는 대목이다.

예를 들면, 지금은 58초 5에 한 대가 생산돼야 합니다. 모든 작업공정에요. 58초 중 우리가 임팩트를 갖고 작업하는 시간은 볼트 한 6개 박는 거 해봐야 7초면 끝납니다. 나머지는 장비가 움직이는 게 대부분이죠. 6, 7초 빼고는 장비가 움직이는, 장비 움직일 때도 그걸 보고 있는 게 아니고, 봐야 되는데, 앉아가지고 휴대폰 봅니다. 11

장비가 딱 선 거를 직감적으로 알죠. 휴대폰 보고 있다가도 딱 일어나서 작업, 그러니까 뭐 제대로 볼트가 홀에 박혔는지, 안착이 됐는지 이런 확인과정은 아예 없죠. 탁 일어나 딱 앉아서 돌리면 탁, 이게 이

걸 참 제가 여기에서 일하지만, 과연 이렇게 해서 발전이 되겠느냐, 이걸 개선하지 못하는 거예요. 직영이나 하청이나 매한가지예요. 어찌 보면, 이런 건 하청이 더 심하다고 할 수도 있죠. 직영은 서로 바꿔가며 한 시간 일하고 한 시간 쉬니까 ⋯ . 12

특근할 땐 여유인원을 몇 명 넣어 주죠. 그러면 세 공정이 있는데 한 명이 세 공정을 할 수 있어요. 의장은 힘들지만 비의장 쪽에서는 가능했죠. 그러니까 협력업체에겐 힘든 일 다 시켜 놓고, 저거는 경상도 막말로 내 디비 자다가, 네 시간 일하고. 내 참 더러버서 ⋯ . 13

그 결과는 최저 편성효율, 최저 생산성으로 나타난다. 외국공장 편성효율이 90%라면, 울산공장은 한참 처지고, 아산공장, 전주공장은 울산공장보다는 낮다. 관리자가 컨베이어 속도를 마음대로 조정하지 못하게 한 것은 원활한 노동력 재생산을 위한 노조의 핵심정책으로 환영할 만한 일이다. 그래서 M/H, UPH, HPV 모두 노조 협의항목으로 단체협약에 명시되었다. 노동자는 '일하는 기계'가 아니다. 맞는 말이다. 노동자는 보호받아야 한다. "신차종 양산을 포함, M/H 및 UPH 조정 시 조합과 사전 협의하여 결정한다"고 단체협약에 못 박았다.

2013년 자체 통계에 의하면, 편성효율은 해외공장이 모두 90%대였던 반면, 한국공장은 약 60%에 그쳤다. 14 같은 노동을 완료하는 데에 주어진 표준 작업시간이 한국공장에서 더 길다는 뜻이다.

느려 터졌다고 정평이 난 중국인보다 한국인이 훨씬 느려 터진 이유는 노조의 입김이다. 생산성 향상은 컨베이어 속도를 늘리고, 노동강도를 높이는 것을 뜻한다. 스마트폰을 치우고 작업에 열중하는 것을 의미한다. 그러나 그걸 요구하는 대의원은 다음 선거에서 떨어진다. 그걸 요구하는 관리자는 대자보에 이름이 오른다. 품질은 자동화시스템이 맡는다. 노동자는 가능하면 놀아야 한다.

그래도 조반장들이 불량 안 생기도록 하라고 채근하니까 좀 신경을 쓰게 되는데, 사실은 뭐 내가 개인적으로 생산성 향상에 어떻게 해야 되겠다, 품질문제 발생하지 않게 해야겠다, 아마 그거는 그런 사고방식을 갖고 작업하는 작업자가 사실은 없다고 봐야 될 것 같아요. 제 관측으로는 …. 15

누가 품질문제에 신경 쓰는가? 누가 생산성 향상에 골머리를 앓는가? 노동 최소화를 위한 작은 흥정과 근무태만이 발생하는 작업현장에서 '열정'(*passion*)은 꿈같은 소리다.

정말 '열정 같은 소리 하고 있네'다. 현대차의 성장 유전자인 '조율'은 노동 최소화를 도모하는 조율로 바뀌었다. 정말 '조율 같은 소리 하고 있네'다. 후진국의 서러움을 씻고자 했던 소명의식은 자신의 서러움을 관리자에게 갚고 싶은 일종의 계층 적대감으로 바뀌었고, 중산층으로의 멋진 도약을 통해 일반 사회에 보란 듯 어깨를 펴고 싶은 욕망, 풍요를 향한 소명의식으로 바뀌었다. 공동체, 울산

시민사회, 나아가 한국사회는 알 바 아니다. 정말 '소명 같은 소리 하고 있네'다.

보상 극대화

2016년 봄, 아산공장 야적장에 2만 6천 대 가량의 쏘나타가 열병식처럼 늘어섰다. 의욕적으로 만든 신형 쏘나타다. 그런데 마침 르노삼성이 만든 SM6와 GM대우가 내놓은 쉐보레의 인기에 밀려 국내 시장점유율이 떨어졌고, 신흥국 시장침체가 겹쳐 주문이 들어오지 않은 탓이다. 아산공장은 할 수 없이 2시간 조업단축을 결정했다. 2만 6천 대는 한 달 생산분량인데, 주문이 들어오지 않으면 아예 생산중단을 결정해야 할 판이다. 다행히 조합은 조업단축에 협력했으나, 연봉감액을 초래하는 더 무리한 조업단축을 단행할 수는 없다. 야적장(野積場)에 쌓아 놓는 한이 있어도 계속 생산해야 한다는 목소리도 높다.

2015년 국내 100대 기업 연봉통계를 보면, 기아차와 현대차는 각각 평균연봉 9,700만 원(9위)과 9,600만 원(10위)을 기록했다. 예컨대 호텔신라 4,100만 원(95위)에 비하면 2배, 이마트 2,900만 원(100위)에 비하면 3배에 이르는 고임금이다. 해외공장과 비교해도 더욱 화려하다. 현대차 노조는 세계에서 유례없는 장시간 노동체제 때문에 그렇다고 말한다. 잔업과 특근, 각종 수당을 합해 그럴 뿐이지 노동을 줄이면 확 줄어든다는 것이다. 실제로 기술직 사원들은 앞서 논의했듯이 임금을 기본급에 맞춰 놓고 적은 기본급에 불만을 토로한다. "알고 보면 우리는 고임금자가 아니다. 1억 원 운운하는 것은 보수언론이 왜곡한 결과다"는 인식이 팽배해 있다.

기본급 비중이 작은 것은 사실이다. 총소득의 40~50%에 불과하니까 말이다. 상여금과 각종 수당이 30%, 잔업특근이 20%를 차지한다. 잔업이 없어진 8/8 근무제는 임금보전을 조건으로 합의됐다. 잔업, 상여금, 수당을 기본급화하는 신임금체계 논의가 시작된 것도 그 때문이다. 분기별로 지급되던 상여금을 12개월로 나눠 기본급으로 지불한다는 원칙이다. 회사는 대략 60%선을 기본급 적정 수준으로 제시했는데, 노조는 66.55%를 대안으로 내놨다. 현대차 조합원 부양가족 표준생계비를 산정하고 이것의 66.55%가 기본급이 돼야 한다는 논리다. 2016년 임금협상안에 의하면, 이외에도 순이익의 30%를 성과급으로 지급할 것, 상시 및 2직 특근임금 보전, 상여금제도를 유지하고 상여금을 통상임금에 합산해 줄 것 등을 명시했다. 16

8/8 근무제 도입으로 인하여 노동시간은 줄었으나 임금은 이전과 동일한 수준으로 유지하겠다는 노조의 주장은 옳은가?, 그리고 관철될까? 사실상 특근이 없어진 이후에는 연봉 총액이 줄어들 가능성이 많고, 8/8 근무제 전면 시행에 따라 여가시간이 늘면 야외활동, 취미활동 등에 추가 비용이 들어갈 것을 고려하면 생산직 노동자들은 기존의 소비수준을 하향 조정해야 할 필요성이 생길지 모른다. '현금지급기' 신세를 탈피하는 것은 좋은데, 확장된 소비생활을 줄

이는 것은 또 다른 문제다. 시장의 급격한 위축이 물량감소를 초래하면 또 거기에 적응해야 하는 문제가 발생한다. 임금을 둘러싼 쟁의는 진행형이고 엄청난 투쟁을 예고한다.

임금협상안에는 앞에서 지적한 노동 최소화와 작업장의 도덕적 해이에 관해서는 일체의 내색도 없다. 노동절약을 위한 각종 전술 혹은 개인 간 담합이 판치는 느슨한 노동현장은 임금교섭과는 아무런 상관이 없다. 편성효율과 HPV가 다른 공장에 비해 현격히 낮다면 순이익 30%를 성과급으로 지급하라는 협상안 요구는 사실상 부당한 편취에 해당한다. 임금이 절반을 밑도는 인도, 터키 노동자들이 이 사실을 안다면 곧 임금인상 투쟁에 돌입할 것이다. 국내 노조에 의한 이익의 '부당한 전유'가 발생한다.

임금을 무조건 낮춰야 한다는 말이 아니다. 그 정도의 고액임금을 요구한다면 그에 걸맞은 자격요건을 갖춰야 권리가 발생한다. 숙련도가 높다거나, 기업 및 산업특수적 지식이 많아 불량률을 낮추고 기술향상에 기여한다면 그런 주장이 옳고 정당하다. 그런데, 앞에서 지적했듯, 현대차는 최고의 기술과 잘 조직된 조립의 결합이다. 고도로 유연화된 자동화시스템에서 '알바를 써도, 아주머니를 투입해도 차는 나온다'는 자조적인 지적을 노조가 어떤 논리로 방어할 수 있을까.

생산직을 홀대하고, 현장직의 총체적 숙련도를 떨어뜨린 건 현대차가 스스로 선택한 생산방식이었다. 현대차에 유례없는 성공을 가져다 준 현대생산방식에 '탈숙련화'라는 부작용이 숨어 있었던 것이다. 탈숙련화된 미숙련공이 운집한 일관생산조립라인은 내부 연대감으로 높은 장막을 친 채 조직력과 교섭력을 유지하며 내부 노동시장을 만들고 지켜 낸다. 단순조립공은 시장경쟁력이 낮기 때문에 노조의 보호가 없다면 언제라도 교체될 위험에 직면한다. 목숨을 걸고 노조에 매달리는 이유이고, 노조는 형평성 문제를 도외시하고 조합원에 대해 필사적 방어로 화답함으로써 교섭력을 높인다.

소득에 직결된 물량이 감소하면 어떻게 할 것인가? 원래 물량은 시장의 함수다. 호황이면 늘고 불황이면 준다. 시급을 지급하는 미국공장은 물량감소에 의한 보수 감액을 당연한 사실로 받아들인다. 시급 외에 다른 수당이나 기업복지가 희귀한 미국에서는 과다한 의료·복지비 지출이 대당 1천 달러 정도 가격인상 요인이 되었고, 그것 때문에 자동차산업의 메카인 디트로이트가 초토화되었음은 널리 알려진 바다. 미국자동차노동자연맹(United Automobile Workers)은 쓰러진 디트로이트를 살리기 위해 의료비를 포함한 일체의 복지비용을 대폭 삭감하기로 양보했다. 쓰라린 구조조정을 감수했다. 그 결과 실직된 노동자들이 다시 돌아오고 폐허로 변한 디트로이트가 생기를 찾는 중이다. 기업복지 혜택이 부당하다는 뜻이 아니다. 물량감소라는 통제 불가능한 시장변화를 제도로 무리하게 막는 것이 문제다.

목표 생산대수를 미리 설정하는 것이 그것이다. 목표량은 임금산정의 기준이 된다. 현대자동차는 2017년 생산량을 국내공장 175만대로 약간 낮춰 잡기는 했으나 재고가 쌓이는 것을 보면 목표생산량이 과도한 것인지 아닌지를 헤아리기 어렵다. 목표생산량의 적합성은 오직 '시장'만이 알고 있다(*only market knows!*). 이 말은 '오직 신만이 알고 있다'는 뜻인데, 현대차 조합원이 책정한 임금은 그에 맞춰져 있다. 적자가 발생하면 그건 오직 예측을 잘못한 기업의 몫, 경영의 몫이다. 여기에 '책임전가'가 발생한다. 게다가 시장침체가 일어나면 외국공장부터 생산량을 줄이거나 부득이한 경우 비정규직 정리해고를 먼저 하라는 안전장치를 단협 조항에 못 박았다. 시장상황과는 완전히 절연된 '이익편취', '책임전가'를 노동운동의 이름으로 늠름하고 의젓하게 행하고 있다.

1987년경 마산수출자유지역에서 일어난 노동운동은 외국자본에 의해 수탈된 저임금에 저항하는 정당한 분규였다. 우리는 그것에 '제국주의 타도'라는 명분을 내걸었고 전국적인 호응을 얻었다.17 그리고 곧 한국의 사양산업이던 의류 봉제업체들은 중남미로 진출해서 그곳 노동자들을 한없이 갈취했다. 필자의 조사에 의하면, 그 봉제업체들은 '5년만 한시적으로 돈을 벌고 철수할 예정'이던 천민자본(賤民資本)의 대명사였다.

당시 과테말라에 진출한 삼풍 어패럴은 현지인들이 '버뮤다 삼각지대'로 불렸다. 아침에 들어간 젊은 여성들이 밤에는 나오지 않고 행방불명된다는 것이다. 미국 LA에서 개최된 국제학술회의에서 어느 인권변호사는 필자에게 부탁했다. '그들이 서울 어느 곳에 있는지 알아봐 달라'고 말이다. 그 인권변호사는 '룸살롱'(*room salon*)을 어색하게 발음했다.

당시 과테말라 여성노동자의 하루 일당은 1달러였는데, 아침시간 공장 문 앞에 일거리를 찾는 여성들이 줄을 선다고 했다. 100명이 채워지면 문이 닫히고, 한국에서 파견된 건장한 남성 조장이 신체검사를 실시했다. 배를 때려 보는 것, 참고 버티면 합격이고, 주저앉으면 불합격 판정을 받아 돌아가야 했다. 임신상태를 알아보는 가장 효율적인 한국적 방식이었다. 필자는 할 말을 잃었다. 돌아와 서글픈 심정으로 글을 썼다. 제목은 "한국은 제국주의가 돼 가는가?"였다.

제국주의의 가장 쓰라린 상처를 입은 한국은 그들의 전철을 밟아 "제국주의가 되어 가는가?" 현대차 노조를 보면 우려가 앞선다. 외국공장에서 발생한 순이익과 국내 다른 지역 공장의 생산성에 편승하고, 작업현장에서는 노동절약을 위한 갖가지 방법을 고안하고, 하청 인력을 홀대하고, 그러면서 국내에서 가장 높은 고임금을 유지하는 노조를 그렇지 않다고 말할 명분이 궁색하다.

임금을 무조건 적게 받아야 한다는 말이 아니다. 고임금을 요구하려면 그만한 자격요건을 갖춰야 한다는 말이다. 권리는 의무완수에서 발생한다. 자격은 모범을 보일 때에 얻는다. 국내 최강 노조, 최대 단일노조가 노동권 보호를 넘어 최대의 독점이익을 향해 질주하는 모습이 불안하고 안쓰러워 하는 말이다. 그래놓고 어떻게 사회의 공적 쟁점에 왈가왈부할 수 있는가? 1970년대 '제국의 하청'에서 벗어난 현대차그룹 노조는 이제 제국 노조(imperial union)로 질주하고 있지는 않은지 자체 반성이 필요하다.

chapter. 7

—

각축하는

현장

각축전 (Contestation)

손실의 내면화

작업장은 자본과 노조가 충돌하는 현장이다. 또는 양자가 타협을 이뤄 품질과 경쟁력 증진 쪽으로 작업장 문화가 수렴되기도 한다. 노조와 경영의 힘이 엇비슷한 균형을 이루면 타협과 절충이라는 묘수가 찾아지기도 하지만, 그런 사례는 노동운동의 역사가 오랜 유럽의 사민주의국가에서 기대할 수 있는 풍경이다.

독일의 경영 측은 일찍이 1951년부터 공동결정이라는 매혹적 영역에 노조를 초대했고, 기업경쟁력의 공동파트너로 대접했다. 그러고 싶어서가 아니라, 그러지 않으면 기업이 번창할 수 없다는 판단에서였다.

스웨덴 역시 마찬가지다. 1930~1950년대에 스웨덴은 유럽에서 가장 노사분규가 잦은 국가였고, 그만큼 파업손실도 엄청났다. 스웨덴 노조 LO의 지략가인 렌 (G. Rehn) 과 마이드너 (R. Meidner) 는 산업평화와 연대창출을 위해 머리를 맞댔다. 그 결과 '연대임금정책' (*solidarity-wage policy*) 이라는 스웨덴 특유의 모델을 만들어 냈다.

‘렌-마이드너 모델’로 불리는 이 연대임금정책은 경쟁력 높은 기업의 임금양보와 한계기업의 퇴출을 동시에 실현한 것으로서, 스웨덴의 경제를 살려 낸 엔진이 되었다. 고임금 노동자가 양보한 임금은 복지혜택으로 다시 제공하고, 퇴출된 노동자들은 국가가 일정 기간 관리해 재취업을 보장하는 평등정책이었다. 실업자를 구제해 재취업시키는 기제가 활성화되자 퇴출노동자들은 오히려 한계기업의 파산을 환영할 정도였다. 적극적 노동시장정책(*active labor market policy*)이 그렇게 태어났고, 스웨덴은 산업평화를 되찾았다.

이런 사례들은 작업장에서 충돌하는 자본과 노조의 엇갈리는 이해를 조정하는 기제인데, 강한 자본과 강한 노조가 맞붙는 경우, 즉 힘이 서로 비슷할 때에 효과적이다. 국가가 노사관계에 적극 개입해서 서로 윈윈 하는 상생 정책을 강제할 수 있다. 사민주의국가라고 해서 노조의 독주가 일어나는 것은 아니다. 물론 국가와 노조 간에는 매우 긴밀한 정치적 지지관계를 맺고 있지만, 노조가 계급불평등을 촉발하고 경제성장 전선에 혼선을 일으킨다면 국가는 매우 적극적으로 노조를 견제하고 때로는 강제력을 행사하기도 한다. 잘못하면 국민의 외면을 받아 정권을 잃을 위험이 있기 때문이다.

2005년 겨울, 노동자의 복지삭감과 증세를 골자로 한 ‘하르츠 피어’(Hartz IV) 법안이 전면 통과되었을 당시 전독일노조(DGB) 위원장은 한국에서 인터뷰차 방문한 필자에게 이렇게 말했다.

“국민들이 파업을 원치 않아요. 노조의 시련기죠.”

국민의 신뢰를 잃지 않기 위해 파업 충동을 꾹 누르고 있던 그 위원장의 얼굴은 지금도 기억에 생생하다.

독일의 작업장은 노사가 함께 참여하고 결정하는 협력과 상생의 장이다. 계급이 다른 그들은 하나의 분명한 목표를 공유한다. 기업 경쟁력 증진이 그것이다. 경영은 시장을 헤쳐 나갈 책무가 있고, 노조는 그릇을 깨지 않을 책무가 있다. 한배에 탄 공동운명인 것이다. 그러나 노조의 힘이 약한 자유주의국가, 또는 자본의 힘이 비대한 권위주의국가의 공장은 흔히 자본이 지배하거나 국가의 독재권력에 의해 관리되는 것이 보통이다.

1987년까지 한국 대기업 공장은 강성 권위주의국가의 지배하에 있었고, 1987년 이후 1998년까지는 세력 각축상태로 변했다. 전자를 전제주의적 체제(*despotic regime*) 혹은 자본 헤게모니적 체제(*hegemonic regime*)라 부를 수 있을 것이다.[1] 자본의 힘이 워낙 강해서 노동이 그에 종속될 수밖에 없는 작업체제를 뜻한다.

그러나 자본의 힘이 항상 그렇게 강할 수는 없다. 해당 산업이 확장일로에 있고 시장상황이 좋아지면 노조의 교섭력도 더불어 커진다. 그러면 더 많은 이익을 내기 위해 자본이 노조와 타협을 시도하는 시점이 도래한다. 말하자면 각축전(*contestation*)이 일어난다. 각축전은 양자의 세력균형을 위해 반드시 통과해야 할 학습과정이다. 학습비용 또는 파업의 사회적 손실이 너무나 커져 양자가 공히 큰 상처를 입을 때 비로소 산업평화가 얼마나 좋은 것인지를 깨닫게 된다. 각축전의 결과 산업평화가 찾아오는 것이다. 바로 이때가 앞에서 예를 든 상생정책이 출현하는 시점이다. 독일의 공동결정제도,

스웨덴의 연대임금정책 등이 그러하다.

그런데 호기를 놓칠세라 노조가 질주하면 작업장에서 세력 역전이 발생한다. 노조지배적 작업장(union hegemonic workplace)이 되는 것이다. 노조의 입장에서는 일종의 '노동 해방', '노동자 천국'이 될지는 몰라도 그것은 결국 그릇을 깨는 파국으로 치닫는다. 마치 자본지배적 공장이 궁극적으로 노동자의 정당한 저항에 직면하듯이 말이다. 각축전은 상생으로 가는 학습과정이자, 역지사지(易地思之)를 통해 '최대다수의 공익'을 찾아가는 과정이다.

그런데 1987년까지 경영지배적 공장이었던 현대차는 각축기를 지나(1988~1999년) 노조지배적 공장으로 질주했다(2000년 이후). 노조는 집단이익 대변 기능을 일찌감치 버리고 독점 기능을 향한 거침없는 항해를 계속했다. 현장 인터뷰와 조사에서 얻은 필자의 판단에 의하면, 자본의 항로(航路), 현대차의 시장상황과 미래충격에 대해 걱정하는 노동자는 겨우 20~30%밖에 되지 않으며, 그나마 그들은 왕따 당할 것을 우려해 그런 생각을 드러내지 않는 침묵하는 노동자다.

구조조정기 '버려진 체험'에서 얻은 쓰라린 심정 되갚기, 그리하여 언제라도 '버려질 것을 대비하는' 방어막 치기에 여념이 없는 노동자가 반수를 넘는다. 실제로 버려진 기억을 안고 사는 노동자가 거의 1만여 명에 근접하고, 여기에 얼마 전 정규직으로 승격되었지만 비정규직의 서러움을 풀고 싶은 노동자가 6천여 명에 이른다. 노조는 쓰라린 기억의 치유를 담당한 정신과 의사다. 상담을 통해 그

한(恨)을 해소하는 의사가 아니라, 때로 한의 증폭을 통해 무한질주를 가속화하는 독려자다.

자본이든 노동이든 견제장치가 없는 독주(獨走)는 항상 부작용을 생산한다. 독주는 독배(毒杯)를 들고 뛰는 것과 마찬가지다. 과거에 자본이 '손실의 내면화'(internalization of loss)를 감내할 수 없었던 것처럼, 노조의 독주에도 그런 요소가 다분히 보인다. 독일과 스웨덴 노조는 '예상되는 손실의 조기 내면화'를 통해 노사 균형과 타협을 이루었다.

자동차산업의 미래는 불확실하고 손실은 항상 대기 중이다. 손실을 예상하면서도 수정하지 못하는 경영이나 노조는 공멸(共滅)의 길을 예고한다. '예상 손실의 조기 내면화'(early internalization of expected loss), 이게 상생의 길이고 성숙한 노사의 길이다.

현대차에 없는 것

울산공장, 2016년 초 노사담당 부서의 최대 현안은 '마지막 20분' 문제, 즉 조기퇴근의 원활한 해결이었다. 그러나 경영과 노조가 미래 손실에 유념하지 않으면 해결은 잘 되지 않는다. 세계적 기업에서 골머리를 앓는 것이 고작 조기퇴근 문제라니! 어딘지 우습지 않은가? 마치 세계 최고 명문인 하버드대에서 학생들이 수업 종료 20분 전에 강의실을 떠나는 모습을 떠올리게 한다. 노사관계 TF를 이끌고 있는 관리자는 조금 부끄럽다고 했다.

예전에 출퇴근 시간 지키는 거 한번 해보려고 바코드 설치하다가 박살 나고…, 다음에는 잔업, 특근 이런 거는 조합원 자율로 맡기자고 했는데, 스스로 잘해 주면 다행인데 벗어나는 게 많이 생겼죠. 개선할 사항이 너무 많아요. 우선 작업시간의 불합리한 관행은 너무 많아서 개선할 거를 나열하면 48가지 정도 되죠. 그런데 그거 너무 많으니까 일단 제쳐 두고 출퇴근 시간 엄수하는 거 잘해 보자고 노력하고 있죠. 일종의 기초질서 확립 차원. 올려치기, 밀어치기를 막으려고 토요타 시스템을 도입하려 했는데 노조의 동의를 받아야 해요. 그래서 일단 고급차, 제네시스 라인에 테스트만 하고 있죠. 2

토요타 시스템(TPS, *Toyota Production System*)이 접목되지 않는 이유는 작업장 구조와 관리체계의 차이에서 유래한다. 토요타 시스템이 반드시 장점만 가진 것은 아니다. 의사결정이 오래 걸리고, 경험지식에 바탕을 둔 팀워크가 중시되기에 자동화도 어려울 수 있다. 1980년대 초 얘기지만, 토요타 공장은 감옥이라는 비판도 나왔다. 생산직 노동자들이 찍소리 못하고 일만 하는 구조이기 때문이다. 또 숙련 기능장이 작업현장을 통제하고 기술적 문제를 해결하는 주도권을 행사하고 있기에 조기퇴근이나 여타의 기초질서 확립 같은 후진적 쟁점은 불거지지 않는다. 어떤 차이가 있을까?3

첫째, 토요타 시스템에서 작업장은 과장(課)-계장(係)-조장(組)으로 구성된 위계질서가 정착되어 있다. 이들이 한 과의 공정을 총체적으로 통제하는 조직이며 책임자다. 현대차의 경우 라인장-그룹장-파트장에 대응한다. 토요타가 현대차와 다른 점은 생산공정의 모든 영역을 이들이 총괄 책임지고 통제권을 행사한다는 사실이다. 생산목표 달성, 기능공 배치, 인력 수급, 설비 이상, 불량 발생, 품질문제 등 모든 쟁점을 이들이 총괄하며 일반노동자들은 이들이 지닌 숙련과 경험을 무한히 존경한다. 흔히 CL(*Chief Leader*)로 불리는 계장, GL(*Group Leader*)인 조장은 지적 숙련과 기능에서 일반노동자를 현장에서 교육하고 훈련할 만큼(OJT) 풍부한 경험을 가진 사람들이다. 기능장은 '존경의 자원'을 풍부하게 가진 사람들이고, 일본 작업장에는 기능장이 존경받는 문화가 성립되어 있다.

둘째, 이들의 권한은 계원, 조원에 대한 인사고과에서 나온다. 인사고과는 곧 개별 임금을 결정하는 기준이 되며, 순환배치, 경험연수, 직급결정 등에 반영된다. 말하자면, 내부 노동시장의 두 축인 임금과 승진에 절대적 영향을 미치는 것이다. 관리자의 권한이 관철된다는 말이다. 이런 위계적 관리체계가 제대로 작동되는 것은 노조 조직의 구조와 중첩되기 때문이다. 경영관리와 노조가 생산목표 달성과 작업장 문제해결에 동시에 작동하는 체제가 토요타 시스템이다. 토요타 노조는 사무관리직과 생산직이 같은 조합원이며, 이해관심이 서로 충돌하지 않는다.

셋째, 임금체계 역시 능력, 연공, 숙련, 직책을 각각 일정 비율 반영한 구조로 되어 있다. 능력급과 성과급이 개인의 능력과 헌신에 따라 별도로 책정되며, 여기에 연공급과 직책급이 부가된다. 인센티브가 철저하게 능력, 헌신, 연공에 의해 배분되는 구조다.

이런 시스템이 하루아침에 형성된 것은 아니다. 일본이 제국주의 국가로 발돋움하던 제1차 세계대전 무렵, 기술 인력을 중시하고 직무헌신과 기업충성도를 높이기 위해 고안된 제도로서 기업복지, 기업노조, 연공임금이 모두 그런 목적에 기여한다.4 중요한 점은 노조의 권한과 관리자의 통제권이 중첩된다는 사실, 그리고 생산량 달성과 경쟁력 강화에 통제권의 초점이 맞춰져 있다는 사실일 것이다. 그래서 일본의 작업장은 '각축하는 현장'이 아니라 '논의하는 현장', '협력하는 현장'이다. 때로는 '순종하는 현장'이기도 하다. 이는 서구 노조와도 다른 일본 고유의 특징이다.5

토요타에 있는 것이 현대차에는 없다. 라인장-그룹장-파트장이 숙련과 전문지식에서 다른 동료들보다 월등한 우위에 있다고 말하기 어렵다. 연장자이기 때문에 경험이 풍부할 수는 있는데, 풍부한 경험이 기능장이나 최고의 숙련공을 의미하지는 않는다. 왜냐하면, 현대차의 생산방식은 유연 자동화시스템에 기초해 있고, 성공할수록 생산직은 탈숙련화 과정을 걸었기 때문이다. 기능장에 대한 '존경의 철회'가 일어난 작업장에서 그 빈 공간을 노조가 채웠다.

이는 곧 관리적 권위가 별로 효율적이지 않다는 뜻이기도 하다. 관리자의 권위가 힘을 발휘하려면 특별한 규율 권한이 주어져야 한다. 인사고과권, 순환배치권, 개선업무권, 교육훈련권 등 경영 권한은 유명무실하며, 대개 노조의 통제 대상이다.

경영의 관리권이 막강해지는 것도 경계해야 하지만, 노조의 장악력 역시 마찬가지다. 양자의 힘이 불균형을 이루면 생산라인에서 형성되는 모든 관계와 사고방식은 힘센 쪽으로 경사된다. 8 대 2의 세력관계는 분명 비정상적이다. 임금체계라도 관리적 위계질서에 대응한다면 좋겠으나, 라인장, 그룹장, 파트장에게는 매달 주어지는 소정의 수당 외에 별다른 인센티브는 없다. 노조 대의원과 조합원들에게 왕따 당할 위험만이 존재하는 것이다. 또한 각 공장의 본부장을 관리직이 담당하는 현행체계에서 기술직이 최고로 올라갈 수 있는 승진의 사다리는 막혀 있다. 관리직이든 기술직이든 임금과 승진이 자아실현의 두 개 경로라고 한다면, 현대차 작업현장에는 임금만이 열려 있는 셈이다. 나이가 지긋해진 어느 기능장은 젊은 기술직 사원에게 "나를 닮지 말라"고 말할 정도다. 노사담당 부서의 고민도 여기에 있다.

제가 개혁사항으로 적어 두었는데요, 기술이사를 빨리 만들어야 해요. 영업에서도 이사가 나왔거든요, 3년 전에. 올해 또 한 명 나왔고, 기술직은 희망이 사실은 별로 없어요. 워낙 적체돼 있기도 하고, 승진이 어찌 보면 가장 큰 모티베이션인데, 기술직은 뭔가 저런, 한 명이라도 좋습니다, 꼭 한 명만 있어도 저런 길도 있구나 하는 걸 심어 줄 수 있는데⋯. 울산에 그룹장이 850여 명, 파트장이 2,300여 명 있어요. 예전에는 생산직이 과장 이상을 달 수 있었고, 기장이라 해서 장인인데 그 사람들이 많을 땐 한 100명 됐어요. 그런데 이 사람들이 많이 꺾였어요. 의지가 완전히 꺾였고, 그 사람들에게 어떤 길을 안 만들어 준 거죠.6

승진이 막혔으니 임금에 열중하는 것은 당연한 결과다. 임금만이 아니라 노동절약에도 관심이 많다. 가능하면 일을 미루는 것, 남을 부리는 것, 서로 담합하는 것이 승진이 막힌 이들이 고안한 '창조 경제'다. 현장 사원이 품질과 성능 문제에 관심이 없다면 누가 자기 일처럼 붙잡고 있을까? 누가 현대차에 대한 고객의 평가를 작업현장에 환류하며 개선업무에 나서려고 할까?

서울에서 15년 대리기사를 했다는 한 중년 남자는 현대차가 브랜드 이미지에 더 신경을 써주기를 희망했다. 점점 늘어나는 안티에 대해 "솔직히 이런 문제가 있었습니다, 개선하겠습니다!"고 하면 좋겠는데, "오해와 진실"이란 제목으로 정면 돌파하려는 태도가 문제라고 했다. 10년 차 다른 대리기사도 이미지와 신뢰를 떨어뜨리는 요소로 노조를 지목했다. 7 고객의 이런 평가를 누가 신경 쓰는가? 경영진, 중간관리자, 현장 정규직, 하청 근로자, 혹은 노조? 연구소의 연구기술직이 가장 신경을 곤두세우겠으나 고객과 연구진, 생산직을 연결하는 정보의 순환 고리를 만들어야 한다.

각축전!

그룹장, 파트장은 고달프다. 경영과 노조 사이의 샌드위치 신세다. 경영라인에서 내려오는 업무지시와 협조사항을 라인에 전달하고, 목표생산량을 달성하도록 팀원을 독려해야 하며, 혹시 조원에 문제가 발생하지 않는지, 결원이 생기지 않는지 세심한 주의를 기울여야 한다. 신경 써야 할 게 천지 사방에 널렸다. 행동이 굼뜨고 때로는 근무태만을 일삼는 '고문관'을 잘 다스려야 한다. 대의원의 눈초리에도 신경 써야 한다. 잘못하다간 대자보 신세다. 그래도 이만큼 여유로운 생활터전을 꾸려 준 회사에 약간의 채무의식이 있다. 그 채무를 갚는 것이 결코 부도덕한 일은 아닐 것이다. 그래서 그룹장, 파트장 역할을 맡았다. 동료들은 회사의 유혹에 넘어갔다고들 말하지만, 그런들 어떠랴. 이제 퇴직할 날이 얼마 남지 않았는데 말이다.

트럭과 고속버스 등 상용차와 엔진을 생산하는 전주공장은 전북지역 통틀어 가장 대규모 사업장이자 풍요한 직장이다. 그런데 노사분규로 바람 잘 날이 없었다. 노사대립의 화기(火氣)는 엔진 소재부, 트럭·버스부에 안전사고가 발생한 2014년 초부터 급격히 불거졌다. 엔진부에서는 용광로에 쇳물을 옮겨 담는 과정에서 그릇 아랫부분이 깨지면서 폭발사고가 일어났다. 조합원 3명이 화상을 입었다. 트럭부에서는 엔진이송기의 쇠사슬이 끊어지면서 엔진이 떨어지는 사고가 일어났는데 다행히 인명 피해는 없었다. 노조 대의원이 생산라인을 즉각 중단시켰다. 노조는 진단대책반이 안전도 검증을 완전히 끝낼 때까지 생산라인을 가동하지 말 것을 주장했고, 관리 쪽의 환경안전팀장과 부서장은 생산라인을 중단할 만큼 치명적인 결함이 아니라고 결론을 내렸다. 양측이 대치상태에 들어간 것은 물론이다.

주간 연속 2교대 도입을 둘러싸고도 마찰이 빚어졌다. 주야 8시간 노동제를 합의할 때 가장 중대한 사안인 HPV와 UPH에 관한 합의에 양측은 도장을 찍었다. 그런데 울산공장과 마찬가지로 잔업과 특근 문제, 0시 10분 이후 조기퇴근 문제가 불거졌다. 0시 10분 조기퇴근을 막기 위해 경영진은 '기초질서 확립'을 들고 나왔다. 조기퇴근자에게 무단이탈 및 작업지시 불이행 경고를 내렸으며, 정문 경비력을 강화했고 CCTV를 늘렸다. 이 과정에서 양측의 대립 국면은 몸싸움으로 치달았다. 몇 년 전, 트럭과 버스 주문이 급감해 해고했던 비정규직도 별도의 조직을 꾸려 회사를 무단출입하면서 정규직 노조와 연대를 꾀하고 있었다. 경영진이 그걸 막아서면서 몸싸움이 시작됐다.

몸싸움은 격렬했다. 사무관리직 특유의 단정한 차림의 노사담당 부서원들이 셔츠만 걸친 채 정문을 돌파하는 비정규직 노조와 충돌했다. 몇 사람이 크게 다쳤고 더러는 앰뷸런스에 실려 나갔다.

"하루에 셔츠 두 개는 기본이죠."

노사팀 부장이 말했다. 몸싸움으로 셔츠가 찢기는 탓이다. 여름이면 땀으로 젖고, 가끔 상처에서 난 피로 젖는다. 한국의 산업전선은 동향, 동문의 젊은이들이 서로 다른 직책을 수행하느라 드잡이를 하고, 몸싸움을 하고, 더러는 각목투쟁을 마다하지 않는 격전지(激戰地)다. '각축장'은 점잖은 표현이고, '격전장'이라야 맞다. 울산공장, 아산공장, 전주공장 모두 사정은 마찬가지다. 격렬한 투쟁이 남긴 흔적과 상흔이 곳곳에 널려 있다. 그곳에서 동향, 동문의 선후배가 국가의 부(富)를 생산하고, 작업장에서 폭발한 불만과 분노를 발산하고, 급기야는 서로 맞붙는다. 그렇게 생산된 부로 국민들이

밥을 먹고 자녀들을 학교에 보낸다.

전주공장 노조지부는 9대 요구안을 들고 쟁의행위에 돌입했다. 안전사고 예방, 특근 잔업 확보, 현장탄압 및 노동탄압 중지가 주요 내용이었는데, '고용안정 및 물량대책위'를 꾸려 경영진과 대립했다. 경영진의 대응도 거셌다. 라인 중단을 압박한 노조 대의원을 고발 조치했고, 손해배상 청구소송 및 가압류 신청을 했으며, 중단된 라인에는 대체인력을 투입했다. 이 과정에서 쟁의를 주도한 K 노조 위원장은 전주교도소에 수감되었다. 타협점이 없는 격렬한 투쟁상태가 지속되었다. 노보에는 "저들은 또 다른 하나를 요구할 것입니다"라는 제목의 기사가 실렸다. [8]

노동조합은 부족하지만 원만한 노사관계를 만들기 위해 … 합의서를 작성했습니다. 하지만 사측은 합의한 첫날부터 고속버스 라인 안전사고와 관련하여 설명회 시간을 줄 수 없다는 이유로 구사대(求社隊)를 동원하여 강제 라인 가동을 시도하고, 이를 거부한 조합원 동지들에게 무단이탈을 올렸었습니다. … 또한 사측은 잔업시간에 인원점검을 실시하고, 정문을 통제하여 사진을 찍는 등 조합원 동지들을 감시 사찰하였습니다. 노동조합은 싸울 수밖에 없습니다. … 사측에게 하나를 내어 주면 저들은 또 다른 하나를 요구할 것입니다. 아니 현장 권력을 통째로 내어 달라 할 것입니다. … 5대 집행부는 … 투쟁할 수밖에 없습니다.

꼭 이래야 하는가? 한국경제를 이끄는 최고의 산업현장이 고작 이런 모습이어야 하는가? 노조도 사생결단으로 치달았고, 경영진도 임전무퇴의 비장한 각오였다. 앞에서 서술한 사건진행의 스토리는 노조의 관점이다.

경영진도 할 말이 많다.

"오죽했으면 그랬겠습니까?"

당시 노사관계를 맡았던 경영자의 말이다. 조사 결과 곧바로 정비가 가능한 안전사고임에도 라인 가동을 중단하면 납기일에 맞출 수 없다는 것, 그것을 알면서도 라인 중단을 압박하는 노조를 이해할 수 없다고 말했다. 경기침체로 인하여 2014년 후반기부터 물량이 급격히 감소한 것을 어떻게 미리 예측할 수 있을까? 비정규직 해고는 물량감소가 회사의 경영을 위협할 때 피할 수 없는 조치이고, 그것도 정규직과의 단협에 따른 것이다. 조기퇴근은 정말 이해할 수 없다. 아마 한국에서나 일어나는 현상일 거다. 그래서 기초질서 확립에 주안점을 뒀는데 노조는 그것을 현장탄압, 노동탄압이라고 한다. 접점 없는 전투상태가 지속되는 현장의 모습이다. 아니 현대차 전주공장만이 아니라, 강한 노조가 점령한 생산현장이 거의 그렇다고 봐야 한다.

"원칙은 지켜져야 합니다."

작업장의 기초질서를 확립하고자 했던 전주공장의 상급 관리자는 노조와의 분쟁이 울산 노조를 자극하고 사회적 문제로 번지자 해외공장으로 전근을 갔다.

"제 인생을 걸고 작업장을 바로잡으려 했지요."

사즉생(死卽生)이라 했던가, 그는 다시 국내공장으로 돌아왔다.

"해외공장에 갔더니 (한국공장이) 이대로는 미래가 없음을 확연히 느꼈죠."

그는 각목으로 무장한 노조와 대치해서 본부 점거를 막아 냈다. 이건 아니다 싶은 심정으로 막았더니 노조의 기세도 약간 꺾이는 것을 실감했다고 했다.

이게 1인당 국민소득 2만 7천 달러인 국가에서 벌어지는 산업현장의 풍경이다. 비대해진 노조의 독주를 방어하려면 죽기 살기로 막는 수밖에 다른 도리가 없는 것이 글로벌 기업 현대차의 모습이고, 다른 주요 대기업 사업장에서도 다반사로 일어나는 풍경이다. 비정규직 노조가 움직이면 사회적 동조가 커지기 때문에 여론 악화를 감수해야 한다. 여론이 악화되면 현대차 본부도 다급해진다. 가뜩이나 이미지 하락에 골머리를 앓는 판에 여론 악화를 부채질하는 장본인에 문책이 가해지는 것이다. 사즉생은 바로 그걸 뜻한다.

"뭐, 잘리면 입에 풀칠 못하겠습니까?"

해외공장에서 귀환한 그 상급자의 각오는 남달랐다.

아니나 다를까, 문제가 발생했다. 그룹장과 파트장 라인을 강화하려는 전주공장의 관리정책에 제동이 걸린 것이다. 앞에서 지적했듯, 노조와 경영의 세력 비중이 8 대 2인 작업장에서 관리권한을 회복하려는 어떤 시도도 무산되기 마련이다. 울산, 아산공장과는 달리 상용차를 생산하는 전주공장은 그래도 팀 작업이 중요하기 때문에 기능과 숙련을 중시하는 현장문화가 어느 정도는 형성되어 있다. 그래서 연장자, 숙련공의 업무와 역할에 실질적 권한이 실릴 수 있는 여건이 존재하기는 한다.

경영진은 노조의 현장권력에 대항하여 그룹장과 파트장의 권한을 대폭 강화하는 조치를 취했다. 아침 출근과 동시에 그룹장과 파트장이 조회를 주관하고, 생산목표와 주의사항을 전달한다. 회사의 방침도 이때 전달된다. 그룹장과 파트장은 그 전날 주요 뉴스를 점검해서 사회현안이나 사회의 전반적 분위기도 얘기해 준다. 기술직 사원들은 자신의 일과 가정 외에 사회적 쟁점에 대해 관심이 별로 없기 때문이다. 일종의 사회의식 길러 주기의 일환이다.

"사회적 현상이나 현안을 알려 줘야 하는데 그게 어렵네요."

그룹장의 고백이다. 자신도 그런 사회적 여론이나 지식에 약하기 때문이라는데, 한번 해볼 만한 시도라고 희망적으로 말했다. 동료들의 시선이나 따돌림도 별로 신경 쓰지 않을 연령에 도달했다고도 했다. 퇴직이 7년 정도 남은 그룹장은 "이대로는 현대차에 희망이 없어 보이기 때문에" 나섰다고 했다.

134명 그룹장이 인근 명소에서 하룻밤 MT도 했다. 처음에는 쑥스러워 서로 말도 못하던 회원들이 작업장의 문제를 조심스레 끄집어내는 모습을 보고 희망이 싹텄다고 말한다. 평소에는 가슴 속에 묻어 두었던 우려와 걱정들이었다. 그래도 여전히 조심스런 표정들이었다. 회복 가능성이 없는, 노조에 대한 패배가 분명한 이런 시도를 하는 것이 과연 적합한 것인지에 대한 의문도 제기되었지만, 그룹장 모임 회장은 이제 돌이킬 수 없는 길로 들어섰으며, 퇴직 이전에는 반드시 해볼 만한 일임을 강조했다.

작업현장에서 아침조회가 반복되자 약간의 의구심과 반발심을 가졌던 사원들도 귀를 열기 시작했다. 작업지시와 주의사항에 그런대로 신경 쓰는 모습에 안도했으며, 작업장 기초질서가 잡힐 것 같은 조짐도 짙어졌다. 문제는 바로 그것에 있었다.

노조가 쟁의행위 일환으로 중단시킨 생산라인을 그룹장들이 가동을 재개한 것이다.

"이래서는 해결이 안 됩니다!"

조합원이자 기술직에 속한 그룹장들이 노조의 결의에 역행한 각오는 비장했다. 그룹장들은 현장회의를 열어 라인 가동을 결의했고 대의원들의 저지를 뚫고 결국 라인이 재가동됐다. 노조가 특별규율위원회를 열었다. 〈위원회 소식〉에 관련 기사가 실렸다. 9

전주공장 위원회는 지난 5월 21일 운영위원회 회의를 통해 특별규율위원회를 구성하였으며 … 이 회의를 통해 반노동자적 행위를 한 현장 관리자 및 조합원에 대하여 진상조사 후 조합원 징계를 진행하기로 하였다. 지난 16일 진행된 특별위원회에 … (반노동적) 조합원이 접수되었으며 진상조사 중에 있다. 특별규율위원회에서는 위 6인에 대하여 진상조사 후 반노동적 행위에 대한 책임을 반드시 물을 것이다.

진상조사 과정에서 지목된 6인은 라인 가동을 재개한 그룹장들이었는데, 이들에게 충분한 진술 기회를 주었는지는 분명치 않다. 법적 근거가 없는 조업 중단은 불법파업이 된다. 그룹장의 조업 재개가 '반노동자적 행위'인지를 따지려면 논리적으로 좀 복잡해진다. 노조가 '반노동자적 행위'로 단정한 것은 노조의 결정을 거역했다는 규정에 의거했다. 아무튼 특별규율위원회는 과격한 결정에 도달했다. 라인 재가동을 주도한 그룹장 3명을 지명해 현대차 노조 조합원 자격을 박탈한 것이다. 노조원 3명 제명사건이다.

그룹장들이 회의를 열고 대책을 논의했다. 그룹장 역시 과격한 결의를 내려 노조의 결단에 저항했다. 3명 외에 라인 재가동을 결의한 131명 그룹장 모두 노조원 자격을 박탈하라는 것, 다시 말해 '131명 전원 제명 요구안'을 노조에 제출한 것이다. 2016년 4월 29일의 일이다.

노조정책에 저항한 노조원들에게 노조는 일종의 징계를 결정할 수는 있겠지만, 수십 년을 같은 직장에서 일한 동지이자 노동계급의 일원인 그들을 노조의 결정을 방해했다는 이유로 조합에서 쫓아냈다. 만약에 라인 중단이 불법이라면, 불법을 막은 그룹장들은 노조를 살린 은인이 된다. 불법이 아니라면, 라인 재가동의 주역들을 징계위원회에 불러서 저간의 사정에 대한 진술 기회를 충분히 줘야 한다. 그렇다고 '자격 박탈'까지 불사하는 노조가 역사상 어느 국가에서 있었는지 들어 보지 못했다.

유니온숍 제도를 채택한 한국에서 자격 박탈의 충분조건을 좀더 따져 봐야 할 필요는 있겠다. 격렬했던 과거 노동운동에서도 위원장 불신임안은 더러 있었지만 조합원 자격 박탈은 좀 낯설다. 그룹장 모임이 제출한 '전주공장 그룹장 131명 조합원 제명 요구안', 현대차 노조의 향후 행보에 소중한 지침을 간직하고 있다고 생각되기에 전문을 공개하기로 한다.

존경하는 금속노조 현대자동차 노동조합 지부장님, 4만 5천 조합원들의 처우개선과 복지향상에 신경 쓰시며 노동조합의 발전을 위해서 노력하여 주심에 깊이 감사드립니다.

저희 그룹장들은 현대자동차 노동조합에 속한 조합원들이지만 현대자동차에 소속된 사원이기도 합니다. 지난 전주공장의 불법파업으로 인한 손실이 커짐에 따른 회사의 이미지 실추 및 판매 저조로 조합원의 고용불안과 임금의 안정을 위해서 노사가 상생할 수 있도록 하기 위해 정당하게 라인을 가동시켰었습니다. 하지만 불법파업 지침에도 라인을 가동시켰다는 이유로 그룹장 3명에게 제명을, 재심에서도 중징계를(제명) 노동조합에서 내렸습니다.

민주주의 국가에서 개인의 주장과 의견을 제시할 권리가 있는데 단지 현장관리자라 해서 회사를 걱정하며 불법파업 중에 라인을 가동시켰다는 이유로 조합원 자격까지 박탈할 만큼 큰 죄인지 묻고 싶습니다.

조합원이 바라는 회사는 안정적으로 공장이 가동되며 고용이 보장되고 안정된 임금을 받으면서 편하게 작업하기를 희망한다고 생각합니다. 불법파업 중에 현장관리자가 라인을 가동시키지 못한다면 누가 이 회사에 고용안정과 안정된 임금을 보장할 수 있겠습니까?

이렇게 노동조합에서 자격박탈을 남발하는 것이 과연 조합원을 위한 행위인지 고민해 봐야 할 것입니다. 노동조합이 조합원을 버리기 시작하면 조합의 생존도 보장받지 못한다고 생각합니다. 노동조합이 조합원을 조합의 발전에 저해된다고 판단하여 제명을 시킨다면 회사는 회사의 발전에 저해된다고 생각하는 사원들을 해고시켜도 된다고 생각하십니까?

전주공장 그룹장들은 악화되는 사회 여론 및 시각으로 고용불안을 느끼며 임금감소로 불안해하는 동료 조합원들의 뜻에 따라 그룹장만이 라인을 가동한 것이 아니고 함께 가동시켰음에도 유독 현장관리자에게만 징계를 내리는 것은 이치에 맞지 않은 편파적 판단으로 괘씸죄 적용의 색채가 진하므로 징계의 형평성에 어긋난다고 생각합니다.

우리 현장관리자들은 불법적으로 행하여지는 일들로 생산손실로 판매가 감소되어 고용이 불안해지는 것을 우려하며 좋은 직장 좋은 일터를 만들기 위해 최소한의 양심으로 라인을 가동시킨 것에 대한 노동조합의 징계가 부당함을 주장하며, 3명의 그룹장과 업무를 같이한 131명 전체 그룹장을 똑같이 징계를 하여 제명할 것을 요구합니다.

2016년 4월 29일

위 제명 요구인: 현대자동차 전주공장 그룹장 ××× 외 130명

금속노조 현대자동차 지부 귀중

권위주의 시절에는 어용노조(御用勞組)가 있었다. 현대차 노조는 어용노조의 굴욕을 땅에 묻고 당당하게 민주노조의 기반을 쌓은

빛나는 전과를 한국 노동운동사에 기록했다. 노동계급을 위한 평등과 연대, 노동자들이 어깨를 펴고 사는 그런 세상을 만들기 위해서 말이다. 현대차 노조가 만든 민주주의 세상에서 불법인지 합법인지 분명치 않은 라인중단 결정을 거역했다고 조합에서 쫓아내는 노조는 민주적인가? 경기침체와는 상관없이 라인중단을 강행하면서 잔업, 특근 물량을 확보하라고 요구하는 노조는 '시장경제적'인가? 전라북도, 아니 전국의 노동자들이 상위 5% 연봉을 받는 전주공장을 부럽게만 바라보는 한국의 현실을 노조는 과연 조금이라도 자각하고 있는가? 그런데, 131명 그룹장들은 과연 어용인가? 그렇다면 현대차 노조는 스스로 무덤을 파고 있을지 모른다.

chapter. 8

—

다양성의

시대

청년 아산과 현대 정신

"임자 해봤어?" [1]

현대 정주영(鄭周永) 회장이 불가능해 보이는 일을 반대하는 부하 직원들을 향해 일갈하던 모습을 표현하는 말이다. 한국 사람이라면 한 번쯤은 들어 봤을 정주영 회장이 남긴 유명한 어록 중 하나로, '한다이~정신'의 또 다른 표현이며, 열정(passion)과 도전(challenge)으로 알려진 현대 정신이 이 짧은 말 속에 응축되어 있다. 아산사회복지재단과 울산대 아산리더십연구원은 정주영 회장 탄생 100주년을 기념하여 《아산(峨山), 그 새로운 울림: 미래를 위한 성찰》이라는 제목의 총서를 2015년에 발간했다. 여기에 '한다이~정신'의 모체가 된 정주영 회장의 사람, 일, 미래에 대한 가치와 태도가 잘 설명되어 있다. 이 총서의 저자 중 한 명은 정주영 회장이 가진 삶에 대한 자세를 다음과 같이 설명한다.

아산은 '오직 현재만을 — 과거도 망각이나 소멸로 흘려보내지 않고 미래도 환상적인 기대의 먼 자리에 두지 않으면서 — 완성시키는 삶을 산

사람'이다. 아산에게는 과거의 자아와 미래의 자아가 현재의 자아와 더불어 있으며, '삼위적 자아'라 부를 만한 이러한 세 자아의 정립과 만남에서 비범한 현상이 펼쳐진다. … 특출한 '긍정, 도전, 창의' 등의 덕목도 여기에서 출현한다. 2

현대차의 창업주인 정주영 회장의 이러한 개척자 정신과 강인한 의지를 바탕으로 불가능을 가능으로 만들고, 무한 긍정의 정신으로 도전하고 확신하는 가치가 "임자 해봤어?"에 녹아 있는 것이다. '긍정, 도전, 창의'의 덕목은 현대자동차가 세계 경제불황과 자동차 시장경쟁이 격화된 2000년대에 오히려 글로벌 브랜드로 자리 잡게 된 원동력이 되었음은 당연하다. 이러한 덕목은 현대자동차 경영철학에 녹아들어 면면히 이어지고 있으며, 특히 글로벌 기업으로 성장하는 과정에서 열정적으로 도전한 중간관리자들과 엔지니어들의 마음의 중심에 자리 잡고 있다. 짧지 않은 시간 동안 현대차가 진화하는 과정에서 자연스럽게 구성원들의 유전자에 각인된 것이다.

가치(value)는 바람직한(desirable) 것에 대한 근본적이고 안정적인 믿음의 체계로, 상황에 따라 태도(attitude)로서 표출되며, 이러한 태도는 다시 특정한 행동으로 연결된다. 따라서 가치는 사람의 행동과 판단, 평가를 결정하며, 쉽게 변하지 않는다. 가치의 발생이나 변화는 개인적으로는 자아 형성기 및 실존적 위기의 시기에 주로 일어나며, 사회적으로는 구조적 전환의 시기에 이루어진다. 현대자동차가 설립되고 완성형 자동차 생산을 위해 전력을 쏟은 1970

년대와 1980년대는 한국경제의 구조전환 또는 성장의 시기였다. 모든 것이 부족하고 열악한 상황에서 '한번 해보자'라는 공감대가 형성되었으며, 크고 작은 실패를 경험하는 과정에서 창업주의 정신은 현대자동차의 핵심가치로 뿌리 내릴 수 있었다. 생소하고 어려운 도전들에 맞서는 시기를 함께 겪으며 현대의 자아가 생성되고 현대 정신이 자연스럽게 공유된 것이다. 이렇듯 현대 정신으로 무장한 중간관리자들과 이들의 지휘를 받는 사원들은 세계 곳곳을 개척하며 성공신화를 쓸 수 있었다.

그것은 두말할 것 없이 뭐 앞도 안 보고 가는 추진력이죠. 결국은 의사결정과 추진력인데, 의사결정을 해주신 최고경영진하고, 그 밑에 있는 사람들은 정말 뒤도 안 돌아보고 무슨 어려운 일이 있더라도 그냥 돌진해 가는 능력이 … 중국의 공장이 한때, 미국공장이 또 화재가 나고 금형이 생산중단돼, 미국인들이 … 아시죠? 주지사가 와서 뭐했냐면, 다른 거 다 필요 없고, 저 금형을 빼내 달라, 지금 생산 멈추면 안된다. 금형이 이게 불에 닿아 있는데 물 부어 가면서 꺼내 가서 생산하면 돼요. 그런 정신이 있기 때문에 차질 없이. 야 물건을 바꿀래. 그러면 밤새 어디 가서 훔쳐서라도 채워 넣고 그렇게 성장한 거죠. … 3

한국의 남양과 의왕, 중국의 옌타이와 베이징, 미국의 캘리포니아 연구소에서 일하는 연구원들도 별반 다르지 않은 유전자를 가지고 있다. 일본 미쓰비시에서 견제당하며 어깨 너머로 배운 자동차

기술을 세계적 수준으로 끌어올리는 데에도 현대 정신은 어려운 상황을 타개하는 가장 강력한 무기였다. 특히 울산의 승용제품개발연구소와 기아의 소하리연구소를 통합해 만든 남양연구소에서 일하는 연구원들은 어려운 시절을 이겨 낸 동력이 무엇이었는지 정확히 인식하고 있다.

다른 데는 잘 모르겠는데 우리 연구소 같은 경우는 적은 인원 가지고 회사가 투자를 그렇게 많이 한 것도 아니요, 다른 선진업체에 비해서 사람이 많은 것도 아니고, 기술력도 뛰어난 게 별로 없는 상황에서 빨리 따라잡을 수 있었던 게 한국 사람들의 근성, 이런 거 아닐까 싶어요. 그때, 옛날에 계신 전무님이 한 이런저런 얘기도 있는데, 불 꺼지지 않는 연구소, 그런 얘기를 했거든요. 지금은 세대가 좀 많이 바뀌긴 했는데 그때는 당연히 밤늦게까지 일하는 게 당연시되고, 그러고 내가 맡은 일은 내가 책임지고 한다 라는 그런 것들 있지 않습니까.[4]

앞에서 밝힌 것처럼, '긍정, 도전, 창의'의 정신은 치밀한 기획과 전략 없이 무조건 실행하기 때문에 '대박 아니면 쪽박'이라는 위험에 항상 노출된다. 하지만 무에서 유를 창조해야 하는 상황에서는 이 덕목이 강력한 리더십과 만나게 되면 성장동력으로 전환된다. 현대차의 역사가 이를 잘 증명한다. 노동자도 경영자도 같은 목표를 바라보며 서로에게 의지하고 어떤 상황에서도 굴하지 않는 마음을 공유하는 것은 현대차에서 일하는 사람이라면 습관처럼 따르는 규범이다. 이러한 규범은 계속 반복되고 갱신되는 신화(myth)로 현대차 구성원들의 마음을 지배했다. 그러나 이 신화는 빠르게 변하는 세계적 흐름 속에서 도전받고 있다. 현대차에서 일하는 사람을 지배해온 이 마음은 향후에도 지속가능한가?

확실한 사실은 현대자동차의 지배적 가치가 1970년대와 1980년대 척박한 환경에서 꽤 성공적인 성과로 연결되었다면, 인공지능과 자율주행차가 대세가 되는 미래에는 핵심가치도 환경변화에 적합하게 변모해야 한다는 것이다. 이 장에서는 중간관리자와 엔지니어의 인식과 태도 변화를 조명하려 한다.

다양성과 이질성의 시대

어느 조직이든 입사시기, 연령, 성별, 교육수준, 출신지역 등에 의해 독자적인 인구학적 특성의 분포를 가진다. 그 분포가 갖는 조직에 대한 영향을 다루는 학문이 조직인구학이다. 조직인구학은 구성원 특성의 분포가 집합적 수준 또는 기업 차원에서 개인들이 사회적 관계를 맺는 방식, 의사소통방식, 직무수행능력, 생산성, 혁신 등에 어떤 효과를 갖는가에 관심을 둔다. 5 조직인구학의 관점에서 보았을 때, 유사성이 구성원 간 상호작용의 중요한 기반이 될 경우, 조직 내 정서적 통합 수준은 높아지고 생산성도 좋아진다. 유사한 가치를 공유한 집단은 상호 이해와 소통 수준이 높은 반면, 그렇지 않은 집단은 서로 다른 가치관과 생활방식을 소유하기 때문에 소통이 어려울 수 있기 때문이다.

이러한 동질성의 순기능이 드러난 대표적인 예가 1970년대부터 최근까지 이어져 온 현대차의 성공신화다. 같은 마음으로 한곳을 바라보면서 함께 고생하고 함께 웃었기 때문에 가능한 성취의 전형적 사례가 현대차이다. 즉, 현대차가 세계 유수의 기업이 되고 청년들이 가장 가고 싶어 하는 직장이 되기까지 현대차의 마음의 핵심에 자리 잡은 열정과 도전정신은 오너, 경영자, 중간관리자, 노동자를 하나로 연결해 주는 심리적 자산이었다. '긍정, 도전, 창의'의 정신을 공유한 마음의 동질성은 서로 다른 위치에서 서로 다른 일을 하는 현대차 구성원들이 연대할 수 있게 해주는 내면의 에너지였다.

그런데 지금은 어떤가? 앞으로도 그럴 수 있을까? 열정과 도전정신을 공유하고 끈끈한 동료애와 투철한 애사심을 바탕으로 일단 부딪혀 보면서 문제를 해결하던 현대차 구성원들 간 마음의 동질성은 새로운 세대의 출현과 함께 변화의 압박을 받지는 않는가?

사실 새로운 세대원이 현대차에 유입되면서 울산, 전주, 아산 등 현장노동자의 문화, 서울 양재동 본사 일반직의 문화, 화성 남양연구소 엔지니어들의 문화가 요동치고 있다. 변화에 대한 요구와 실제 시작된 변화는 청년 아산(峨山)의 현대 정신을 '업'(業)의 규범으로 삼던 기성세대 노동자와 관리자를 당황하게 하고 있다.

지금 들어온 애들은, 앞으로, 앞으로 그러면 이 회사는 어떻게 가야 되느냐, 아무리 뭐 주위를 둘러보고 같이 잘 살자, 어쩌구저쩌구 하더라도 자기 한계, 책임감을 가지고 무슨 뭐, 약간의 헝그리 정신도 있어야 되고 사명감도 있어야 되는데 … 젊은이들이 (그럴 수 있겠느냐)라는 게 고민입니다, 고민, 그게 고민이에요, 그게. **6**

예, 진짜 좋았습니다. 몸은, 진짜 그때 일하는 것도 좀 그렇고 몸은 사실 좀 힘들었는데, 진짜 힘들다고 옆에서 이야기하면 막 쫓아와서 그

일을 같이 도와주고 안 되면 구박하는 것보다는 알려 주고, 같이 가려는, 애는 우리 팀이다, 하는 그런 인식을 상당히 많이 받고 적응했거든요. 지금은 그런 게 없어졌어요. 우리 팀이다, 라는 건 없고 그냥 내 동료라는 것도 없고, 그냥 나랑 같이 일하는 옆에 있는 사람이다, 이런 것이 너무 강해요. 그러니까 몸은 편하더라도 항상 보면 지금 같아서는 문화라고 할 수도 없어요. 그게 없어진 것이 너무 안타까워요. 7

세대교체는 직무태도의 변화, 연구자세의 변화, 의욕과 열정의 변화를 동반한다. 현대차의 50대 이상 구성원들은 모든 인생을 직장과 업무에 쏟았던 젊은 시절을 회상하고 한 가지 공통점을 발견해 낼 것이다. 그것은 바로 충성심이다. 직무헌신, 직무몰입, 직무기여라고 할 수 있는 이 충성심은 애사심(愛社心)이자, 기업의 성장을 자신의 성장으로 여기는 자세다. 보상이 높은 수준이었던 것도 아닌데, 그들은 직장에 인생의 모든 것을 쏟아붓는 것을 당연히 해야 할 일로 알았다. 사실 이는 현대차를 포함하여 한국에 있는 모든 일류 기업의 성장 스토리이다.

그런데 한국사회가 달라지고 있다. 현대차도 변하고 있다. 젊은 세대들은 퇴근시간을 칼같이 지키고 싶어 한다. 지시된 업무를 달성하는 데에 목을 매지 않는다. 승진보다는 보상에 더 많은 관심을 갖고, 직장보다는 가정과 사생활이 우선이다. 뛰어난 스펙과 자질을 가진 신입사원들이 현대차를 선택한 이유는 세계적 기업이라는 자부심과 최고 연봉을 보장해 주기 때문이지, 자신이 몸담은 회사에 청춘을 바쳐 1등 브랜드로 성장시키겠다는 꿈이 있어서가 아니다.

이들에게 현대차가 국내 최고의 기업으로 인정받는 이유는 돈 많이 주고 덜 일하기 때문이다. 현대차에 입사하는 것, 그 자체를 인생의 목표로 삼는다. 여가와 취미를 최고의 가치로 여기는 이들은 당연히 선배들이 만들어 놓은 회식문화에서도 2차는 잘 가지 않는다. 좋은 면도 있겠으나 '끈끈한 연대'는 점차 소멸된다. '끈끈한 연대'는 업무수행의 에너지이자 소통의 윤활유다. 동료애(companion-ship)가 약화되면 그만큼 집단지능(collective intelligence)도 하락한다는 것이 40대 중반 이상 중간관리자들의 걱정이기도 하다. 그러나 이 걱정조차도 하위직급 사원들에게는 곧 퇴사할 꼰대의 무용담(武勇談)이자 흘러간 노래일 뿐이다.

현대차가 글로벌 기업으로 성장하는 과정에서 또는 성장한 후에 입사한 사원, 대리급도 할 말이 많다. 회사가 불모지 한국에서 완성품 자동차를 만들어 냈다는 사실, 엑셀을 미국의 고속도로에서 달리게 했다는 성취만으로도 감격하던 1970년대, 1980년대에는 비슷한 생각을 가진 구성원들이 똘똘 뭉치고 어느 정도의 희생을 감수하는 것을 당연시했지만, 2000년대 이후처럼 현대차가 세계시장에서 반열에 오르고 과거에 비해 경쟁도 훨씬 심해진 시기에는, 서로 다른 특성과 배경을 가진 구성원들이 새로운 정보와 창의적인 시각을 제시하는 것이 오히려 현대차의 지속가능한 성장에 유리하다고 믿는다. 따라서 과거에 잘 작동한 동질적이고 획일적인 조직문화도 다양성과 이질성을 인정하는 수평적이고 상호 존중하는 조직문화로 바낄 필요가 있다고 생각한다. 그럴수록 사원·대리와 차장·부장 간 마음의 동질성은 이질성으로 변하게 된다.

당시에 부장님께서 질문을 해봐라 이러시길래, 아 그러면 우리 회사에서는 여성으로서 일과 가정을 양립하려면 어떻게 해야 되냐고 질문 드렸더니, 그때 하셨던 말씀이, "어 우리는 여자 ○○○를 뽑은 거 없다. 남자 ○○○를 뽑은 것도 아니고, 우리는 현대차 직원을 뽑았다"라고 하시더라고요. 그 한마디에 제가 어떻게 앞으로 우리 회사에서 처신해야 되겠구나 하는 걸 느꼈지요. 8

2016년부터 현대차를 떠나는 퇴직자는 1천 명, 2020년에는 2천 명에 달할 것이다. 현대차는 2022년까지 1만 4천여 명이 정년을 맞을 것으로 보인다. 그 빈자리를 청년 아산의 정신을 공유하기 어려운, 공유할 필요도 없는, 공유할 의지도 없는 신입사원들과 경력사원들이 채우게 될 것이다. 이들에게도 동질적인 가치로 무장할 것을 강요할 것인가? 그래선 안 된다. 현대차가 한참 성장을 시작하던 시기의 정신과 사물인터넷과 알파고 같은 인공지능이 일상생활에 깊숙이 자리 잡는 제 4차 산업혁명 시기의 정신은 달라야 한다.

성공경험의 집착과 위기

세계적 기업들의 인력구성의 다양성은 꾸준히 높아져 왔다. 서구의 경우에는 이민자 증가에 따라 조직 내 인력 다양성이 높아진 반면, 한국의 경우에는 IMF 경제위기 이후 고용유연성 확보와 효율성 증진을 위해 도입한 여러 고용형태들로 인해 조직 내 인력 다양성이 높아졌다. 따라서 은퇴를 눈앞에 둔 노동자나 임직원들을 고민하게 만드는 조직 내 이질성과 다양성의 확대는 현대차만의 문제가 아니라 현재 한국사회의 모든 조직들이 미래의 지속가능한 성장을 위해서 반드시 풀어야 하는 숙제이기도 하다.

중간관리자들은 그 숙제를 되도록 전통적인 성공경험의 틀 안에서 풀고 싶다는 희망을 가지고 있다. 그게 가능하다면 최선이겠지만 조직 내 다양성은 항상 전통적 가치와 갈등관계에 있다. 그리고 성공으로 이끌었던 과거의 방식에서 벗어나지 못하고 획일적이고 철지난 가치를 고수하는 순간 기업의 경쟁력이 퇴보한다. 그럼에도 아직도 많은 중간관리자들은 과거 성공경험의 달콤함에서 빠져나오지 못한다.

사실은 기적이에요. 이 자리까지 왔다는 게, 제가 생각해도, 이런 환경에, 그런 것들이, 하지만 잠재력은 충분히 있다, 서양업체들에서 그렇게 모래알처럼 흩어지는 그런 것들이 아닌 뭔가 끈끈한 것들은 아직도 있다고 저는 봅니다. 9

그리고 현대차도 다양성의 위험에 이미 노출되어 있다.

그분의 직급은 차장 말년, 이제 내년 부장인데, 융화를 못 하세요. 그러니까 융화를 못 한다는 게 본인이 안 끼려고 하는 그 부분을 차치하더라도 외부인이다, 소속, 이런 것들을 굉장히 중요하게 생각하죠. 그리고 또 그게 어떻게 보면 맞는 것일 수도 있어요. 순혈주의라고 하는 것 자체가 저희 내부에서도 그런 게 있거든요. … 저 때는 그걸 왜 해요? 라는 질문을 안 했어요. 해라고 하면 아, 네 알겠습니다 했는데. 사원들 같은 경우에는 하기는 하는데 아, 그걸 왜 하지? 그걸 왜 필요 없는 걸 하지? 이런 말을 할 수 있는 문화가 됐다…. 지금 갈등(conflict)이 많은 건 사실이에요. 그러니까 알게 모르게 왜냐면 사실 뭐 사원·대리만 있고 차·부장만 있고 요렇게 완전히 나뉘는 것이 아니라 중간에 다리과정을 과장들이 해주기 때문에 그 과장의 역할이라든지 능력에 따라 어떤 조직은 조금 더 유연하게 바뀌고…. 10

조직 다양성의 증가와 이로 인한 이질성의 확대는 현대차의 미래에 어떤 영향을 미칠 것인가? 조직에서 다양성은 만족, 몰입, 성과

등과 관련이 있는 것으로 알려져 있다. 이러한 맥락에서 20세기 후반부터 주목을 받는 것은 기업 구성원이 보유한 네트워크의 이질성이 갖는 창의적이고 혁신적인 성과에 대한 긍정적 효과이다. 네트워크의 이질성이 향상되면 조직학습 능력이 강화되고, 조직학습 능력은 조직혁신 성과를 강화시키기 때문이다.[11]

반면, 조직 다양성이 증가할수록 구성원의 조직 몰입과 응집성이 훼손된다는 지적도 있다. 상호 이질적인 구성원이 증가하면 의사소통이 원활하지 못하고, 이로 인해 편견, 불신, 갈등이 촉발될 수도 있다.[12]

그 효과에 대한 분분한 견해에도 불구하고 우리가 조직 다양성의 문제에 주목해야 하는 이유는 이질적인 집단의 유입 그 자체가 문제가 아니라 구성원들이 다른 생각과 생활방식을 가지고 같은 목표를 가진 사람들과 같은 조직에서 함께 일하면서 발생할 수 있는 문제들을 관리해야 하기 때문이다. 그 고민의 흔적들은 40대 중반 이상 중간관리자들이 내리는 현대차 조직과 직무 문화에 대한 평가에서 쉽게 발견된다.

내가 하는 일이 굉장히 크고 귀한 일을 하는구나, 이런 건 있어요. 근데 지금도 계속 저희, 생산 말고도 위에서 거의 5만 8천, 6만 명 가까이 되는 임직원들이 힘을 모아서 …. 그게 전통인지는 몰라도 뭐 하나 이슈가 딱 생길 때는 또 확 가는 그런 것들이 있어요, 사람들이. 그런, 쉽게 말하면, 그걸 갖다 동력을 살려 주고. 그러면 사람들 하나하나 이렇게 노는 것 같아도, 참 손재주 있고 그 의식만 깨우쳐만 주면 다 한마음 돼가지고 할 수 있는 동력들은 다 있는데 ⋯. 13

현대자동차의 조직 위계에서 하단을 차지하는 직원들도 마찬가지로 고민이 많다.

중간 레벨은, 4, 5년 차는 이쪽으로 완전히 차·부장 라인. 전부 다 이해를 못하니. 그래서 술자리도 같이 안 해요. 팀 회식이라고 하면 모를까. 저희 뭐 술 돌리고, 술잔 돌리고 건배 다 하라 그러는 거. 그런데 요즘의 남자애들도 술은 그렇게 많이 안 하는데 병맥 마시고 이런 자유로운 분위기인데, 저희들은 그런 분위기가 이 회사 분위기는 아니니까. 14

조직의 인구학적 변화는 조직 내 지배적 가치와 문화의 변화와 함께 서로 다른 경험과 가치를 지닌 사람들 간의 협력과 동의창출을 요구한다. 그러나 이 과정에서 갈등과 부적응을 초래할 위험이 대두된다. 위계적 기업에서 지시하는 직급의 사람들과 실제 행동하는 직급의 사람들의 가치가 서로 다를 경우 세대 간, 직급 간 가치충돌이 발생한다. 세대 특성상 진심을 강조하는 현재의 40~50대의 경우, 가치에 대한 절대주의 성향이 강하며, 반대로 민주주의와 불확실성의 경험이 강한 현재의 20~30대의 경우, 가치에 대한 다원주의 혹은 상대주의 성향이 강하다.

과거에도 조직 내 연령과 직급의 차이에 따른 인구학적 구성의 차이는 존재했었다. 그러나 과거와 현재가 다른 것은 과거에는 다른 가치가 조직의 목표달성을 위해 희생되는 것이 당연했지만, 현재에는 그러한 희생을 강요할 수 없다는 점이다. 현대차도 예외는 아니다. 기업성장이 지상과제였던 시기에는 조직의 목표를 구성원에게 내재화시키기 용이하고 리더십도 수월하게 작동했다. 그러나 경제성장과 민주화가 일정 궤도에 오른 현재에는 과거의 일사불란한 조직운영이 불가능해졌다.

사람들은 난 연구만 하겠다 해서 관리자, 지금 현대 일반직처럼 관리자체계에 들지 않고 그냥 연구만 계속하는 거예요. 근데 그런 사람들이 일의 성과는 좋지 않다는 거죠. 그렇다면 다시 이 사람이 변화가 필요하다는 얘긴데, 조직에 이 사람들이 연구를 해서 성과를 내는 것에 대한 인정을 어떻게 해줘야 하고, 또 받아 줘야 하는지를 고민해야 하는데 …. 일종의 진급거부죠. [15]

변해야 한다. 그렇다면 현대차는 어떻게 변해야 하는가? 가치의 차이는 미래에는 더 심화될 것이며, 이는 현대차가 가지고 있던 기존 문화와 조직운영 방식에 많은 변화를 요구할 것이다. 동질성과 위계적 조직에 기초한 관리방식에서 벗어나 다양성과 대화하면서 기존 조직의 정체성을 유지할 수 있는 방안 마련이 절실하다. 무엇이 필요한가? 우선 핵심가치의 공유를 통해 회사의 정체성을 창조적으로 강화하는 것이 필요하다. 한국은 짧은 기간에 전쟁, 민주화, 디지털화까지 엄청난 변화를 압축적으로 겪었기 때문에 세대 및 직급 간 갈등이 더 첨예할 수 있으며, 이는 사회변화가 급격한 만큼 서로 다른 세대의 경험이 판이하게 다르기 때문이다. 가치의 차이로 인한 조직 구성원 간 신뢰의 저하는 한 부서를 넘어서 조직 전반의 생명력을 위협할 수 있는 위험요소이기 때문에 부하, 동료, 상사에 대한 믿음이 없으면 개인은 기회주의적 행동을 하게 된다.

확실히 현대차 내 인구학적 다양성이 높아지는 것은 새로운 질서를 요구하는 압력으로 작용하고 있다. 따라서 시대에 뒤떨어지지 않게 현대차의 핵심가치를 재조정할 필요가 있으며, 이에 대한 합의를 통해 서로 다른 위치에 있는 사람들에 대한 신뢰를 형성할 수 있게 해야 한다. 가치다양성이 초래할 수 있는 문제들에 대비하고 관리하는 것을 넘어서 이를 적극적으로 업무에 창조적으로 활용할 수 있어야 한다.

희망 만들기

이질성과 다양성이 특징이 될 제4차 산업혁명의 소용돌이 속에서 한국의 기업들도 곧 생존의 방식을 강구해야 한다는 점은 당연하다. 젊은 세대는 다양한 사람들과의 교류를 통해 차이에 대해 보다 수용적인 태도를 가지게 되고, 획일성보다 개성과 다양성을 추구하는 경향이 있다. 최근 SNS를 끼고 사는 젊은 세대는 혼자만의 시간을 더 원하고 프라이버시에 집착하는 경향이 있다. 이를 전통적인 목표지상주의의 시각으로 다루는 대신 이들에게 사회성(社會性)을 길러주어 정서적 안정감을 증대시키고 사적 영역에 대하여 최대한 존중하는 방식으로 관리방향의 전환이 필요하다.

젊은 세대의 경우 일방적인 의사소통이나 비효율적 업무관행에 대해 더 이상 복종하지 않으며, 평가와 보상에 있어서 능력에 따른 합리적 기준이 적용되기를 바라고, 조직을 위한 개인의 희생을 원치 않는다. 이러한 경향에 대해 기성세대 관리자들은 비판적이다. 그러나 한국의 20대와 30대는 상급자가 자신을 불공정하게 대한다는 느낌을 더 많이 가지고 있다. 자신이 이용당하고 있지는 않은가에 대한 의문을 끊임없이 한다.

무엇을 해야 하는가? 희망은 있는가?

필자는 우선 차이에 바탕을 둔 문화 공감대를 만들어야 한다고 제안하고 싶다. 문화적 공감대 형성은 '차이에 대한 인정'부터 시작된다. 미국 미시간대 경영학과 페이지(Page) 교수는 집합적 수준의 지혜는 부분들의 합 그 이상이라는 생각으로 차이(*differences*)를 바라봐야 한다고 주장한다. 그에 따르면 집단의 다양성이 인지능력의 다양성을 가져와 문제해결에 중요한 도구가 되며, 특히 어려운 과제를 해결할 때는 개개인의 능력보다 이게 더 중요하다. 따라서 다양성의 힘은 더 나은 기업, 학교, 그리고 사회를 만드는 데 필수적이다. 독일을 대상으로 한 다른 연구도 문화 다양성이 높은 지역이 혁신이나 연구개발에서 높은 수준을 보여 준다고 입증한 바 있다.[16]

문화 다양성에 대한 포용은 특히 글로벌 시장을 겨냥하고 있는 기업에 반드시 필요한 덕목이며, 현대차와 같은 글로벌 기업은 서로 다른 배경을 가진 사람들이 하나의 목표를 향해 협력할 수 있는 문화적 기반을 마련하는 것이 중요하다. 글로벌 기업 코닝(Koning)은 '글로벌 다양성 부서'를 운영하면서 다양성 추구를 견인하는 다섯 가지 핵심요소들을 지정하고 다양성을 자신들의 핵심 DNA로 이식하고자 노력하고 있다. ① 글로벌 사고방식을 기반으로 운영, ② 협동 문화 지원, ③ 배움에 대한 열정 함양, ④ 자기계발 권장, ⑤ 개인가치 존중이 그것이다.

따라서 문화다양성이 현대차의 조직문화에서 뿌리내릴 수 있는 실천이 직무 현장에서 이루어지고 이를 뒷받침할 수 있는 정책과 제도가 전면적으로 실행되어야 한다.

문화공감대의 형성은 단순한 계도나 캠페인을 통해서는 불가능하며 체계적인 교육프로그램이 반드시 수반되어야 한다. 현재 한국의 기업에서 나타나는 세대 간, 직급 간 차이, 즉 수직적 다양성으로 인한 문제의 대부분이 서로에 대한 이해 부족에 기인한다. 따라서 오해의 가능성을 최소화하기 위해 다른 업무 및 위치에 있는 사람들과 접촉할 수 있는 기회를 최대한 제공하는 것이 중요하다. 가령 사내 스터디그룹이나 동아리 활성화 지원을 더욱 강화하여 구성원들 간 존재하는 문화와 취향의 차이를 새로움으로 수용하는 기회를 만드는 것도 방법이다. 특히 이는 인맥을 자원으로 바라보는 젊은 세대와, 지나친 개성의 난립을 우려하고 자신의 생각과 경험을 주입하려는 욕구를 가진 기성세대 모두에게 호응을 받을 수 있을 것이다. 즉, 문화적 다양성에 기초한 공감대를 마련할 수 있는 가능성을 열 수 있을 것이다.

일단은 세대차이도 무시할 수는 없는 부분인 게 일단은 개인주의적 성향이 전반적인 평균치로 보면 확실히 있는 것 같아요. 옛날에 비해서는. 옛날 저희 부모님이나 할머니, 할아버지 세대는 국가를 위해서는 내가 원하는 건 약간 희생을 할 수 있다는 거였지만, 요즘에는 교육 올 때도 그렇고 니가 하고 싶은 게 있으면 의사를 표현하는 것도 능력이다, 라는 게 강조되는 추세다 보니까. 17

소통을 통해 이질성과 다양성에 대한 구성원들 간 이해를 높이고 이는 곧 새로운 방식의 연대로 이어진다. 이것이 곧 미래기업의 자산이 된다. 다름과 가치다양성에 대한 인식의 전환이 필요하다. 인간관계, 생각, 생활방식, 일에 대한 태도가 다른 사람들의 업무 수행과정의 효율성과 효과성을 배가하는 에너지로 활용할 수 있기 때문이다. 이 에너지를 극대화할 수 있는 방법 중 하나가 조직 내 연결의 다양성을 강화해 업무 효율성과 혁신을 배가하는 것이다.

미국 시카고대 경영학과 버트(Burt) 교수는 조직 내 및 조직 간 이질적 연결망에 더 많이 노출될수록 업무의 효율성, 성과평가, 승진 가능성이 높아짐을 실증적으로 증명하였다. 그에 따르면 촘촘한 연결망 안에서 사고하고 행동하는 사람보다는 열린 연결망을 적극적으로 활용해 문제를 해결하는 사람이 성공할 가능성이 높다. 따라서 문화다양성은 기업의 가치를 상승시키는 자산이 될 수 있다. 배경이 다른 구성원들 각각이 소유한 연결망은 기업의 생산성과 성과에 영향을 주는 중요한 요인이므로 다른 회사에서 이직한 사람도, 외국 출신 직원도 단순한 인적 자원 의미를 넘어서서 조직의 문화적 다양성을 촉진시켜 혁신을 가져올 중요한 자산이 될 수 있다.

불확실한 기업환경에서 이질성과 다양성의 증가가 가져올 잠재적 위기에 선제적으로 대응하기 위해서는 이제부터라도 합의된 가치에 바탕을 둔 통합의 노력이 필요하다. 가치다양성 증가가 가져올 수 있는 문제들을 해결하려면 최소한의 가치에 대해서는 절대적 합의를 이루도록 노력하고, 이를 인사의 중요한 의사결정 기준으로 활용해야 한다. 통합의 시도가 획일성의 강요가 되지 않도록 내부적 소통을 지속적으로 늘리고, 냉소주의와 불신을 극복하도록 노력하며, 조직에 대한 몰입을 높일 수 있도록 지원할 필요가 있다. 여기에는 리더의 역할이 매우 중요하다. 무엇보다 리더가 문화다양성의 중요성을 정확히 이해하고 있어야 한다.

특히 한국의 기업처럼 대형 선단(船團)을 탁월한 지도자가 진두지휘하는 문화가 여전히 강한 곳에서는 리더의 의지가 구성원들의 태도와 행위를 변화시킬 수 있는 가장 큰 동력이 된다. 글로벌 시대에 걸맞은 현대차의 가능성을 확대하는 데에 필요한 과제는 나날이 쌓인다.

제3부
글로벌 기업시민

chapter.9
함대가
간다

chapter.10
신문명의
전사

chapter.11
위대한
변신

chapter. 9

—

함대가

간다

함대형 생산체제

1942년 6월, 태평양 한가운데 고독하게 떠 있는 작은 섬 미드웨이 (Midway)에서 역사상 가장 치열한 해전(海戰)이 일어났다. 태평양 통제권을 두고 맞붙은 일본과 미국의 물러설 수 없는 일대 격전이었다. 미국 해군의 용장 니미츠 제독과 일본의 전설적 영웅 야마모토 이시로쿠는 태평양전쟁의 운명을 걸고 대결했다.

두 장수가 내세운 해전의 주력은 항공모함을 중심에 둔 연합함대였다. 항모는 명령이 떨어지면 즉각 출동할 준비를 갖춘 수백 대의 전투기를 탑재하고, 수천 명의 해병대, 포병, 레이더요원, 암호해독원 등 특수 임무를 맡은 총괄부대를 대동한 사령부였다. 그 옆에 구축함, 공격함, 호위함, 보급함이 뒤따랐다. 일본은 항모 즈이카쿠와 쇼카쿠를 동원했으며, 미국은 엔터프라이즈호와 호넷호를 배치했다. 전력은 서로 대등했으나 암호해독 능력에서 일본은 미국을 따라가지 못했다. 전투기와 함포 역시 미국에 비해 일본의 전투력은 약간 열세에 있었다. 팔굉일우(八紘一宇), 전 세계를 하나의 천황 가족으로 만든다는 전체주의 이념으로 무장한 일본군은 하늘을 찌를 듯한 사기로 막강 화력을 자랑하는 미군에 맞섰다. 2년 뒤 필리

핀 근해인 레이테 해전에서 인간 폭탄이 되어 항모에 뛰어든 카미카제(神風)가 그렇게 탄생했다. 그러나 미국의 막강 화력을 감당하지 못하고 침몰했다.

이 '함대식 전술'이 자동차산업에서 재현될 줄이야 누가 상상이라도 했겠는가? 세계 어느 국가도 흉내 내지 못할 막강 화력의 무적함대를 운용하려면 여러 가지 조건이 필요하다. 용기와 지혜를 겸비한 장수의 탁월한 리더십은 무엇보다 중요하고, 항모와 구축함, 전투함의 역량과 탑재한 무기들의 성능이 뛰어나야 한다. 또한 보급품을 제때에 조달하는 기동성은 전투력 다음으로 중요한 요소이다. 경쟁 상대가 누구인가를 선택하는 것은 리더십의 가장 중대한 조건인데, 일본처럼 세계 최강의 미 해군을 선택했다면 일종의 도박과 같다. 죽기 아니면 살기다.

글로벌 자동차시장에서 이 함대식 전술을 가장 적절하게 구사하는 기업이 바로 현대차그룹이라고 한다면 왠지 좀 낯설게 들리겠으나 사실인 걸 어찌하랴. 열정, 조율, 소명의식을 뭉쳐 빚어 낸 한국형 함대가 현대차그룹이다. 한창 성장가도를 달렸던 외환위기 이전까지 현대차는 이런 전술을 생각하지는 않았다. 그런데 국내 수요만으로는 성장의 한계에 부딪힐 것이 너무나 명확했던 당시 경영진은 세계시장으로의 본격적 진출을 꾀할 수밖에 없었다. 그것은 생사를 건 모험이었다.

백년 전통 선진국 자동차와 아직 중저가시장에 주력해 온 후발 기업이 어떤 보호막도 없이 맞붙는 것이 어찌 두렵지 않으랴. 그러나 터키 진출 성공이 이정표 역할을 했고, 정몽구 회장은 외환위기로 인해 급격히 위축된 절체절명의 국내 상황을 예의 그 '뚝심의 리더십'으로 뚫고자 했다. 사운(社運)을 건 모험이 그렇게 시작됐다.

후발기업의 함대전략이 성공하려면 몇 가지 조건을 충족해야 한다. 함대 사령부의 적시 전략구상과 과단성 있는 실행력은 무엇보다 중요하고, 그 다음으로는 전략을 뒷받침할 화력의 집중도와 우수성이 뒤따라야 한다. 그럼에도 총괄 역량이 선진국에 비해 뒤떨어지는 상황에서 해외진출을 성공시키려면 경쟁상대를 잘 골라야 한다. 미국, 일본, 독일, 프랑스가 지배하는 자동차시장에서 그들과 직접적인 경쟁을 피하고 살아남는 전략을 구사해야 한다는 말이다.

말하자면 틈새전략, 즉 중저가시장을 집중 공격하는 전략에 사활을 걸었는데 다행히도 맞아떨어졌다. 틈새전략에서 교두보를 구축하고, 거기서 숨을 잠시 고른 다음 중급시장으로 진격하고 궁극적으로는 프리미엄급 고급시장으로 나아가는 단계별 전략을 세운 것이 주효했다고 할 수 있다.

철저한 현지화 전략(*localization strategy*)이 현대차를 오늘날의 글로벌 기업으로 우뚝 서게 한 일등 공신이었다. 연착륙, 적응, 그리고 최적화모델 생산으로 순차적으로 나아간 현대차의 현지화전략은 해외진출의 위험부담을 덜어 줬고, 마침 신흥국의 경제성장이 중저가 자동차시장의 활황세를 일으킨 덕을 볼 수 있었다. 아무리 용의주도한 전략이라고 해도 시장의 운이 따라 주지 않으면 고전을 면치 못한다. 현대차는 외환위기 이후 뜻밖에 회생한 신흥국들의 시장 팽

창을 십분 활용했다.

여기에 가장 중요한 '한국형 함대의 구조'가 부가되어야 한다. 함대 구성원에 대한 사령부의 지휘력과 통제력이 다른 글로벌 기업에 비해 가장 탁월하다는 점 말이다. 현대차는 '함대형 생산체제'(fleet-style production system)를 고안한 최초의 글로벌 기업이다. 이 체제에 대해 학계와 전문가들의 견해는 다소 비판적이다. 사령탑과 직영업체 간, 기업본부와 협력업체 간 갑을관계 혹은 주종관계를 고착시켰다는 점에서 그러할 것이다. 그런 면도 부인할 수 없으나 선진국 기업들과 겨루기 위해 일종의 창의적 변형구조를 만들지 않을 수 없었던 후발기업의 사정은 고려하지 않는다. 수직계열화는 사령탑의 결단과 전략을 일사불란하게 수행하는 기본구조이며, 계열사들에게 시장의 불확실성을 제거해 주는 대신 생산에 주력하도록 만드는 독특한 기업환경이다. 그런 면에서 미국, 일본, 독일과 차별성이 존재한다.

현대차는 약 330여 개에 달하는 직영업체와 1차 벤더로 구성된 복합선단(複合船團)이다. 부품의 원활한 공급과 업체 간 조율을 위해 매우 긴밀한 조율체제가 작동한다. 모기업이 엄정 관리하는 품질인증제도가 부품업체의 기술개선과 향상을 촉진하는 핵심적 규율이고, 제품개발을 위해 부품업체에 제공하는 R&D 자금, 기술진 파견 등이 후속조치로 이뤄진다.

부품 공급원의 숫자를 줄이고 기술특화를 촉진하기 위해 현대차가 도입한 제도가 모듈화이다. 자동차 생산구조를 통합형과 모듈형으로 구분하면, 현대차는 중요 파트를 외주에 맡기는 모듈형에 속하고, 중요한 핵심모듈의 생산업체가 직영구조에 편입되어 있다는 점에서 '폐쇄적 모듈형'(closed modular type)으로 분류할 수 있겠다.[1]

함대형 생산체제의 가장 중요한 배타적 특징은 수직계열화와 통제력 극대화이다. 중요한 부품업체를 계열화해 통제영역 내부에 위치시키고, 핵심부품들을 모듈화해서 기술향상과 공급안정을 기하고, 계열사와 협력사 간 분업효율성과 통합력을 높여 시너지를 최대화하는 방식이다. 외국 선진 자동차국가들도 이런 시도를 하지 않은 것은 아니다. 그러나 기업의 전통과 시장상황, 그리고 오랜 분업구조에 내재한 경쟁규칙들이 통합적 수직계열화를 허용하지 않았던데 반하여, 후발기업인 현대차는 이런 내부적 관행의 방해를 받지 않을 수 있었다.

일본의 TPS는 생산방식으로는 우수하나 일본적 관행이 해외 현지에 적용되기에는 여러 가지 문화적 차이가 존재한다는 단점이 있다. 또한 토요타는 해외진출 시에 단일차종 생산을 통한 양적 확대에 주력하였기 때문에 토요타 시스템의 현지화가 어려웠을 뿐만 아니라 숙련형성과 다기능공화 같은 일본적 장점을 십분 발휘하기에 난점이 많았다.[2] 미국은 모듈형 생산방식을 채택하였기 때문에 부품업체의 상호협력과 긴밀한 네트워크가 중요했는데, 부품업체에 대한 자본의 잦은 인수합병과 협력사 간 생산표준을 고르게 통제하지 못하여 모듈화의 효율성을 상실하게 되었다. 더욱이, 기술력이 우수한 부품업체가 다른 기업과 기술제휴하는 것을 막지 못하거나,

갑작스런 시장침체로 인하여 중요 부품업체가 파산하는 것을 방관할 수밖에 없는 결함이 자주 발생했다.

미국의 모듈화는 의외로 본사의 생산기능 축소, 외주화, 완성차 그룹으로부터의 모듈업체의 독립과 분리 등을 촉발했다. GM에서 Delphi의 분리, Ford에서 Visteron의 독립이 그런 사례들이다.[3] 다시 말해, 모듈화는 본사와 부품회사 간 네트워크를 와해시키는 결과를 초래한 것이다. 개방된 자유시장적 전통 위에서 연관업체 간 네트워크가 느슨한 조건에서는 함대식 생산체제를 구축하기 어렵다. 반면, 독일은 미국과는 달리 협력업체 간 네트워크가 단단했고, 상호정보망을 활용해 독자적 행보를 가능한 한 억제하는 오랜 기업윤리가 정착되어 있어서 현대차처럼 통제력이 견고한 함대는 아니지만 자율적 협력이 작동하는 느슨한 함대체제를 견지할 수 있었다. 그것은 수직계열화가 아닌 협력연관 관계망 속에서 자율적 위치선정과 전문화 노력이 돋보이는 구조다.

그러나 후발기업인 현대차의 사정은 달랐다. 우수한 성능의 외국산 차들이 이미 시장을 점령한 상황에서 틈새시장을 공략하고 고객의 취향과 수요에 즉각적으로 대응하기 위해서는 철저한 현지화 전략이 필요했다. 때문에 부품생산, 모듈생산, 조달과 운송, 판매와 서비스에 이르는 일련의 연관 협력기업이 동시에 진출하는 함대형 생산체제를 고안하기에 이른 것이다. 그것은 부품조달 시간을 획기적으로 줄이고, 고객불만을 즉각 해소하며, 품질개선을 위한 대응 시간을 줄이는 효율적 방식이었다.

현대차가 낙점한 진출 대상지역은 주로 산업체가 없는 경제적 낙후지역이었기 때문에 완성차 조립공장을 비롯한 연관 협력공장의 동반진출은 현지인의 열렬한 환영을 받을 수 있었다. 미국은 조지아와 앨라배마 주지사가 나서 현대차가 창출한 수천 개의 일자리에 대한 주 정부 차원의 다양한 지원으로 보답하였으며, 터키, 인도, 중국에서도 정부 차원의 공적 지원과 제도적 배려가 뒤따랐다. 미국 조지아와 앨라배마 주는 현대차 협력공장들이 운집한 지역을 가로지르는 대로(大路)를 '기아로'(Kia Avenue)와 '현대로'(Hyundai Avenue)로 작명해 줄 정도였다.

추격!

한국은 모범적인 추격(追擊) 국가였다. 아니, 추격에 성공한 듯했다. 1970년대 산업화시대가 아득하게 느껴질 만큼 숨 가쁘게 달려왔다. 그런데 한국의 추격은 끝났는가? 최근의 경제동향과 산업생산력 추이를 보면 심각한 우려를 표명하지 않을 수 없다. 추격이 끝났다면, 추월(追越)은 고사하고 추격자에게 잡혀먹히거나 활력을 잃고 주저앉는다. 추격(*catching up*)이 실패하는 순간, 추월(*forging ahead*)의 꿈은 날아가고, 추락(*falling behind*)의 절벽으로 떨어진다. **4**

추격, 추월, 추락의 국가 사이클은 산업부문에도 똑같이 적용된다. 현대차는 추격에 어느 정도 성공했다. 따돌린 것은 아니고 선도자와 거리 좁히기에 성공했다. 현대차는 과연 선도자를 성공적으로 추격할 수 있을 것인가? 다시 말해, 현대차는 토요타, 포드, GM, 폭스바겐이라는 자동차산업의 선도자를 따라잡을 수 있을까?

혹자는 이렇게 항변할지 모른다. 반드시 따라잡는 게 지상목표여야 하는가? 따라잡아서 선도자가 되는 것이 과연 현명한 목표인가? 이 질문도 좀 따져 봐야 한다. 선도자가 되는 것도 어렵지만, 선도자가 된다고 자동차산업을 리드하는 위치를 항구적으로 유지할 수는 없기 때문이다. 어느 산업과 마찬가지로 자동차산업에도 선도자로의 등극과 도태가 반복될 것이다.

기업이윤과 국민경제에 끼치는 기여도 측면에서 본다면, 1등보다는 2, 3등을 유지하는 것이 지속가능성(sustainability)의 관점에서 유리할지도 모른다. 그러나 이런 언명은 근거 없는 가설에 불과하다. 각고의 노력을 하지 않으면 2, 3등도 언젠가는 4, 5등, 아니 10등 기업으로 밀려날 수 있기 때문이다. 산업은 극한경쟁의 세계다. 치열하고 비정한 경쟁의 세계다. 언제나 1등을 향한 피나는 노력을 하지 않으면 밀려난다. 그렇지 않으면 왜 각축전(head-to-head)이란 말이 나왔는가? 머리를 맞대고 사투를 벌이는 것, 이것이 산업경쟁의 세계다. 추격실패는 추락이다. 추월하지 않으면 쇠락이다. 추월이 지상목표가 되어야 한다는 말이다.

그러므로 앞의 질문은 이렇게 바뀌어야 한다.

'현대차는 과연 추월할 수 있을까?'

함대형 생산체제가 중저가시장 공략과 현지화 전략에 성공했다고 해서 계속적인 성공을 보장하지는 않을 터이다. 더욱이 자동차 콘셉트와 기술이 변하고, 생태환경적 관점에서 시장규제가 강화되는 중이다. 무인자동차와 전기자동차의 시장점유율이 10년 내에 20%까지 치솟는다면, 선도자가 독점했던 전용기술은 일종의 범용기술이 된다. 기술과 시장의 급격한 변화는 현대차가 추격의 최대 무기로 고안했던 함대형 생산체제 자체를 바꿀 것을 명령할 것이다. 말하자면 현대차의 최대 무기를 다른 것으로 교체해야 한다는 말이다.

현대차의 성장속도는 그야말로 눈부시다. 1970년대 초~2000년까지 한국 자동차산업 평균성장률은 19%로서 일본의 4.5%에 비해 4배가 높았다. 추격 성공도를 나타내는 총요소생산성(TFP, *Total Factor Productivity*)도 동기간 2.2%로서 일본의 0.7%보다 3배 높았다.[5] 이 기간 한국 자동차산업을 이끈 것은 현대차였다. 그런데 추격지수 연구자 이근 교수의 측정에 의하면, 현대차의 TFP는 1999년까지 급상승세를 보이다가 이후에는 거의 정체상태에 머물러 토요타와의 격차를 좁히지 못했다.[6] 하이브리드차 아이오닉(IONIC)을 내놓은 것이 2015년이고, 프리미엄급 시장에 EQ900을 선보인 것이 2016년이므로 그런 평가가 나올 만도 하다. 말하자면, 토요타와의 격차 좁히기는 이제부터 본격화된 셈이다. 과연 추월할 수 있을까?

현대차는 '단계생략형' 추격모델을 밟아 왔다. 이근 교수의 이론에 의하면, 추격모델은 ① 경로추종형 추격, ② 단계생략형 추격, ③ 경로개척형 추격, 세 유형으로 나뉜다.[7] 산업은 발전경로가 있기 마련인데 후발국이라면 선발국이 개척한 길을 따라가야 하는 것이 자연스런 이치이다. 그 경로에는 상품에 적용된 선진기술, 디자인, 고객취향, 시장수요, 판매망과 자본투자, 각종 제도들이 묶음다발로 존재하기 때문이다.

한국의 경우, 기계류, 음향가전, PC가 경로추종형에 속하고, 자동차가 단계생략형, 정보산업인 CDMA와 디지털 TV가 경로개척형에 각각 속한다. 현대차를 단계생략형으로 유형화한 것은 자동차

범용기술을 적극 활용해 토대를 만들었지만 대량생산과 기술개발 및 적용에서 선발국이 걸었던 길을 단축했기 때문이다. 후발자인 현대차가 1990년대에 세타엔진과 람다엔진을 개발해 역수출의 길을 텄고, 중요 부품을 모듈화하고 유연 자동화시스템과 결합한 독자적 생산방식을 고안한 점이 그러하다. 그런 창의적 방법으로 걸어야 할 단계를 생략했으니 고속성장을 구가할 수 있었다.

여기서 두 가지 문제가 제기된다. 자동차산업의 경로가 여전히 '하나의 단선'으로 되어 있다면 선두주자인 토요타, GM, 포드, 폭스바겐을 따라잡을 수 있을 것인가? 이는 여전히 '추격'(catching up)의 성공 여부와 관련된 질문이다. 둘째, 자동차산업의 경로가 바뀐다면, 다시 말해 패턴이 전혀 다른 '새로운 경로'가 출현한다면, 현대차의 추격 전략은 어떻게 할 것인가?

현대차가 연간 생산 800만 대 수준에서 일단 숨 고르기를 해야 하는 이유다. 따라갈까(catching up), 바꿀까(new path), 아니면 병행할까(parallel)? 사실, 무인자동차와 전기자동차가 140년 계속된 자동차 개념의 패턴을 본질적으로 교체할 것을 요구하는 오늘날의 상황을 신중하게 검토하면 '병행전략'이 더 적절해 보인다. '따라가는 것'은 안전하나 언제 추락할지 모르고, '바꾸는 것'은 첨단기술을 개발해야 신경로 창출이 가능하다. 현대차의 경우 그동안 무인자동차와 전기자동차 관련 첨단기술 개발에 남다른 지식을 축적해 왔으므로 바꾸는 것은 가능하나 시장수요를 선도해서 창출해야 한다는 부담이 따른다. 그러므로 병행전략을 택하되 '따라가기' 90%, '신경로 창출' 10% 수준을 적절히 배합하는 것이 좋을 듯하고, 다른 선도기업의 전략과 시장추이를 살펴 그 비율을 조금씩 변경하는 것이 바람직해 보인다.

일단 병행전략이 더 적합하다고 가정하자. 그러면 그에 따른 문제가 발생한다. 현대차의 추격전을 성공으로 이끈 두 공신, '함대형 생산체제'와 '기술주도적 포디즘'은 어떻게 바뀌 나갈 것인가?

첫째, 함대형 생산체제와 협력기업의 수직계열화는 자동차 패턴이 바뀐 신경로에 적합한 체제인가 여부를 점검해야 한다. 말하자면, 동반 진출한 협력업체들이 전기자동차와 무인자동차에 맞춰 부품의 기술수준을 높이고 성능향상에 성공해야 하는데 과연 그렇게 할 수 있는 자율적 능력이 있는지가 문제다.

수직계열화는 협력업체에 수요와 공급의 안정성을 제공해 생산스케줄을 확정할 수 있다는 장점을 갖지만, 독자기술을 개발할 인센티브가 상대적으로 작다는 결점을 안고 있다. 현대차 본사가 R&D 비용을 늘려 주고 연관 협력업체들의 연구시스템을 개선할 수 있게 여러 가지 지원책을 강구하겠지만, 이른바 기존 기술체계에서 신기술로의 부드러운 전환을 기하기 어렵다는 난점을 극복해야 한다.

수직계열화의 장점은 앞에서 지적했지만, 그 배경에는 신기술 개발과 관련한 장애물이 존재하는 것이 사실이다. 많은 전문가들은 계열사와 협력사의 모기업 의존성(dependence)을 자주 거론했다. 기술개발과 품질개발이 자체적 계획에 의해 이뤄지기보다는 모기업의 요구와 사양에 맞춰 추진되기 때문에 장기적 계획을 세우기가 어렵다. 협력사가 그 분야에서 세계적 기업으로 도약할 수 있는 길이 열려 있는 토요타나 폭스바겐과 다른 점이 이것이다.

함대형 생산체제가 안고 있는 취약점이 바로 자율적 장기계획 실행가능성이 낮다는 점이다. 연구개발비와 목표가 모기업의 요청에 속박되어 있고, 기술개발에 성공한 경우 기술발명 특허권이 어디에 속하는지가 모호하기 때문이다. 계열사와 협력사들은 자율적 기획과 연구개발의 의욕을 물량공급 안정과 상쇄하려는 속성이 강하다. 즉, 의존성이 높다는 말이다. 계열사의 중견연구자는 평소에 해보고 싶은 연구를 미뤄 두고 모기업의 요청에 맞춰야 할 때 연구의욕이 떨어진다고 토로한다.

제가 속한 파트에서는 대체로 모기업이 요구하는 프로젝트에 80%를 쏟고 창의적이고 독창적인 아이디어를 실행할 수 있는 시간은 불과 20%가 채 안 된다. 내가 평소에 갖고 있는 아이디어가 창의적인지는 모르겠으나 그리하면 잘될 것 같은 생각이 많이 드는데 결국 프로젝트에 쫓겨 못 하는 게 아쉽다. 8

모기업에 대한 의존성은 일감과 물량 확보에는 좋으나 자동차시장 위축과 경기침체 시에는 동반하락이 불가피하다는 점에서 함대형 생산체제가 기반한 수직적 위계질서를 서서히 재고해 볼 시점이 되었다. 기업네트워크의 한국적 구조에 해당하는 현대차의 생산체제가 지금까지는 성공적으로 작동하였으나 환경이 바뀌면 비효율성을 낳는 중대 요인이 될 수도 있기 때문이다. 이런 우려 때문에 모기업은 330여 개에 달하는 협력사에 최근 독자적 시장개척과 기술개발을 독려하고 많은 지원책을 제공하지만 본질적 구조개혁 없이는 어려울 것이다. 실제로 직영 계열사의 최고경영자가 모기업의 평가를 받고 진퇴가 좌우되는 현실에서는 더욱 그럴지 모른다. 9

둘째, 기술주도적 포디즘이 안고 있는 문제는 앞의 것보다 더 심각하다. 신기술 적용에 따라 일관생산공정의 본질적 변경이 요청되기 때문이다. 여기에는 생산라인의 교체를 위시해, UPH와 HPV의 변경, 생산인력의 대량 감축, 직무훈련과 교육 등이 포함되고, 공장 배치가 전면 개편되는 조치가 뒤따라야 한다. 그러나 아직은 무인자동차와 전기자동차가 생산라인의 설계도와 조립공정을 어떻게 바꿀지 불분명한 상황이기에 생산직 사원들로서는 현재의 작업구조에 더욱 집착하는 저항적 심성을 키워 갈 가능성이 크다.

여기에 생산직 사원들의 저항심리가 전투적 노동조합에 강력한 힘을 실어 준다면 변화와 유지 병행전략은 유보되거나 실행 자체가 어려워진다. 노동조합과의 원만한 타협이 이뤄진다면 좋겠으나, '저항적 실리주의' 혹은 '전투적 실리주의'로 명성이 높은 현대차 노조를 대폭적 구조변경의 미래작업에 협력적 파트너로 끌어들이기란 매우 난감한 일임은 분명하다.

현대차의 성장 유전자를 살려 내 미래대응적 변신을 향한 집단지성 (*collective intelligence*) 을 만들어야 함을 절실하게 느끼게 하는 대목이다. 집단지성은 집단생존과 미래번영을 위한 지혜의 창고다. 조선 3사의 암울한 현실에서 보듯, 호황기에 불황을 대비하지 않은 안주와 안이함의 누적된 위험이 한꺼번에 터져 나온다면 그 결과는 추락 (*falling behind*) 일 수밖에 없다. 언제 시장상황이 극심한 불황으로 돌아설지 모르고, 소비자의 기호가 언제 무인자동차와 미래형 자동차로 쏠릴지 모르는 불확실한 상황을 대비하려면 '지혜의 창고'에 노사 간, 기업과 정부 간, 기업과 시민사회 간 진지한 토론에서 얻어 낸 정책대안이 쌓여 있어야 한다.

경제적 실리투쟁에 힘을 쏟는 노동조합의 기능과 이념을 바꿔야 하고, 경영진도 파업이 두려워 불합리한 요구를 수용하거나 역으로 배제적 노선을 취할 것이 아니라 미래대응적 토론의 영역으로 더불어 나아가야 한다. 열정, 조율, 소명의식을 회복하는 일이 무엇보다 절실하다는 말이다. 조율되지 않은 완성차는 고객이 외면한다.

불량 제로의 자동차를 제조하는 기업이 왜 생산에 참여하는 주요 행위자들 간 '조율'은 가능하지 않은가?

경제적 실익에 대한 열정은 그리 높으면서 왜 기업의 생존과 미래번영을 위한 구조개혁의 '열정'은 약화되었는가?

한국 제조업의 40%를 차지하는 자동차산업이 추락하면 한국이 추락하고, 가정도 추락하고, 더불어 자녀들도 추락하는 냉혹한 현실을 왜 외면하는가?

나라를 살리고, 가정과 사회를 살리고, 후손들을 살려야 한다는 소명의식은 왜 경제적 풍요의 시대에는 자취를 감췄는가?

이런 본질적 질문을 스스로 제기해야 할 시점인 것이다.

chapter. 10

—

신문명의

전사

신문명의 전사, 해외공장

자, 함대(艦隊)가 간다! 열정, 조율, 소명의식에 의기충천한 경영자, 생산자, 연구진을 가득 실은 현대차 함대가 간다! 그 함대엔 한국의 깃발이 펄럭이고, 인류사회를 향한 만국 공통의 깃발이 펄럭인다. 그 함대는 21세기 사회의 신문명을 창조할 경영진, 생산자, 연구진이 머리를 맞대고 현대차가 풀어야 할 문명사적 과제를 논하는 전장(戰場)이다. 그것은 또한 함대 정박지마다 새로운 일자리와 기술을 전수하는 지혜로운 전령이다. 자, 함대가 간다, 가슴 벅찬 문명사적 미션을 안고.

지난 세기 해외진출 자본은 흔히 '제국주의'(*imperialism*)적 속성을 감추지 못했다. 1970년대까지 다국적기업(MNCs, *Multinational Corporations*)에 관해 두 가지 상반된 견해가 엇갈렸다. 부정적 견해가 주류를 이뤘는데, 다국적기업은 후진국에서 올린 이윤을 송두리째 본국으로 송금하고, 진출국에서는 저임금 일자리와 임금착취에만 열을 올리며, 때로는 정경유착을 통해 권위주의체제를 부추긴다는 견해가 그것이다. 이와 달리 긍정적 견해는 소수였다. 기술이전, 경영기법 전수, 괜찮은 일자리 창출을 통해 진출국의 경제발전에 기여한다는 논리였다.

필자가 대학생이었던 1970년대에는 부정적 논리가 승해서 매국노 낙인을 감당하지 않으면 외국기업에 취직하는 것은 위험천만한 행위로 간주되었다. 그도 그럴 것이, 마산수출자유지역에 입주한 외자기업들의 행태가 사회적 비난의 표적이 되었기 때문이다.

지금 생각해 보면, 부정적 논리에 일리는 있지만 매국노로 매도할 만큼은 아니었다. 배울 점이 있었고, 기여한 점도 있었다. 당시에는 마르크스주의 이론이 성행해서 그랬을 것이다. 남미처럼 부정적 영향이 컸던 사례도 출현했으므로 부정적 논리는 호응을 얻었다. 그러나 우리는 이제 한국을 위시한 동아시아 지역이 남미와 근본적으로 달랐음을 인식한다. 우리는 외국기업들에게 배웠고, 그 산업을 모방했으며, 결국 그들을 추월했다. 외국자본이 가장 힘겨워하는 나라가 한국이다. 그럼에도, 지난 세기 다국적기업은 '제국주의적'이라는 비판에서 자유롭지 못하다. 그것이 20세기 문명의 속성이라면, 21세기 초국적기업은 어떻게 달라야 하는가?

현대차가 초국적기업의 대명사가 되었기 때문에 이 질문은 반드시 제기되어야 한다. 감히 말하건대, 현대차는 초국적기업의 특성을 '공존과 공영'으로 바꿔 놓았으며, '상호호혜'를 실현하는 대표적 기업이 되었다. 필자가 외국공장을 견학하고, 진출국의 산업경쟁력과 생활수준 향상에 기여하는 호혜(互惠) 네트워크를 목격했기 때문이다. 인도, 미국, 중국을 대상으로 현대차의 역할을 간략히 스케치하고자 한다. 현대차는 21세기 상호호혜적 '신문명의 전사'다.

무작위(無作爲)의 나라, 인도

1994년 현대차가 인도에 공장 건설을 결정한 것은 일종의 문명사적 도전이었다. 인도는 궁핍을 먹고 산다고 할 만큼 산업화의 열풍에서 비켜 있는 나라였다. 중국이 일어설 때 인도는 그냥 누워 있었다. 누워 사는 것이 자연스러웠고 아등바등 자신의 처지를 벗어나고자 하는 것은 힌두의 전통에 맞지 않았다. 벽돌로 얼기설기 벽을 쌓아 올리고 천막을 덮으면 가족이 거처할 방이 되고, 한쪽 구석에 취사 도구를 놓으면 부엌이 된다. '무소유 불살생'의 나라 인도에서는 소유가 거추장스럽고 사람과 동물이 섞여 산다. 혹시 집안에 2미터짜리 대형 뱀이 출현하면 잡아다가 들판에 방생한다. 그놈이 다시 돌아와 아이들에게 달려들 것을 걱정하는 사람은 없다. 그냥 그렇게 공존하며 살아 왔다.

인구 13억 명, 한반도의 16배에 달하는 거대한 영토를 가진 인도에 도로는 없다. 아니 있기는 한데 '릭샤'라 불리는 삼륜차, 트럭, 버스, 오토바이가 뒤섞여 달린다. 때때로 소떼가 운전을 가로막는 고속도로 또한 질서정연한 주행도로가 아니다. 영국식 지배를 받아 좌측통행인 도로에서 유턴을 하자면 목숨을 걸어야 한다. 마주 오는 차를 정지시킬 신호등이 없는 상태에서 눈치 운전, 틈새 운전을 해야 한다. 사고가 나면 팔자소관이다. 그래서 클랙슨은 필수다. 인도의 도로에서는 클랙슨을 눌러 대지 않으면 사고가 난다. 일본보다 뒤늦게 진출한 현대차가 인도에 교두보를 구축할 수 있게 만든 공신

상트로(Santro)가 처음 출시되었을 때 클랙슨 소리를 높여 달라는 게 인도 고객들의 가장 중요한 요구사안이었다.

인위적인 행위를 배척하는 '무작위의 나라', 현세보다 내세를 중시하는 '신비의 나라' 인도에, 제조와 건설에 이골이 난 작위의 나라 한국이, 내세보다는 현세의 안락과 성공을 추구하는 실용의 한국인이 진출했고 또 성공한 것은 문명사적 도전의 대표적 스토리가 아닐 수 없다. 8세기 신라 승려인 혜초는 불교 발상지가 뿜어내는 신비한 세계관과 내세관을 몸소 겪은 체험담을 《왕오천축국전》(往五天竺國傳)에 실어 신라에 알렸는데, 1,200년 후 현대차는 문명의 총아인 자동차의 설계도면과 조립공장을 함대에 싣고 거대한 인도의 문을 두드렸다.

문은 열렸다. 현대차가 캐나다 부르몽 공장의 설비를 뜯어가 인도 남부 첸나이에 공장을 설립한 것은 1996년, 이후 생산직 사원을 선발해 교육하고 공장을 가동해 인도 취향에 맞는 소형 신차를 생산했다. 1998년, '상트로'(Santro)라는 이름의 소형 신차는 일본 합작회사인 마루티-스즈키가 장악한 자동차시장을 파고들었다. 결과는 대성공이었다. 우리의 '모닝'(Morning) 모델과 유사한 상트로는 가격과 성능에서 마루티-스즈키와 대등한 경쟁을 벌였다. 처음 내디딘 시장에서 첫해 10만 대를 팔았을 정도이니 마루티-스즈키를 가격과 성능경쟁에서 앞질렀을지 모른다. 인도인들은 '싸고, 성능 좋고, 오래 견디는 차'를 원한다. 이 세 가지 조건을 모두 충족하는 모델을 내놓는다는 것은 자동차기업으로서는 거의 불가능한 일이지

현대차 인도공장

만, 일단 인도에 진출한 현대차로서는 세 가지 요구에 충실한 모델 개발에 매달릴밖에 다른 방법이 없었다.

세계적 메이커들은 '싸고, 성능 좋고, 오래가는 차'를 만들 수 없다. 가격 수준을 맞추기 어렵기에 토요타, 폭스바겐, GM, 포드가 인도시장에서 인기를 끌기 어렵다. 소형차, 중저가 브랜드로 시작한 현대차는 인도시장의 그런 수요를 즉각 수용할 준비가 되어 있었다. 상트로, 모닝만 한 체격에 내구성이 좋은 소형차, 거기에 클랙슨이 왕왕 울리고 계기판 숫자를 크게 확대한 견고한 차가 선을 보이자 인도인들이 환호했다. 현대차의 성공적 상륙을 알리는 대중의 환호였다.

이런 성공에 힘입어 현대차는 2008년 제 2공장을 건설하고 유럽형 'i10'을 양산했다. i20보다 약간 작은 소형 해치백인데, 마침 성장

가도를 달렸던 인도 경제 덕분에 상트로보다 약간 비싼 i10은 날개 돋친 듯 팔렸다. 2009년 누계 300만 대를 돌파하고, 2010년 누계 400만 대, 제3공장과 함께 엔진공장을 건설한 2013년에는 500만 대를 달성했다.

2014년에는 한국의 엑센트 모델을 'Xcent'로 명명해 출시하고, 'Elite i20'을 시장에 선보였다. 결과는 대성공, 인도 자동차협회가 수여하는 올해의 차(i-COTY, *Car of the Year*) 상을 받았다. 2015년 에는 대망의 누적 600만 대를 돌파하고, 한국의 투싼을 닮은 크레타 (Creta) 모델을 출시해 또 한 번 선풍을 일으켰는데, 크레타는 현대 차의 주종모델이 될 전망이다. 문을 연 것과 동시에 문이 열렸다고 하는 편이 적절하다.

"Make in India"(인도에서 만든다!)를 내세운 모디 정부는 교육, 건강, 물, 에너지, 도로망 확충에 사활을 걸었다. 이를 기반으로 2020년 인도의 주요 수출품 중에서 제조업을 25%까지 끌어올리기 위해 모디 정부는 인도의 강점인 정보산업과 제조업의 총아인 자동 차산업에 정책 초점을 맞췄다.

현대차는 모디 정부의 정치적, 경제적 요구에 부응하는 전략기업 이다. 다른 외국기업과는 달리 '함대식 생산체제'이기 때문이다. 현 대차 인도공장 주변에는 41개에 달하는 동반진출 기업이 거대한 기 업복합군을 이루고 있다. 마루티-스즈키나 타타, 마힌드라, 토요 타, 포드와는 확연히 다른 기업 생태계를 인도 정부는 너무나 환영 한다. 본 공장 4천여 명, 41개 협력사 고용 인원을 모두 합하면 약 1

만여 명에 달하는 고용을 창출하기 때문인데, 고용에 목을 맨 인도인으로서는 이보다 더 고마울 수가 없다. 여기에 더하여 인도 전역에 분산된 1차 협력사 76개를 합하면 총 120여 개 기업이 현대차와 직접적 계약관계에 있고, 2차 협력사 760개가 직·간접 계약을 맺고 성업 중이다. 인도 기업 중 이 정도의 고용을 창출하는 기업은 드물다고 보면, 현대차의 인도 진출이 어느 정도의 의미를 갖는지 가히 짐작할 만하다.

현대차 인도공장은 고용창출뿐만 아니라 기능공 양성교육과 훈련에도 그 어느 기업보다 열성적이다. 현대차 공장은 정부와 합작으로 교육훈련기관을 운영 중인데, 훈련기간은 3년, 훈련을 이수한 기능공 중 우수한 사람은 현대차 정규직으로 채용된다. 말하자면 취업알선 기관이자 취업훈련 기관으로서 인도 젊은 층에게 많은 인기를 얻고 있다. 현대차 정규직 취업은 중산층으로 도약을 입증하는 징표다. 인도의 중산층 연소득은 대략 500만 원 정도라고 하는데 현대차 정규직의 연봉은 그것의 두 배인 약 1,200만 원을 웃돌기 때문이다. 현대차 인도공장의 노동자는 말하자면 중상층에 속한다. 이것이 저임금 장시간 노동을 강요했던 20세기 다국적기업(MNCs, *Multinational Corporations*)과는 본질적으로 다른 특성이다. 이런 의미에서 '함대식 생산체제'의 위력과 효율성이 인도에서 시험되고 입증되었다고 해도 과언이 아니다.

한글 명함 주지사, 미국

몽고메리 시립극장에서 앨라배마 셰익스피어 축제의 백미(白眉)인 〈미녀와 야수〉 공연이 열렸다. 오케스트라가 악기 조율을 마치고 잠시 조용해진 틈을 타 극장 예술감독인 이브 롭(Eve Lobe) 씨가 무대로 걸어 나왔다. 그는 현대차 직원들을 일으켜 세워 청중들의 박수를 한 아름 안겨 줬다. 그가 말했다.

"현대차는 우리 지역에 붐을 일으켰습니다."

광대한 초원, 전통적인 농업지역에 현대차가 가져온 산업열풍은 말로 다 할 수 없다. 앨라배마와 조지아의 면적은 남한보다 훨씬 크지만 인구는 각각 500여만 명을 헤아릴 정도로 지극히 작다. 서울의 절반 규모 인구가 광활한 초원에 흩어져 산다. 제조업은 없고 농산업과 물류, 관광산업과 서비스산업이 전부다. 주민의 평균소득이 밑에서 10번째를 밑도는 이유다. 초원에는 소떼가 놀고, 초원 한가운데 20세기 초에나 볼 수 있는 허름한 농가가 서 있을 뿐이다. 주의 별칭은 목화주(Cotten State)다. 끝없이 펼쳐진 목화밭! 이것이 앨라배마와 조지아의 정체성을 말해 준다.

남북전쟁 당시 북쪽으로 이주하지 않은 흑인의 후손들은 농업노동으로 연명하거나 도시지역으로 이주한 전통적 낙후지역에 현대·기아차가 들어선 것은 일종의 충격이었다. 그것도 세계 최고의 첨단시설을 자랑하는 자동차공장이었으니 이 지역 일대가 들썩인 것은 말할 필요도 없다. 몽고메리 카운티에 마틴 루터 킹 목사가 불을 댕

긴 인권운동의 메카 살렘 시가 있다.

"나는 꿈이 있습니다!"(I have a Dream!)

킹 목사의 정의로운 저항 덕분에 흑인들은 투표권을 쟁취했고 정당한 시민으로 편입됐다. 그러나 빈곤에서 풍요의 영역으로 편입된 것은 아니었다. 현대·기아차가 킹 목사가 못 이룬 꿈의 해결사를 자처하고 나섰다. 앨라배마와 조지아를 합해 물경 4만여 개를 헤아리는 일자리를 창출했다.

기아차 공장의 경영담당 미국인 상무는 건설 초기부터 근무한 베테랑이다. 그는 기적을 일궜다고 말했다. 2008년 1월, 1차 채용공고를 냈는데 4만 3천여 명이 몰려왔다. 경력과 건강상태를 체크하고 면접을 통해 1,200명을 뽑았다. 2차 공채 때는 경쟁률이 더 심했다. 4만 4천여 명 지원에 800명을 채용했고, 3차에는 4만 5천 명 지원자 중 1천 명을 뽑았다. 기아차 생산직 사원 3천여 명은 무려 14만 명의 지원자 중에서 뽑힌 사람들이다. 성실하고 건장한 인력이다. 흑인이 절반 이상이고 여성도 20%를 차지한다. 인력 채용상황은 앨라배마 현대차도 비슷해서 경쟁률이 50 대 1을 훨씬 넘었다고 말한다.

이들은 자신도 예상하지 못했던 높은 보수와 쾌적한 근로조건을 누리는 행운아다. 건강보험을 합쳐 평균 보수총액 7만 달러 정도, 하루 8시간 노동에 세계에서 가장 안전하고 노동생략적인 작업환경을 누린다. 어지간한 공정은 자동화되어 있기 때문이다. 3교대 근무형태이기 때문에 조별로 돌아가는 주말 야간근무가 가장 마음에

현대차 앨라배마공장

기아차 조지아공장

걸리는 불만사항으로 떠오를 정도다. 몽고메리 카운티와 조지아 주 일반 서민에게는 선망의 대상이 되는 '최고의 일자리'임을 누구나 다 인정한다. 동반진출 업체가 50여 개, 모두 합쳐 4만여 개의 일자리가 그러하다면, "I have a Dream"을 현대·기아차가 이뤄 줬다고 해도 과언이 아니다.

그렇기에 앨라배마와 조지아 주지사를 비롯해 시장, 상공회의소 임원, 대학총장에 이르기까지 한글 명함판을 새기고 다니는 것이 별로 이상하지 않다.

"로버트 벤트리 주지사, 앨라배마 주."

"타드 스트레인지 시장, 몽고메리 시."

"존 베레스 3세, AUM 총장."

이런 식이다. 로버트 벤트리 주지사는 현대·기아차 유치 공적에 힘입어 연임에 성공했다. 조지아 주 애틀랜타 공항에는 이런 문구가 자주 눈에 뜨인다.

"Optima now built in Georgia."

(옵티마는 지금 조지아에서 생산된다.) 1

얼마나 자랑스럽기에 이런 문구를 곳곳에 새겨 놓았을까? 얼마나 기뻤기에 한글 명함을 새기고 다닐까. 'Job!', 미국 정치의 모든 초점은 일자리에 맞춰져 있다. 일자리 창출에 성공한 정치인은 존경받고 쉽게 재선된다. 그러니 한글 명함을 들고 다니고, 기업유치를 위해 미국인 특유의 자존심을 접고 세계 곳곳을 다닌다. 먹고살게 해 준다는데 후진국 기업이면 어떠랴? 현대·기아차 정도면 훌륭하기 짝이 없는 선망기업이다.

현대·기아차는 사회공헌활동과 기부활동을 더욱 활발하게 전개한다. 앞에서 말했듯이, 오케스트라 공연을 후원하고, 300만 대 생산 기념식에 미국 최고 인기가수를 초청하고, 학교교육 지원은 물론, 지역주민 복지공동체 운동에도 적극 참여한다. 현대차 K법인장, 기아차 S법인장은 지역 명사다. 상공회의소 만찬에 초대되어 기념연설을 하거나, 역으로 공장에서 개최하는 기념식이나 축하행사에 지역 정치인들이 참여해 분위기를 북돋운다. 상호 교류, 상호 지원이 이렇게 열성적으로 이뤄지는 것이다.

그도 그럴 것이, 현대·기아차가 빈곤의 대명사였던 남부 두 개 주에 미치는 경제기여도가 만만치 않다. 대학 미식축구에서 몇 번이나 우승한 어번대(Auburn University) 데라비(Keivan Deravi) 교수는 2015년 발표한 *Economic Impact Study*에서 앨라배마 현대차가 지역사회에 미치는 경제적 영향을 이렇게 요약했다: 풀타임 고용 3만 8천 명, 협력업체 12,620명, 세수창출 8,070만 달러, 남부의 새로운 디트로이트로 부상, 자동차산업의 남부중심 벨트 형성. 이뿐만 아니라, 몽고메리 카운티는 성장률을 무려 152%나 기록했고, 세수 1,070만 달러를 달성했으며, 지역 내 유·무형 효과를 따지면 그야 말로 막대하다고 말이다. 그러니 왜 한글 명함을 들고 다니지 않겠는가. [2]

흥미로운 사실은 현대·기아차가 입주한 애틀랜타 인근지역에 한국 교민이 대폭 늘었다는 점이다. 한국 교민들이 한국공장을 따라

남하한 것이다. 한국에 대한 이미지가 좋아졌기에 교민들이 어깨를 펴고 다니는 장점도 있고, 공장과 관련된 서비스 일자리가 부쩍 늘었다. 식당과 호텔이 대표적 업종이다.

어깨를 펴고 다닌다? 그게 그리 중요한가? 중요하다. 평생 푸대접을 받거나 일종의 인종적 냉대를 받고 살아온 한국 교민들이 멋지게 들어선 한국공장의 장엄한 풍경을 바라보는 그 뿌듯한 심정은 교민 아니면 모를 것이다. 현대・기아차 홍보담당 한국 주재원은 교민들의 방문에 힘을 얻는다고 말한다. 노후에 들어선 교민들, 친인척도 없는 이국땅에서 살아 내느라 온갖 서러움을 견딘 1세대 교민들에게는 미국인을 고용하고, 미국인들이 칭송하는 멋진 차를 생산해 내는 한국공장이 눈물겹도록 고마운 것이다. 그들이 겪어 온 일생의 한을 한꺼번에 풀어 줄 만큼 감격스러운 역사(役事)를 해냈다.

공장 견학을 마친 교민들이 한국 주재원의 손을 잡고 감격의 눈물을 흘리는 모습은 쉽게 볼 수 없는 진풍경이다. 전쟁과 가난의 기억을 털어 내고, 최고의 기술력으로 최고의 차를 만들어 내는 조국의 공장이 그들에게는 평생의 고난을 말끔히 씻어 주는 상생의 한풀이다. 그것은 과거의 '수탈' 이미지를 안고 있는 다국적기업도 아니고, 이윤송출에 혈안이 된 초국적기업도 아니라, 미국과 한국, 한국과 미국의 상호호혜를 생산하는 글로벌 기업인 것이다.

Automobile Road, 중국

2015년, 중국은 동풍(東風)의 위력을 드러냈다. 전승절 열병식, 3군 의장대가 121보를 걸어 오성홍기를 게양했다. 한 걸음마다 격동의 역사에 스민 피가 솟구쳤다. 그것은 '1894'로부터 누적된 중국의 울혈을 이제야 풀었다는 대륙의 선포였다. '121보'가 겨냥한 것은 중국이 1894년의 황화(黃禍)가 더 이상 아닌, 문명국의 지위를 회복한 동쪽 바람, 아시아의 태풍이라는 뜻이다. 명칭은 둥펑, 동풍(東風)이다. 동풍은 실크로드를 타고 서역으로 향한다. 동풍은 한반도를 지나 미국으로 향한다. 한반도는 이 거센 태풍 속에서 생존할 수 있을 것인가?

'적벽에 결집한 조조의 백만 군사의 허를 탐지할 한국의 제갈량들은 지금 분주하게 움직이고 있는가?'

있다. 현대차다. 현대차는 한국의 제조업체들이 단기적 이윤을 빼먹고 철수한 2000년대 초반 중국의 심장부인 베이징에 진출했다. 낙후한 자동차 국영기업 베이징기차와 합작회사를 설립한 것이다. 1980년대 초반 이미 중국시장에 진출했던 폭스바겐과 GM, 토요타의 뒤를 이어 중국 정치문화의 심장부에 자동차공장을 건설했다. 상하이폭스바겐(上汽大衆)이 시장을 장악한 이후여서 성공확률이 지극히 낮은 상황이었지만, 중국진출은 자동차기업에게는 사활을 좌우하는 운명적인 한판이기 때문이었다. 노후화된 베이징기차의 설비를 모두 걷어내고 현대차의 신(新) 장비로 교체하는 데에 불과 6개

현대차 북경공장

월이 채 걸리지 않았다. 1공장 설비를 교체하는 그 짧은 시간에 2공장과 3공장을 동시에 완공했다. 2002년 10월에 회사등록증이 나왔는데, 3개 공장에서 쏘나타가 생산되기 시작했다. 거의 동시였다.

진출 원년에 5만 대를 생산해서 팔았다. 이듬해에는 생산 10만 대, 2005년에는 50만 대를 돌파했다. 그야말로 '현대 속도'였다. 베이징기차를 관리하는 베이징 시 당원들이 혀를 내둘렀다. '현대 속도'는 불가능한 것을 뚫어내는 추진력과 속전속결 스피드를 결집한 감탄의 용어였다. 2016년까지 누계 800만 대를 돌파했다. 투입된 차종은 모두 18종, 고용인원 15,580명, 생산능력 106만 대, 대리점 982개, 협력사 185개, 중국진출 15년의 업적이 이 정도라면 '현대 속도'를 《옥스퍼드사전》에 신용어로 등록할 만하다.

이보다 더 중요한 것은 현대차의 행보가 중국몽(中國夢)의 상징 인 실크로드의 인류사적 상생의미를 실현하고 있다는 점일 것이다. 실크로드는 화친의 길이자 교역의 길이다. 중국몽이 뻗어 나가는 길 이자 이웃국가의 경제와 삶의 양식을 살찌우는 길이다. 과거 신라시 대부터 그랬듯이 실크로드는 중국문명을 일방적으로 수용하는 길이 결코 아니다. 주고받는 교환의 길, 상호호혜적 네트워크가 실크로 드다.

대부분의 동양인들은 중국의 대국굴기(大國崛起)가 두렵다. 그 러나 대국은 이웃국가 없이는 성립되지 않는다. 이웃국가를 침탈한 상태로는 대국이 될 수 없다. 예전에는 이웃을 거느린 국가가 제국 이었지만, 그런 의미의 제국은 현대사회에서는 통하지 않는다.

그렇다면, 한국은 중국몽을 어떻게 마주하고 수용하고 응답할 것 인가? 여기에 현대차가 응답했다. 실크로드를 자동차로드(automo-bile road)로 만들겠다고 말이다. 15억에 달하는 중국 인민들에게 이 동수단을 제공하고, 그들 간 인간적 교류의 거리를 좁혀 주고, 후진 상태에 있었던 그들의 삶의 공간을 풍요롭게 해주는 문명적 이기를 제공하는 주체로 나선 것이다. 한국에게 실크로드는 자동차로드다.

한반도 남동부 해안에서 시작된 자동차제조의 첨단기술을 중국에 이식해서 중국몽의 실현을 돕겠다는 의미다. 그것은 상생의 의미다. 방대한 중국시장을 얻는 대신, 중국인들에게 첨단 제조기술과 고급 일자리를 제공하는 것이다. 그 상호호혜적 관계의 개화와 발전을 위해 현대차의 제갈량들은 지금 분주하게 움직이고 있다.

중국은 1인당 국민소득이 빠른 속도로 상승하고, 고속으로 진행되는 도시화에 따라 일반 중산층과 서민들의 자동차 수요가 폭증하는 이른바 '대중시장'이다. 대중시장의 성패는 '저가의 품질 좋은 차'를 얼마나 빠른 속도로 공급하는가에 달려 있다. 2016년에 약 2천만 대, 2017~2020년에는 약 3천만 대 수준으로 치달을 폭발적 수요를 누가 잡아내는가, 이것이 중국에 진출한 자동차기업의 공통 관심사이자 공통 전략이다.

당장 닥치는 수요를 감당하느라고 장기전략을 펼 수가 없다. 중국 법인장(총경리)인 L부사장은 중국시장을 확장하려면 중급 자동차에 올인 해야 한다고 말한다. 베르나, 아반떼, 쏘나타, 투싼, 싼타페가 주력차종이다. 차종을 다양화해 중국인의 입맛을 사로잡는 전략도 있다. 아반떼와 쏘나타 중간급인 미스트라, 소형 유틸리티 차종인 ix25, ix35를 출시해 세간의 관심을 끌었고, 경쟁기업을 바짝 긴장시키기도 했다. 3

특히 한국에서 비교적 라인이 단순한 SUV는 집중투자와 공략 대상이다. 작명은 디자인에 호감을 보이는 중국 고객을 계약까지 끌어들이는 화룡점정(畵龍點睛)의 터치인데, 현대차는 작명을 잘하기로 이름이 높다. 영문 발음을 살리되 중국어에서 독자적이고 매혹적인 이미지를 떠올리게 하는 그런 이름을 찾아낸다.

베르나는 루이나(瑞納), 엘란트라는 이란터(伊藍特), 아반떼는 위에둥(悅動), 랑둥(朗動), 링둥(領動), 미스트라는 밍투(名圖), 쏘나타는 쑤오나타(索納塔), 투싼은 투셩(途勝), 싼타페는 신성다(勝達), 이런 식이다.

이들이 1억 5천만 명에 가까운 중산층과 상류층의 취향에 파고드는 현대의 주력 차종이지만, 외국기업 40여 개, 토종기업(*local company*) 20여 개가 군웅 할거하는 중국시장에서, 예컨대 전통적 강자인 상기GM(상하이GM), 상기VW(상하이폭스바겐)의 장벽을 넘어서려면 아직 시간이 필요하다. 토요타와 혼다는 이미 따라잡았지만, 그건 그리 대단한 일이 아니다.

2015년, 최고 강자인 상기VW은 180만 대를 팔았고, 일기VW(디이기차와 합작사)은 165만 대를 팔아 총 345만 대 매출실적을 올렸다. 상기GM은 171만 대, 베이징현대는 106만 대로 4위를 기록했다. 이만해도 놀라운 실적이지만 60여 개 업체가 난립하는 상황에서는 만족이란 좌초를 의미한다. 그 밖에 둥펑닛산, 창안포드, 창청기차, 선룽기차, 이치토요타가 뒤를 잇고 있다.

60여 개 업체가 쏟아 내는 주력차종을 포함하여 고급 브랜드와 수입차, 각종 상용차가 시내를 질주하는 중국 거리에 서면 마치 자동차 박람회장에 온 듯한 느낌이다. 현대차가 출시한 차종만도 18개에 이르니, 60여 개 업체가 만드는 차종 평균을 10여 개로 잡아도 대략 600여 종의 차가 출시돼 시장경쟁력을 다투고 있다고 보면 틀림이 없다.

이런 추세에서 승기를 잡기 위해 현대차는 최근 공장 신설을 결정했다. 화베이지역 창저우에 30만 대 생산력을 갖춘 제4공장을 짓고, 남부지역 시장점유를 위해 충칭에 30만 대 생산능력을 가진 제5공장을 신설하기로 결정했다. 공장 신설이 완료되는 2017년이 되면 현대차만 165만 대를 생산하며, 이미 가동 중인 옌청지역 기아차 생산물량과 합하면 총 270만 대에 달하는 물량이다. 연간 180만 대를 생산하는 울산공장의 비중은 점차 낮아지고, 중국의 비중은 역으로 커져서 현대차그룹 생산물량의 30%에 달한다. 중국 자회사가 현대차그룹의 미래에 어떤 위상을 갖고 있는지를 짐작케 하는 중대한 대목이다. 그리되면 동반진출사와 합작사는 200여 개를 훨씬 넘어 300여 개에 근접할 예정이며, 중국 내에서 창출하는 고용효과도 그만큼 커질 것이다. 이른바 상생(相生)이다.

주재원은 애국자다

인도

적도(赤道)가 바로 아래 통과하는 열대지역 인도 첸나이공장에 파견된 현대차 관리사원들은 애국자다. 전무 본부장, 이사와 상무급 공장장 및 팀장 10여 명, 그리고 부장, 차장, 과장급 직원 총 120여 명이 연간 66만 5천 대를 생산하는 공장과 협력사의 총체적 관리를 맡고 있다. 물설고 낯선 이국땅에서 '총체적 관리'는 쉬운 일이 아니다. 안전사고, 사원복지, 생산관리 같은 것은 한국 경험이 풍부하기에 비교적 쉬운 업무에 속한다. 그러나 세금업무, 공무원과의 상담 및 타협, 고위관료 면담, 경찰의 치안업무 지원 등은 인도 관행이 우리와 너무 다르기에 난감한 일에 속한다. 카스트제도가 아직 완강하게 남아 있는 인도사회에서 생산직 노동자 관리업무도 그리 쉬운 편은 아니다.

주재원들의 생활이 한국과는 너무 다르고 불편하다는 것쯤은 익히 짐작할 수 있을 터이다. 현대차에서 인도공장은 인기가 가장 없는 파견지역으로 정평이 나 있다. 불결한 위생상태, 형편없는 주거지역, 비참한 도시환경, 그리고 열악한 교육 등 어느 것 하나 만족할 만한 것이 없기 때문이다. 더욱이 첸나이와 같이 수도 뉴델리에서 멀리 떨어진 지역의 사정은 열악하기 짝이 없어서 파견근무 발령이 나는 순간 절망적인 심정이 되기 일쑤다.

근무기간 4년을 그런 곳에서 가족들과 함께 생활해야 한다. 주재원을 괴롭히는 가장 큰 걱정거리는 자녀교육이다. 한국의 치열한 입시경쟁에서 비껴난 것은 다행스러운 일이지만, 대학을 어떻게 보낼지가 막막하다. 부모들은 좋은 학력과 스펙으로 한국에서 가장 좋은 선망의 직장에 취업했지만, 자녀들은 어떻게 해야 할 것인가. 다행히도 첸나이 지역에는 외국인 학교가 운영 중이어서 주재원들은 대부분 이곳에 자녀들을 보낸다.

한편 주재원들은 퇴근 이후에는 할 일이 없다는 게 문제다. 노래방이 있는 것도 아니고, 술집이 성업하지도 않는다. 인도인은 중국인과는 달리 술을 잘 마시지 않는다. 소주와 삼겹살! 그것이라면 하루 노동의 피로를 말끔히 씻을 수 있을 터인데, 소주는 귀하고, 종교적 이유로 삼겹살은 구하지 못하는 재료다. 인도 말을 알아듣지 못하기에 TV시청은 언감생심이고, 겨우 인터넷을 통해 한국 사정을 아는 정도에 그친다. 오락이 없다. 자연히 부부생활이 돈독해지는 것은 인도 파견 근무의 부산물이다. 할 것이 없고 더불어 놀 사람이 없기에 부부활동이 유일한 출구이자 낙(樂)이다. 한국식으로 보면 건실한 생활 그 자체다.

문화와 풍토가 다른 이국땅에서 한국과는 달리 신경을 곤두세워야 할 일은 태산처럼 산적해 있다. 그렇게 외화를 벌어들인다면, 애국자가 따로 없다. 주재원들은 애국자다. 애국자일 뿐만 아니라 인류학자다. 현대식 자동차 조립공장의 최신 기술을 전수하려면 인도인들의 문화와 생활관습, 사고방식을 잘 파악해야 한다. 작업현장 관리를 맡은 주재원들은 하루 종일 35도를 웃도는 공장에서 바쁜 시간을 보낸다. 주재원들은 몇 드럼통의 땀을 흘려야 겨우 열대 작업현장에 익숙해진다. 한국인들의 적응속도는 빠르다.

첸나이공장은 24시간 가동된다. 3교대 근무체제인데, 공장관리 책임을 맡은 주재원들은 퇴근시간이 따로 없다. 귀가해서도 마음이 놓이지 않는다. 혹시 야간에 공장에서 무슨 일이 발생하지 않는지 신경을 곤두세운다. 인도인들은 한국인의 부지런함에 감탄을 금치 못한다. 피식민지 민족의 공감대가 형성되는 때도 공장에 위급사태가 발생할 경우다. 일사불란한 주재원들의 행동과 민첩한 대응방식, 그리고 실행력이야말로 한국의 경제성장을 끌어가는 원동력이다. 정작 한국 본국이 사회적 갈등에 휩싸여 갈 길을 잃고 있는 이 시대에 첸나이공장 주재원들은 'GT1 현대차'를 향해 각자 해야 할 일이 무엇인지 너무나 잘 알고 있다.

기아차 멕시코공장

기아차 슬로바키아공장

현대차 체코공장

미국

조지아, 앨라배마공장을 지은 후 10년간의 허니문, 그것은 주재원들의 피나는 노력의 결과였다. 미국인 앞에서 당당한 주재원들의 태도에서 필자는 일종의 세대차를 느꼈다. 미국이 준 구호물자를 얻어입고 우유와 식빵 같은 식품을 얻어먹고 자란 세대에게 미국은 항상 우월한 존재였다. RCA TV, GE 냉장고, GMC 트럭 … 미국적인 것은 항상 선진문물이자 신문명이었다. 그런 세대의 눈으로 미국의 한국공장을 목격하는 것은 신선한 충격이었다. 40대에 접어든 주재원들은 젊고 의욕적이며, 패기만만했고 당당했다. 주눅 든 모습은 전혀 보이지 않았다. "아마 북부에 공장을 세웠다면 괄시를 받거나 좀 힘들었을 거다"고 말을 건네도 주재원들은 전혀 공감하지 않는 눈치였다.

미국인을 관리하다니! 인도, 터키, 체코, 브라질까지는 그렇다 하더라도 미국인을 관리하고 통제하고 가르친다는 사실은 매우 버겁게 다가오기 마련인데, 우리의 패기에 찬 젊은 주재원들은 전혀 그런 내색을 하지 않았다. "가르칠 게 많다!"는 주재원의 단호한 응답이 가슴 뭉클하게 다가왔다.

작업현장에서의 대화는 한국인 학창 시절의 텍스트인 《성문종합영어》로는 통할 수 없다. 입안에서 굴리는 남부 흑인의 발음은 알아듣기 힘들고, 그들이 쓰는 언어엔 슬랭이 많다. 그런 마당에 '아' 다르고 '어' 다른 대화에서 상대의 기분을 좋게 만들 적절한 언어를 구사하는 일은 영어에 정통하지 않은 외국인으로서는 거의 불가능하다고 봐야 한다. 컨베이어 벨트에서 고장이 발생할 때 미국인 관리사원이 우선 개입하지만, 한국 주재원과 상의해야 할 고장이라면 관리인 내지 해당 노동자와 심층적 대화가 필요하다. 기계, 기술 관련 용어를 알아야 하고, 노동자가 무엇을 잘못 작동했는지를 상세히 파악해야 한다. 이런 경우 《성문종합영어》에는 답이 없다. 노동자가 심각하게 말하는데, 한국 주재원이 웃으면서 얘기하면 당장 문제가 발생한다. 소통부족에 대한 불만이 쌓인다. 해외공장에서 예외 없이 등장하는 문제가 바로 이 '소통부족'이다.

그런데 대체로 주재원들의 능력과 순발력이 탁월하다는 점은 다행스러운 일이다. 일본, 독일의 현지주재원들과 비교해서 한국 주재원들의 패기와 능력은 결코 뒤떨어지지 않는다. 그러나 전문지식이 딸린다는 점은 인정해야 한다. 일본 주재원들은 경영진, 관리직이 아니라 대개 기술진, 엔지니어가 주를 이룬다. 관리는 현지인에게 맡기고 기술경쟁력에 집중한다. 독일은 관리와 기술 양자에 모두 개입하지만, 유럽인과 미국인의 간격은 동양인과 미국인의 간격보다 좁기에 소통이 그런대로 잘 이뤄진다.

주재원의 임기가 상대적으로 긴 점도 작용하다. 독일, 일본은 대개 6년 정도 근무하는데, 한국은 4년이다. 적응할 만하면 인사발령이 난다. 미국 현지인들이 가장 당혹스러워하는 점이 이것이다. 겨우 소통채널이 만들어지고 상호 주파수를 맞출 때가 되면 'Good luck and bye!' 하고 떠나야 한다. 언어와 기질 맞추기, 이 두 가지가 현지관리의 관건이다.

'상호이해'는 소통을 위한 가장 중요한 윤활유다. 주재원들은 미국과 한국의 이질적 문화를 이해시키기 위해 묘안을 짜낸다. 주재원들이 이해해야 할 일은 항상적으로 일어난다. 왜 미국 노동자들은 어느 날 하루 종일 미식축구만 얘기하는지, 어느 날은 농구, 어느 날은 야구, 또 어느 날은 아예 집단 결근을 하고 싶은지를 알아야 한다. 앨라배마 현대차 노무·홍보팀은 문화적 상호이해를 위해 *Harmony Point*를, 조지아 기아차는 *Weekly Express*를 매주 발행한다. 주재원들을 위해서는 한글판을, 미국인들에게는 영문판을 내는데, 각종 흥미로운 정보와 읽을거리가 가득하다.

예를 들면, 미국과 한국의 음주문화에 관한 기본정보를 싣는데, 우리 회식 때 상사가 대범하게 쏘는 문화를 그들이 알 턱이 없고, 같이 술집에 몰려가도 각자 계산하는 냉정한 미국문화를 우리가 알 턱이 없다. 이런 관습을 알게 된 미국인들이 주재원과 술을 마실 때 은근히 공짜를 기대할 만큼 태도가 바뀌었다고 귀띔한다.

영문판은 한국전쟁, 병역의무제, 한국의 휴가문화 등을 실어 미국인의 한국 이해를 돕고, 한글판은 음주문화, 방과 후 활동, 부모들의 관심 등을 실어 미국인의 행동패턴을 이해하도록 돕는다. 인류학자, 문화학자가 할 일을 단지 주재원의 순발력에 기대하기는 어려운 미션이다.

그런 문제가 현지공장에서 재현되고 있다. 위계질서적, 권위주의적 문화에 친숙한 한국 주재원이 개인주의, 합리주의에 젖은 미국 노동자를 관리하는 과정에서 마찰이 빚어지는 건 당연하다. 한국인들은 협업(協業)을 강조하는데, 미국인들은 협업 개념이 희박하다. 자신에게 주어진 업무범위를 벗어나지 않으려 한다. 책임문제가 불거지기 때문이다.

어떤 거버넌스를 만들 것인가? 이 질문에 가장 첨예한 문제는 고위 경영진 간의 관계 정립이다. 현지인 부서장, 상무, 부사장 등 고위직에 어느 정도의 자율성과 결정권한을 부여할 것인가? 인터뷰에 응한 현지인 경영진이 공통적으로 지적한 사항이 권한집중의 문제였다. 그들은 법인장 또는 고위 주재원에게 집중된 권한에서 격리되었다는 소외감을 자주 느끼고, 중대한 이슈가 발생했을 때 결정과정에 끼지 못한다는 불만이 팽배해 있다.

권한집중과 소통부족! 소통부족은 언어문제도 있지만 본사의 지시를 관철해야 할 때에 주로 발생한다. 현지인의 의견을 충분히 듣기는 하지만, 본사의 지시에 따를 수밖에 없는 상황이 '소통부족'이라는 의견단절 상황을 초래한다는 것이다. 현지인들이 이구동성으로 지적하는 '소통부족'에는 권한을 달라는 요구, 권력을 나눠 갖자는 강한 요구가 들어 있다. 탈집중화 내지 민주화라고도 얘기할 수 있는 이 요구사항은 일견 기업민주주의를 발전시키기도 하지만 권력 이전에서 발생할 의견충돌을 해결할 수 없는 궁지로 몰아넣기도 한다는 점에 주의해야 한다.

그러나 '서로 돌려 보는 공식문서라도 영어, 한국어 두 가지로 만들어야 한다!'는 현지인의 제안은 새겨들어야 한다. 우선 시급한 것은 권한분산이 아니라 '정보공유'(information-sharing)였다. 상무, 부서장, 실장, 현장관리에 이르기까지 각각의 직위에 대응하는 한국 주재원이 붙어 있다. 이른바 코디네이터(coordinator)란 직책인데, 실제로는 본사의 지시와 법인장의 개별 경영전략을 관철하는 행동대원들이다. 물론 각 직위에서 긴밀한 대화와 상호협력이 바탕이 되기는 하지만 독일, 일본 공장에 비해 소통이 부족하다는 일반적 인상을 경험이 많은 미국인들은 갖고 있다. 주재원의 피나는 노력에도 불구하고 이게 현지공장의 실정이다.

고위 경영진 간에 발생하는 이 문제를 어떻게 풀 것인가에 현지공장의 미래가 달려 있다 해도 과언이 아니다. 어떤 거버넌스가 좋은가? JD Power가 수여하는 상을 휩쓸고 있는 현대 · 기아차 현지공장의 직무구조 청사진을 만들기 위해 경영진, 주재원, 경영학자, 사회과학자 연합팀을 조직할 때다. 일명 '미래 드림팀' 말이다.

중국

중국 주재원의 가장 큰 고민은 파트너가 공산당원이라는 점이다. 낯설다. '베이징현대'에 들어서면 건물에 커다란 글씨로 슬로건이 붙어 있다.

"追求卓越品質 共創幸福生活."(추구탁월품질 공창행복생활.)

현대차다운 구호다. 품질과 행복을 추구한다는 이 구호는 생산현장에서 실천된다. 법인장 L부사장과 공장장 K전무는 고심 끝에 현장혁신운동을 고안해 냈다. 명칭은 풀뿌리혁신(草根革新).

한국공장에서 흔히 볼 수 있는 혁신운동이지만, 공산당이 관리하는 작업장에서 자본주의적 색채가 농후한 이런 혁신운동을 관철하기가 그리 쉬운 일은 아니다. 의식 혁신, 생산성 혁신, 품질 혁신, 환경/안전 혁신이 그것인데, 생산직 노동자가 현장에서 제안한 개혁의견서가 수시로 접수되고 채택된다. 채택된 제안을 낸 당사자는 현장에 설치된 모니터에 우수사원으로 소개되고 포상이 주어진다. 우수사원은 포상뿐 아니라 인사고과도 높은 평점을 받고 1년에 한번 선발하는 '한국 견학단'의 행운을 누린다. 포상여행이자 기능향상을 위한 견학여행은 매력 있는 인센티브다. 덕분에 편성효율이 90%를 넘어섰고, 시간당 생산대수도 70대에 근접하게 되었다. 해외공장 중에서 가장 모범적이고 능률적인 시범사업장이다.

공장 내 가로등마다 "引領(인령), 助推(조추), 凝聚(응취), 服務(복무)"를 새긴 깃발이 나부낀다. 지도적 역할을 솔선하고, 합심·단결하고, 노력하자는 뜻이다. 한국공장에서도 볼 수 있는 자본주의적 구호다. 그러나 내부 조직구조는 여전히 공산당원이 통제하는 위계질서로 이뤄져 있다. 상기VW, 상기GM 등 여타 합작회사도 이런 사정은 마찬가지인데, 아무튼 외견상 잘 굴러가기는 하지만 내부를 들여다보면 놀라운 점이 한두 가지가 아니다. 세계에서 유례를 찾을 수 없는 독특한 기업구조이기 때문이다.

비유한다면, '베이징현대'는 수박과 모양이 흡사하다. 껍질은 녹색이고 속은 붉은 과일. 그렇다고 사상이 붉다는 뜻이 아니라, 겉은 자본주의적 경쟁규칙에 충실한 한국기업인데, 내부조직은 공산당 규범에 따르는 사회주의 기업이다. 겉은 시장규칙, 내부는 베이징 시 공산당 규범에 의한 조직원리로 굴러간다.

내부 구성도 정확히 수박 모양이다. 흔히 한방(韓方)으로 불리는 한국 주재원은 약 60여 명, 여기에 대응하는 베이징기차 소속 관리직은 약 300여 명인데, 모두 과장급 이상으로 베이징 시 공산당 소속이다. 한방 주재원들은 중방(中方)으로 불리는 베이징 시 공산당원들과 일상적으로 대면해야 하는 조직이다. 중방이 공산당 결정에 매이듯, 한방은 현대차 본부의 지시를 따른다. 세계에서 이런 조직을 찾기는 어렵다. 그런데 잘 굴러가느냐고? 수박처럼 잘 굴러간다. 아니 잘 굴러 왔다. 그러나 앞으로가 문제다.

베이징 시 공산당이 마음을 바꾸면 규칙도 바꿀 수 있기 때문이다. 물론, 중국 내에도 베이징 외에 상하이, 충칭, 톈진 같은 대도시 국영기업들 간 경쟁이 치열하기 때문에 기업 미래를 망치는 막무가내식 결정은 자제할 것이나, 중대한 사안의 결정권 자체가 베이징 시 공산당에 속해 있다는 사실은 불안하기 짝이 없다.

생산직 노동자 2,500명은 모두 300여 명 중방 관리직에 의해 관리되고 통제된다. 관리직급마다 한방 주재원들이 일대일 파트너로 혹은 지그재그식 상하관계로 대응 역할을 하고는 있는데, 양자 간에 긴장관계가 형성되는 것은 말할 나위도 없다. 그래도 한국 주재원들이 일본이나 독일 주재원보다 소통의 측면에서 탁월한 능력을 발휘하고 있다는 게 업계의 일반적 평가다.

한국의 음주문화와 회식문화를 따라올 나라가 어디 있겠는가? 한국에서 유격훈련처럼 했던 음주와 회식이 중국에서 소통회로를 개척하는 한류문화다. 약간의 갈등이 빚어져도 함께 모여 간빠이(乾杯)!를 외치면 만사형통이다. 물론 알코올 농도 50도를 넘는 백주(白酒)를 일상적으로 마셔 대야 하는 게 보통 곤혹스러운 일은 아니지만, 어쩌랴, 매년 늘어난 생산목표가 하달되고 서부개척을 하라는 지상명령을 거역할 수 없는 게 야전군(野戰軍)의 본질이다. 야전군의 운명은 전진이다. 전선에서 장렬하게 전사하더라도 시장개척을 위해 전진해야 하는 운명을 타고났다. 한국인의 열정과 오기가 '현대 속도'를 만들어 낸 생물학적 유전자다.

그런데 간빠이를 외쳐 대도 어찌할 수 없는 능력 밖의 일들이 자주 일어난다. 베이징현대의 중방은 북기(北汽) 조회를 별도로 갖는다. 북기가 자신의 업무를 도와준 한방 주재원에게 포상도 한다. 생산관리를 맡은 한방 주재원이 상을 받았는데, 그 자리에서 북기 소속 부총경리가 이렇게 말했다는 것이다.

"상기VW이 탁월한 1등이기에 베이징현대는 4등을 유지하는 것이 목표다!"

등수를 높이는 것을 목표로 해야 할 부총경리가 '현상유지'를 강조하다니, 그 한국 주재원은 도저히 이해할 수 없었다. 사회주의적 발상이다. 공장 가두에 "强化競爭力"(강화경쟁력) 깃발을 도처에 붙여 놔도 실제 생각은 그저 현상유지에 머물러 있다는 것이 납득이 가지 않는다. 그런데 그게 현실적, 실용적 사고방식을 가진 중국공산당의 특징인지도 모른다. 60여 개 기업이 난립하는 중국시장에서 '현상유지'만 해도 얼마나 어려운 일인가 말이다. 한방의 '고지탈환'과 중방의 '현상유지' 간 거리만큼 조직 내부의 간극은 넓다.

중국인에게도 협업은 낯선 개념이다. 더욱이 사회주의적 관습에 젖은 중국인에게 팀작업의 중요성과 능동적 혁신 개념을 내세워 봐야 잘 먹히지 않는다. 내가 맡은 일 외에 다른 일에는 관심이 없다. 협업이란 다른 동료의 업무를 파악해 자신의 직무를 맞춰 가는 행위다. 시너지 효과가 그것인데, 사회주의 중국에서는 개인업무가 완료되면 다른 일은 관심 밖이다. 업무를 잘못 수행해도 당사자에게 잘못됐다고 따지는 것은 금물이다. 중국인은 결코 잘못을 인정하지 않는 버릇이 있으며, 더구나 많은 사람 앞에서 잘못을 인정하라고 하는 행위는 자존심을 무너뜨리는 위험천만한 일이다. 그러니 능동성이 결핍된다. 중국인의 수동적 '마음의 습관'(mindset)을 어떻게 바꿀 것인지는 결국 정치적, 문화적 일대 사업이어서 한방 주재원들에게는 일종의 장벽처럼 느껴진다.

2002년 설립 초기부터 생산관리를 총괄해 온 한방 C실장은 생산기술보다 조직관리가 더 중요한 시점에 도달했다고 강조한다. 생산량을 올리고 신공장을 만드는 것도 중요하지만, 그보다 앞서 작업현장을 통제하고 관리하는 조직제도를 정비하는 것이 시급한 시점이라는 것이다. 맞는 말이다. 생산기술은 이제 정점에 올랐다. 그러나 첨단기술의 효율성과 성능을 최대한 발휘하도록 수문 역할을 담당하는 것이 바로 조직구조이고 관리규칙이다. 말하자면 승진과 임금체계에 관한 관리제도, 즉 내부 노동시장(*internal labor market*)의 문제다. 그러나 공산당 조직규범과 규칙을 민간기업에 적용하는 오랜 관행하에서 자본주의적 내부 노동시장을 도입하는 것은 현 시점에서 거의 불가능하다.

요즘 중형급 차종의 판매가 확연히 줄고 있는데, 중국 근무 14년 만에 처음 느끼는 위기의식이라고 C실장은 털어놓았다.

"조짐이 이상해요!"

공산당과의 오랜 공생관계에서 기인하는 일종의 타성 때문일까, 그런 징후가 점점 확산되고 있다.

아무튼, 해외공장 주재원은 애국자다. 인류학자, 사회학자, 경영학자다. 그들의 고군분투 덕에 해외공장은 잘 돌아가고 있는데, 진출국의 경제성장과 소득증대에 기여하고 있으니 신문명의 전사(戰士)라고 부를 만하다.

어떤 가치를 생산할까?

현대·기아차가 최고의 기술력으로 정상에 올랐다면, 다음 단계에 무엇이 필요한가? 가치다. 제조업과 전자제품의 총아인 자동차는 성능만으로 고객의 관심을 끌 수는 없다. 특히 미국시장이 그러하다. 메릴 스트립과 클린트 이스트우드가 열연한 영화 〈메디슨 카운티의 다리〉에서 사진작가인 클린트는 전통적인 미국형 유틸리티 트럭을 몰고 나타난다. 농촌에 어울리는 그 유틸리티 모델은 지금 저유가 시대에 날개 돋친 듯 팔린다. 컨트리로드를 달리던 낭만적 기억을 도심에서도 연출하고 싶은 미국인의 '마음의 습관' 때문이다. 그 여파로 세단은 적체 중이다. 앨라배마와 조지아 적재장에 쏘나타, 옵티마가 줄지어 서 있다. 주문이 급감했다.

한국차가 세계시장에서 두각을 나타내려면 기술력뿐 아니라 가치 생산, 즉 브랜드 이미지를 고안해야 한다. 쏘나타(Sonata)는 밝은 발음이지만 의미가 별로 없고, 옵티마(Optima)는 적절한 무엇을 뜻하지만 미국인의 기억을 파고들지 못한다. 그나마 잘 팔리는 유틸리티 모델인 쏘렌토(Sorento)는 태양의 나라를 연상시켜 다행이다. 동양의 해 뜨는 나라, 그러나 거기에는 일본도 있다. 한국 특유의 이미지를 담은 모델을 개발하는 것, 그 모델에 한국적 가치가 스며 있고, 세계인의 감동을 자아내는 무엇이 중요하다. 이는 사회과학적, 문화학적, 인류학적 문제다.

비단 모델 명칭만이 문제가 아니다. 한국인이 자동차 원조국의 시장에 진출할 때 어떤 가치를 상징하고 있는가를 찾아내야 한다. 자동차는 편익을 주는 문명기계이기도 하고, 가치를 사고파는 문화적 상징물이기도 하다. '은둔의 나라'(*Hermit Nation*)? '조용한 아침의 나라'(*Nation of Morning Calm*)? '폐허에서 일어난 나라'(*Nation of Miracle*)? 아무튼, 미국인의 감동을 일으키는 어떤 이미지와 가치를 생산하는 것! 현대차그룹이 쌓아야 할 인문학적 내공은 곧 현지공장의 성패를 좌우할 것이다. 그것이 비단 현대차그룹에 한정된 숙제는 아니고 한국의 제조업, IT산업, 서비스산업 전반이 공통적으로 당면한 과제일 것이다.

한국은 폐허를 딛고 일어섰고, 무에서 유를 창조했으며, 선진국 진입에 성공하고 있는 유일한 후진국이라면, 이는 인류역사상 초유의 사건이다. 자동차 원조국에 현지공장을 건설하고 최고의 차를 출시하는 일도 문명사적 사건이다. 어떤 가치를 내세울 것인가? 어떤 가치를 미국시장과 세계시장에 팔 것인가?

가치는 마음속에 있기에 감동의 마음을 잡아야 한다. 마켓 셰어(*market share*)에서 마인드 셰어(*mind share*)로 시선을 옮기면 뭔가 답이 발견될 것이다. 현대차! 하면 왠지 기분이 좋아지고 품격이 향상된다는 느낌을 생산해야 한다. 이게 마음 깊이 들어가는 것, '마인드 셰어'다. 희망!(*hope*), 투지!(*moxie*)란 단어가 촌스럽기는 하지만 후진국, 중진국에게는 매우 커다란 울림이 될지 모른다. 2016년 미국 대선에서 민주당 후보 샌더스가 큰 반향을 일으켰듯, '미국의 꿈'(*American Dream*)이 시들어 가는 이때에 한국이 만든 '희망'이란 단어는 미국인들에게도 큰 힘이 될 것이고, 21세기를 살아가는 고단한 삶의 현장에 밝은 마음을 선사할지 모른다.

후진국 출신으로 글로벌 기업에 등극한 현대차그룹의 상징은 '희망' 혹은 '불굴의 투지'다. 미국의 가장 낙후된 지역인 앨라배마와 조지아 주민들, 인도 남부 첸나이 주민들, 그리고 중국 인민들에게 그렇듯이, 현지공장은 희망과 투지를 제조하는 가치 생산기지이고, 21세기 문명사에 새로운 역사를 쓰는 한국인의 전진기지다.

chapter. 11   위대한

—   변신

변신이 필요하다. 변신 욕구, 변신 기획, 변신 능력, 그리고 그것을 실행할 리더십이 필요하다. 10년 전 세간의 관심을 모은 영화 〈트랜스포머〉가 괜히 나온 게 아니다. 환경과 목표에 맞춰 자유자재로 변형하는 변신기계, 인간이든 기업이든 꿈에 그리는 이상적 존재다. 그러나 인간이 쉽게 변하지 않듯, 기업도 쉽게 변하지 않는다. 성공한 인간일수록, 성공한 기업일수록 '성공의 기억'을 버리고 싶지 않다. 성공을 가져다준 그 경로에 머물고 싶은 것이 인지상정이자 경영진의 일반적 심성이다.

산업사회로 넘어온 지 오래 되었지만, 가장 일관성 있는 직업은 농민, 어민이다. 그것을 1차 산업이라 부르는 이유도 '변하지 않은 속성' 때문일 것인데, 농민은 좀처럼 변하지 않는다. 감자 심은 데 감자 심고, 고추 심은 데 고추 심는다. 돈이 되는 다른 작물을 심었다가 실패하면 굶어죽기 때문이다. 상업작물로 재미를 본 사람을 농민들은 그리 좋게 보지 않는다. 아예 농업이 아니라 투기라고 코웃음 친다. 올해의 대박이 내년에는 쪽박이 될 것이라고 믿기 때문이다. 어민도 마찬가지다. 어업기술이 좀 발달하기는 했어도 평생 나갔던 어장으로 나가고, 평생 해온 기술로 양식을 한다. 자신의 생계가 날씨와 기후에 달려 있다고 믿는 직업은 외부환경의 변화가 가져오는 리스크를 자신의 무변화로 상쇄하려는 습성이 강하다.

환경과 태생의 리스크를 '최소화'하고 자신의 경쟁력을 '최대화'해야 하는 운명, 이것이 신이 내려 준 제조업의 숙명이다. 변하지 않으면 죽는다. 시장의 변화와 기술변화가 동시적으로 발생하고, 여기에 소비자의 취향이 죽 끓듯 바뀐다. 항시적으로 적응하고, 항시적으로 변신하지 않는 기업은 죽는다. 20세기 명성을 날리던 세계적 기업이 오늘날 어느 정도 남아 있는가? 누구나 아는 상식이지만, 21세기 16년간 진행된 변화량과 속도는 20세기 100년을 합친 것보다 더 크다. 미래학자는 아예 한술 더 떠서 1770년대 산업혁명 이후 누적된 변화량을 능가한다고 했다.

제4차 혁명은 미래학자들조차 예견할 수 없는 속도로 진행되고 있다. 다보스포럼 창시자인 클라우스 쉬밥(Klaus Schwab) 회장이 한국방문 시 했던 얘기는 빈말이 아니다.

"제4차 산업혁명은 쓰나미와 같다."

일본 후쿠시마를 느닷없이 강타한 쓰나미처럼, 어느 날 제4차 혁명의 충격으로 쓰러진 자신을 발견할 거라는 섬뜩한 충고이자 경고였다. 모든 것이 변한 다음에야 겨우 변신할 기미를 보이는 정부, 의회, 사법부는 말할 것도 없다. 사회제도 역시 변화속도가 느려서 제4차 혁명이 휩쓴 사태를 수습하는 정도일 것이다.

유행에 민감한 문화는 공포의 쓰나미를 미리 상상해 내기는 하겠지만, 현실적으로는 쓰나미에 강타당한 사람들의 공포심을 치유하는 역할을 할 것이다. 그렇다면, 변화를 만들어 내고, 변화에 대비하고, 변화를 선도하는 영역은 결국 기업이다. 그것도 어지간한 외부 충격에 쓰러지지 않는 기업, 나아가서는 충격을 창조하는 기업이다. 우리는 알파고의 출현에서 목격했다. 연산망과 가치망이 더 진화된 알파고가 출현하는 날이면 지금 우리가 겪는 사회현실, 우리가 만들어 낸 문명질서는 고물이 될 것임을 말이다.

쉬밥 회장은 당연히 '혁신 능력'을 강조했다. 변화 속도, 즉 빨리 움직이는 기업이 생존율이 높고, 선도 기업으로 등극한다는 것이다. 그것을 '위대한 변신'(Great Transformation)이라 부르자.

'위대한 변신'은 미래에 일어날 일에 대비하는 능력이다. 혁신은 '적응력'과 '선도력'을 합친 개념이다. 기업혁신에 관해서는 이미 많은 경영학 서적들이 설파했다. 국가경쟁력과 기업경쟁력에 관한 경영학 고전들이 넘치는 가운데, 굴지의 글로벌 기업들의 흥망과 성쇠가 반복되는 것이 오늘의 현실이다. 경영진들은 미래에 무엇이 발생할 것인지에 촉각을 곤두세운다.

'파괴적 혁신'(disruptive innovation)을 주창한 하버드 경영대학원 교수 클레이튼 크리스텐슨이 쓴 저서 제목은 《다음은 무엇인가?》(Seeing What's Next?)였다.[1] 시장의 현재적 요구를 충족하는 기술혁신을 '존속적 혁신'(sustaining innovation)이라 한다면, '파괴적 혁신'은 주력시장과는 전혀 다른 차별화된 욕구를 창출하고 기업구조를 그에 맞춰 개혁해 나가는 전략을 말한다. 그러나 그게 어디 쉬운 일인가?

사회학자로서 필자는 명확한 답을 내릴 능력이 없다. 하나의 답이 오류가능성을 조금이라도 내포한다면 기업경쟁력에는 오히려 독이다. 이 책은 답을 내려 주기보다는 '위대한 변신'이 필요하다는 절박성을 느끼게 하는 데에 목적이 있다. 이건 현대차그룹뿐 아니라 한국 대기업 전체에 적용되는 절박감이다. 독자들은, 특히 현대차

관계자들은 현대차 조직 내부에 얽힌 문제들을 인지하면서 해법이 무엇인지를 스스로 질문했을 터이다.

제1부에서 조명한 현대차의 성장 유전자, 아니 한국 제조업 전반을 특징짓던 성장 유전자인 열정, 조율, 소명의식을 어떻게 되돌릴 수 있는가? 이 질문으로부터 시작해야 한다. 제2부에서 파헤친 '성장통'을 어떻게 치유할 수 있을까? 이 질문이 답을 찾는 출발점이다. 현대차그룹이 보유했던 특유의 강한 연대력과 추진력에 균열을 가한 내부요인이 무엇인가를 찾는 작업이 필요하다. 연구진의 유대감과 사명감을 증진하는 방안, 중간관리직의 소명의식을 유지시킬 수 있는 개혁, 그리고 생산기술직의 보상 극대화 심성과 노동조합의 조직이기주의를 어떻게 공존, 공생의식으로 전환할 수 있을까를 강구해야 한다.

현대차그룹에 가장 절실한 과제는, 세계적 기업과의 기술경쟁도 결코 소홀히 할 수 없지만, 약 10만 명의 직원을 거느린 거대기업의 변신 속도를 어떻게 조금이라도 빠르게 할 수 있는가이다. '위대한 변신'을 위한 조직 여건을 정비하는 작업이 이 시점에서, 그리고 미래대비 전략으로 우선 시급하다는 말이다. 쉬밥 회장이 속도를 강조했듯이, 동작이 빠른 기업으로의 변신이 중요하다.

"거대한 물고기로서의 재벌이 아니라 작은 물고기 조합으로 네트워크화해서 기민하게 움직여야 한다."

쉬밥 회장의 조언이다. [2] 그렇다면, 위대한 변신의 방향을 '유연확실성'(*flexicertainty*)으로 개념화할 수 있을 것이다. 유연성(*flexi-*

bility)과 확실성(*certainty*)을 동시에 달성하는 개념, 앞에서 말한바 '존속적 혁신'과 '파괴적 혁신'의 동시적 추진을 함축하는 개념이다.

한국경제의 회생과 경쟁력 회복을 위해 한국사회 전반이 깊이 숙고해야 할 문제다. 뭔가 혁신창구를 만들지 않으면 변신과 탈출이 어렵다. 유럽 선진국들은 1인당 국민소득 1만 달러 부근에서 뼈아픈 사회혁신을 일궜다. 1인당 국민소득 2만 달러, 3만 달러 경제가 그냥 오는 것이 아니다. 경제동력을 창출할 사회혁신이 선행되어야 한다. 그것은 산업현장에서, 기업 오피스에서, 가정과 학교에서 모색하고 솔선해야 할 동시다발적 개혁인데, 기업과 관련하면 리더십, 민주적 소통구조, 사원들의 시민의식 등이 그 중요한 영역이다. 이를 위해 몇 가지 과제를 점검하자.

민첩한 리더십

한국이 1998년 외환위기를 일찍 벗어난 것은 금모으기에서 보여 준 국민적 합심 때문이기도 했지만, 정부의 신속한 대응전략과 위기관리 능력 덕분이었다. 국제통화기금(IMF)이 요구한 조항이 너무 가혹한 면이 있기는 했어도 긴축정책과 산업구조조정을 효율적으로 수행한 정부의 능력이 돋보였다. 위기관리는 리더십의 본분이다.

현대차와 같은 재벌기업에 위기가 닥쳐오면 어떻게 될까? 한국 대기업의 의사결정이 신속하고 빠른 것은 일본과 비교해 두드러지는 장점이다. 반도체산업으로의 신속한 전환과 과감한 투자, 정보화산업 육성전략이 없었더라면 IT강국은 꿈도 꾸지 못했을 것이다. 일본기업의 지배구조에는 최종 책임을 지는 구심점이 없기에 특정한 위기 국면을 벗어날 신속한 의사결정을 기대하기 어렵다. 이런 경우 리스크 최소화 전략으로 귀결될 개연성이 높다. 'High risk, high return'은 일본에는 실현가능성이 없다.

한국은 '고(高)리스크, 고(高)보상 전략'이 가능하고 또한 주효했다. 그러나 '오너 중심적'이라는 한계를 갖는다. 망해도 오너 책임, 흥해도 오너 책임이다. 오너 리스크(*owner risk*)가 한국 대기업의 공통점인데, 제 4차 산업혁명이 닥쳐오는 미래에는 어떨까?

제 4차 산업혁명을 대비하는 기업의 필수요건은 '민첩한 리더십' (*agile leadership*) 이다. 그런데 이는 오너 리스크 체제와는 잘 부합하지 않는 측면이 있다. 이유는 여럿이다.

첫째, 핵심참모들이 포진해 있기는 하겠지만, '오너 중심적' 의사결정 구조가 오너의 개인적 성정과 기질을 돌출하게 만들 수 있다. 모든 결단이 성공적이면 좋겠으나 실패 충격을 감당할 수 없는 사태에 이른다면 어찌할 것인가?

둘째, 모든 고급정보를 수합하고 면밀히 검토한 끝에 내린 결정이라면 좋겠으나 사내 정보회로가 더러 막힌 상태에서라면 편파적 판단에 이를 위험이 높아진다. 정보회로는 사내 파벌과 권력다툼, 부서 간 갈등에 의해 굴절되기도 하고 차단되기도 한다.

셋째, 마찬가지로, 핵심 참모부가 특정 정보만을 부각시킬 때 오너의 최종 결단은 위기타개책이 될 수 없고 오히려 사태를 악화시킬 수도 있다. 한국의 오너 중심적 의사결정 구조는 '민첩한 리더십'의 한 유형일 뿐 효율적, 진취적, 미래지향적 정책결정을 항상 보장하지 않는다. 향후 3세대 리더십 시대가 열릴 것이기에 몇 가지 보완장치를 만들어야 할 필요가 있다. 그것은,

• 정보회로의 분산과 집중이다. 모든 부서가 생산하고 수집한 정보를 특정 직급 이상의 구성원이 공유할 수 있도록 개방해야 한다 (분산). 그리고 그 정보들은 체계적으로 분류되어 지도부에 집중

되어야 한다(집중). 각 부서장, 부문장들은 어떤 일이 발생하는지 정확한 정보를 가져야 하며, 위기상황을 촉발할 것인지 여부를 판단하고, 미래대응적 정책을 구상할 수 있는 자료로 활용해야 한다. 지도부는 이렇게 올라온 체계화된 정보에 주관적 판단이 개입하지 않도록 해야 한다.

• 부서 간, 부문 간 갈등상황을 파악해서 정보흐름이 끊어질 개연성을 차단해야 한다. 정보와 정책능력은 그 자체가 권력자원이기 때문에 부서, 부문의 독점 욕구를 낳는다. 거대기업일수록 사내 파벌을 경계해야 하는데, 파벌은 정보선택과 왜곡을 초래하는 굴절선이다.

• 핵심지도부는 밑에서 올라오는 체계화된 정보를 바탕으로 구상된 모든 가능한 시나리오를 검토하게 되는데, 이때 특정 그룹의 성정이 투사되지 않도록 경계해야 한다. 특정 파벌의 권력욕심과 충성심이 투영된 의사결정은 필연코 하이 리스크를 초래한다. 핵심지도부 간에는 적절한 경쟁과 적절한 견제장치가 마련되어야 하며, 일단 이런 과정을 거쳐 채택된 최종 정책에 대해서는 합심, 협력하는 자세가 필요하다.

• 글로벌 기업은 해외공장, 해외지사와의 긴밀한 네트워크로 운영된다. 정보의 원활한 흐름과 체계적, 종합적 집계는 이런 경우 더

욱 중요하다. 그래야 본부와 해외공장 간 신뢰가 구축된다. 현대차는 세계 공장의 현황을 한눈에 파악하는 종합정보망을 갖고 있다. 그러나 해외지사에서 보낸 중대한 정보와 제안이 본부 핵심참모진에 의해 자주 기각된다거나 중대정책 결정에 반영되지 않으면 신뢰는 깨진다. 본부와 해외지사의 긴밀한 상호관계가 중요하다는 말이다. 본부 차원의 전략만이 일방적으로 하달되는 식으로는 사내신뢰는 물론 고객신뢰까지 상실한다.

오너의 판단은 의지뿐 아니라 정확한 정보체계에 의해 이뤄져야 한다는 말이다. 그것도 왜곡되지 않은 객관적, 종합적 정보다. 오너 중심적 의사결정 구조가 '민첩한 리더십'의 요소이기는 하나, '정보회로의 개방적 혁신'과 '지도부의 쌍방적 소통회로'가 성공 확률이 높은 '민첩한 리더십'을 확증하는 조건이다.

신뢰경영

조직원을 신명나게 뛰게 하는 동력은 CEO의 신뢰다. 2008년 금융 위기가 미국 자동차산업을 강타했을 때 포드는 슬기롭게 위기를 넘겼다. CEO인 앨런 멀럴리(Allen Mulally)의 '신뢰경영'이 주효했다. 보잉 상업용 항공기를 맡아 부품생산의 비효율성을 제거하고 경쟁력을 획기적으로 끌어올린 멀럴리를 포드가 초빙한 것은 시장점유율 하락과 적자 누적으로 포드가 파산 직전에 몰린 2006년이었다. 멀럴리는 보잉 사에서 했던 전통산업과 정보산업의 통합 혁신체계를 포드에 적용했다. 전통제조업을 대표하는 자동차산업에 디지털 마인드를 접목하는 작업, 경영진, 관리직, 생산직, 기술직의 정보 소통과, 본사와 협력업체를 디지털 소통체계에 한꺼번에 묶는 통합 작업을 동시에 진행했다. 일종의 마인드혁명이자 경영혁명이었다. 위계질서가 강한 작업장에 최고경영자의 터치가 닿았다.

"문제가 무엇인가, 직접 얘기해 달라."

작업현장의 생산직들은 경영자의 목소리를 처음 들었지만, 일명 '신호등 보고서 시스템'을 보고서야 뭔가 바뀌고 있음을 눈치 챘다. 보고서에 상황이 좋은 것은 초록색, 안 좋은 것은 황색, 상황이 악화된 사안은 빨간색으로 구분하고, 빨간색 안건을 낸 직원을 포상하고 쟁점의 공동해결을 권장했다.[3] '직원을 믿는다'는 분위기가 감지되자 사원들의 자발성이 살아났다. 작업현장에서 자동차를 조립하는 생산자들과 현장관리자들은 문제가 무엇인지 알고 있지만, 조직문화가 장애물로 가로막는 한 발설하지 못한다. 문제는 누적되고, 결국 기업경쟁력 급락과 위기로 나타난다.

멀럴리는 포드를 다시 굴지의 기업으로 바꿔 놓고 2014년 구글로 자리를 옮겼다. 신뢰경영이 중요한 이유다.

신뢰경영(*trust management*)의 이론가인 스탠퍼드대 경영대학원 조엘 피터슨(Joel Peterson) 교수는 조직원에 대한 CEO의 믿음, 작업환경에 대한 세심한 배려, 그리고 진솔한 목소리가 신뢰경영의 중요한 요소라고 말한다. 미네소타의 동네 가구점에서 전미 가구브랜드로 도약한 룸앤드보드(Room&Board), 소형 항공사에서 일약 신뢰기업의 대명사가 된 제트블루(JetBlue)의 동력은 사원에 대한 최고경영자의 믿음과 그것을 실천에 옮긴 결단력이었다.[4]

사원들은 최고경영자의 경청과 배려가 진솔하다고 느끼면 반드시 그에 대해 답례하기 마련이다. 그 답례는 여러 가지 형태로 발현된다. 문제의 지적, 쟁점 해결, 고객을 대하는 자세의 변화, 심지어는 일시적 급여 양보 같은 형태로도 나타난다. 그것의 총체적 지표가 소속감이다. 자신의 고충이 윗선에 전달되지 않으면 이탈하고 싶어한다.

앨버트 허쉬만(Albert Hirschman)의 패러다임인 "Exit, Voice,

Loyalty"(이탈, 항의, 충성)가 바로 이러한 조직 내부의 동학을 정확하게 짚어 냈다. 조직원들은 목소리를 높여 자신의 이익을 주장하고 항의하는데(Voice), 경영진이 그것을 들어주면 충성하고(Loyalty), 그렇지 않으면 떠난다(Exit). 기업특수적 지식과 기술이 요구되는 최근의 기업 현실에서 이탈은 인적 자원의 손실이자 정보의 손실이다. 항의를 무조건 들어주기는 어렵지만, 최소한 항의가 전달되는 정보회로는 열려 있어야 쌍방소통이 가능하다. 앞에서 지적한 쌍방소통회로가 중요해지는 이유인데, 이것 없이는 최고경영진의 진정성이 느껴지지 않을뿐더러 현장직원의 애로와 창의적 사고를 접할 길이 없다.

경영진이 자신들을 간섭하지 않음을 감지토록 하는 것, 개성과 창의적 사고를 존중한다는 시그널을 보내는 것이 바로 신뢰경영의 핵심요소이다. '신뢰의 전달'은 '신뢰의 철회'보다 더 어렵다.

한국 대기업공장, 특히 현대차의 고질적 병폐가 노사(勞使) 불신이라면, 노사 간 솔직한 정보공개로부터 시작하는 것은 어떤가. 경영진이 우선 신뢰 시그널을 보내는 과단성을 솔선하는 것은 어떤가? 기업경영의 권한이 우선 경영진에 있기 때문이다. 〈조선일보〉김현국 기자는 신뢰경영의 필수요소로 피터슨 교수가 열거한 일곱 가지를 강조했다. ① 누구나 공감하는 큰 목표 설정, ② 권한 위임, ③ 조건 없는 경청, ④ 정보의 투명 공개, ⑤ 솔선수범, ⑥ 실수에 대한 인정, ⑦ 모든 사원에게 겸손한 자세가 그것이다.[5] 자동차산업의 특수성에 비춰 매우 어려운 조건인데, 노사 쌍방 중 어느 한쪽이 우선 변하지 않고는 수십 년 지속된 적대적 관계를 벗어날 길이 없다. 신뢰의 시그널을 누가, 어디서, 어떻게 시작할 것인가? 한국 산업구조조정의 대전제이기도 하다.

혁신 역량

2016년 12월, 박근혜 대통령 탄핵 이후 한국의 위기상황을 어떻게 극복할 것인지를 두고 서울대에서 포럼이 열렸다. 통치력 부재하에 새로운 정권이 탄생하고 안착하는 기간 동안 정당, 헌법, 경제, 시민정치 등 네 영역에서 위기극복을 위한 가장 절실한 중단기 정책을 점검하고 제안하는 자리였다.6 탄핵상황이었던 만큼 포럼의 분위기는 무거웠다. 발제자와 토론자들은 한국의 기반을 무너뜨릴 위력적인 쓰나미가 몰려온다는 사실에 동의했다.

서울대 경제학부 김세직 교수는 정부의 '과학적 정책능력'에 의문을 제기했다. 한국의 잠재성장률은 1987년 이후 각 정권마다 1%씩 감소했다는 자신의 연구결과를 내놓으면서 김영삼 정권 당시 7%였던 것이 박근혜 정권하에서 2%로 가라앉았다고 말했다. '정권마다 1% 감소' 법칙이 그대로 작동한다면 차기 정권에서는 잠재성장률이 0%에 이를 것으로 내다봤다. 성장위기는 불 보듯 뻔하다는 것이다. 잠재성장률 하락을 막으려면 근본적 경제구조조정을 단행해야 했지만, 정권들은 재벌과 대기업을 압박해 단순투자를 강요했고 그 결과 외환위기 이후 15년 동안 과잉투자가 지속됐다고 지적했다.

실질성장률과 투자율 간의 부정합은 금융위기를 낳는 요인이다. 곧 성장위기는 금융위기로 직결된다.7 성장위기와 금융위기는 '2차 환란'을 부른다.

경제체질을 바꾸는 가장 좋은 대안은 혁신 역량을 키우는 일이다. 혁신이란 기초과학과 응용과학의 결합, 그리고 패러다임적 전환을 이루는 산업기술력의 창출이다. 산업현장에서 개념설계에 필요한 '축적의 시간'이 중요하다는 사실을 역설했던 서울대 공대 이정동 교수는 2016년 한국 산업의 시간을 '착각의 시간'으로 진단했다.8 한국은 외국산 개념설계를 사 와서 그대로 적용하는 실행과정에 매달리면서 그것이 마치 성장동력인 듯 착각하고 있다는 뜻이다. 삼성의 스마트폰이 세계적 브랜드로 명성을 날리는 것은 오히려 예외적 현상일 뿐, 그 밖의 전략산업의 현실은 빈곤하기 짝이 없다.

혁신 역량을 측정하는 좋은 지표가 지적재산권(IPR, *Intellectual Property Right*)의 수지균형이다. 각 국가별로 수지균형 지수를 보면, 1인당 국민소득 3만 달러 지점에서는 수출액이 수입액을 서서히 앞지르는 양상이 나타난다. 혁신 역량이 향상되면 IPR이 플러스로 돌아서는데, 한국은 -100 근처, 거의 바닥에 머물러 있다. 혁신 역량이 늪 속에 잠겨 있다는 뜻이다. 무서운 속도로 개념설계 역량을 축적하는 중국의 추격을 생각할 때 두렵다는 느낌을 지울 수 없다.

이정동 교수는 혁신 역량의 침체 원인으로 외환위기 이후 대부분의 기업이 안정 쪽으로 경영의 방향을 틀었다는 점, 따라서 '위험부담 회피전략'(*no risk-taking*)을 최고목표로 설정했다는 점을 들었다.

기술진과 연구원들, 임원들의 시행착오를 허용하는 기업문화가 전제되지 않고는 혁신 역량은 축적되지 않는다. 그는 혁신 역량의 전제조건으로 '도전', '열린 네트워크', '시행착오 허용'을 꼽았다.[9] 그것은 앞에서 강조한 '열린 정보체계'와 '신뢰경영'의 중요성을 새삼 일깨운다. 신뢰경영은 기업의 혁신 역량을 높인다. 신뢰(*trust*)! 그것은 우리 앞에 대기하고 있는 성장위기, 금융위기, 혁신위기라는 삼각파도를 헤쳐 나갈 가장 중요한 공감적 출구다.

함대구조

조직구조의 문제는 제9장에서 이미 제기한 바다. '함대형 생산체제'
가 현대차의 급성장을 보장한 발명품이었다면, 앞으로도 계속 그러
할까를 진단해야 한다.

　사실, 최신 군사전략에서도 함대 모형은 과거와는 사뭇 달라졌
다. 태평양전쟁 당시 일본 동해안 이오지마섬을 두고 미국 함대가
총력전을 펼친 것은 폭격기의 항속거리 때문이었다. 1천 킬로미터
가 항속 제한거리였던 당시에는 이오지마를 점령해야 효율적 공격
이 가능했다. 지금은 상황이 다르다. 미국 텍사스 주 어느 격납고를
이륙한 폭격기가 10시간 만에 한반도 상공에 도달해 폭격임무를 완
수하고 기지로 회항할 수 있는 시대가 되었다. 보급선 역시 마찬가
지다. 군사장비용 유류를 위시해 식량, 의약품, 무기, 부품, 전투
장비를 모두 탑재한 종합보급선이 단시간 내에 전쟁터에 도달할 수
있다면 전투 함대의 몸집은 가벼워진다. 아예 함대가 필요 없을 수
도 있다. 대륙간 탄도탄과 미사일이 날아가고 오는 시대이기 때문
이다.

　앞에서 우리는 수직계열화의 장단점을 지적했다. 현재까지는 장

점이 승해서 동반진출의 효과가 극대화되었지만, 자동차 패턴이 획기적으로 바뀔 가까운 미래에는 장단점을 다시 따져 봐야 한다. 부품의 수가 줄고 모듈화 패턴이 바뀌면 그만큼 동반진출 협력기업 숫자도 줄어든다. 부품생산은 물론 공급전략이 전면적으로 바뀌고, 프레스, 차체, 도장, 의장으로 이어지는 생산공정에도 획기적 변화가 일어날 것이다. '함대형 생산체제'를 '다른 무엇'으로 변화시킬 준비를 갖춰야 한다는 말이다. 나눌까, 아니면 현재 상태를 유지할까?

본사, 국내외 공장, 협력사를 연결하는 수직적, 수평적 네트워크를 어떻게 바꿀 것인가? 각 구성원들에게 자율성을 얼마나 부여하고 결정권한을 어느 정도 넘겨야 하는가? 어떤 구조가 쌍방적 신뢰회로를 가장 잘 창출할 수 있는가? 그리하여, 글로벌 시장에서 전 지구적으로 분산된 기업을 효율적으로 운영 관리할 수 있고, 고생산성과 고품질을 유지하게 해주는 기업구조는 무엇인가?

이 질문을 국내 상황에 적용하면 대기업과 협력업체 간 종속관계를 어떻게 개혁하고, 대기업과 중소기업 간 동반성장 관계를 어떻게 구축할 것인가의 문제로 집약된다. 한국의 재벌과 협력업체 간 불균형은 경제적으로는 소득불평등을 낳고, 사회적으로는 계층격차와 세습사회를 초래한다. 경제적 이중구조와 사회적 세습구조가 맞물려 있는 것이다. 기업과 기업구조의 혁신은 출구가 막힌 사회에 환풍구를 만들어 줄 만큼 중대한 영향을 미친다.

그런 의미에서 기업인들은 사회개혁가다. 기업의 사회적 책임(CSR, *Corporate Social Responsibility*)이 먼 곳에 있는 것이 아니다.

장기적 과제이기는 하지만, 해결을 위해 모든 대기업들이 협력적, 공생적 출발을 앞당길수록 미래를 책임질 새로운 세대를 위한 사회적 희망은 자라난다.

거버넌스

아시아 기업지배구조협의회(ACGA)는 아시아 11개국을 대상으로 5개 항목에 걸쳐 지배구조의 건전성을 조사했는데 한국은 8위였다. 싱가포르, 홍콩, 일본이 수위를 차지했고, 한국, 중국, 필리핀이 하위다.[10] 거버넌스는 국내외적으로 문제다.

우선 국내적으로는, 거대 기업으로 도약한 현대차그룹의 지배구조는 어떤 것이 적합하고 효율적인가. 1998년 외환위기 당시에 비해 현대차는 외형상 거의 5배가량 성장했다. 성장통을 겪을 수밖에 없다. 그런데 성장일변도로 치달아 온 기업구조와 관리관행은 경기침체 시 혹은 중단기 불황 시 여전히 유효한가? 현대차 경영진은 성장관리에는 익숙하나 불황관리에는 미숙하다. 경험이 없다. 이는 앞에서 현대중공업 사태를 통해 관찰한 바와 같다. 경제위기를 돌파하게 해주는 거버넌스를 미리 궁리해야 한다. 각 하위부문의 리더십은 말할 것도 없고, 최고경영진은 불황 대비 관리구조를 마련해 일부 실험할 필요가 있다. 쉬밥 회장의 말대로, 작은 물고기가 불황과 미래변동에 더 잘 적응한다면, 거시적 관리구조를 약간 느슨하게 만들어 하위 부문 리더십에 더 큰 자율성을 부여하는 방안을 생각해

볼 수 있겠다. 강한 위계질서 체계를 구성하는 각 결절점에 유연성을 부여하는 의사결정 구조로의 전환이 그것이다.

이와 더불어 점차 대규모화하는 외국공장의 거버넌스다. 인도와 같은 후진국의 경우에는 아직 그리 시급하지는 않지만, 중국과 미국, 앞으로 진출대상국이 선진국이라면 지배구조 모형을 개발해야 한다.

중국의 사례는 특수하다. 공산당과 대면해 정책사안을 논의해야 한다. 이 연구에서는 수박모형이라고 정의했다. 껍질은 자본주의, 내부는 공산조직이다. 영리를 추구하지만 조직 내부는 평등지향적, 통제지향적 구조다. 어떤 거버넌스가 적절한가? 이건 반드시 답을 찾아야 할 과제다. 중국시장에서 약진과 상생적 관계를 증진하려면 이런 체제 부정합성을 조직관리의 정합성으로 전환해 내야 한다. 답은 어디에 있는가? 본사 차원에서 연구해야 한다. 현장 주재원은 일상적 업무에 바쁘다.

미국 공장은 현지 경영인들에게 어느 정도 권한을 나눠 줄 것인지가 초미의 관심사다. 정책결정 과정에서 소외되어 있다는 미국 현지 경영인들의 푸념은 자칫 권력갈등을 낳을 소지가 다분한데, 무작정 권력이양도 문제다. 본사의 정책이 의도한 바대로, 그리고 시의적절하게 시행되지 않을 우려가 있기 때문이다. 주재원을 줄이고 현지경영에 맡기는 것이 효율적인가, 아니면 현행대로 주재원의 통제하에 끌고 가는 것이 좋은가? 한국 파견인력은 그런 조직 스트레스를 감당하고 풀어갈 능력을 배양하고는 있는가? 국가마다 모델이 달라도 본부와의 쌍방적 소통회로는 중요한데 여전히 유지, 활성화해 나갈 수 있는가? 진출국의 시장상황과 관습에 맞춰 해외공장의 거버넌스 모형을 개발하는 일은 주재원들의 공통적 관심사이자 '위대한 변신'의 주요 과제다.

임금과 고용개혁

다음 과제는 '내부 노동시장'(*internal labor market*) 개혁이다. 7만 명의 직원과 막강 노동조합이 존재하는 상황에서 이는 가장 어려운 난제에 속한다. 내부 노동시장이란 임금과 승진체계, 고용체계를 관할하는 일반 규칙을 뜻하는데, 노동시장 경직성이 세계적으로 높은 수준에 도달한 한국에서 유연성 증진 시도는 노동의 강한 저항을 부른다. 정부발(發) 노동개혁이 지지부진한 이유도 이런 맥락이다. 하물며, 막강 노동조합이 존재하는 현대차에서 '유연성'은 금기 단어다. 이 책에서 상세히 관찰했듯이, 노동은 최고의 임금과 고용안정을 쟁취했다는 승전가를 언제까지 부를 수 있을까? 경영진은 시장 상황이나 기술 환경의 변화에도 불구하고 최고의 보수와 최고의 고용을 언제까지 약속할 수 있을까?

우리는 2009년 금융위기 당시 미국 자동차산업의 메카 디트로이트가 비싼 의료보험 비용과 연금보장을 감당하느라 결국 파산을 선고했음을 목격했다. 파산이라는 쓰라린 고통을 겪고, 디트로이트 인구가 180만 명에서 80만 명으로 급감하고 거리가 슬럼화된 비참한 풍경을 목격하고 난 후에야 비용삭감, 임금삭감 구조조정이 가능했다. 비용과 임금 삭감으로 몸집이 가벼워진 공장으로 일부 노동자들이 돌아온 것은 몇 년 후의 일이다. 그동안 파산한 노동자들은 생계를 유지하느라 낯선 도시에서 임시직과 시간제 일자리를 전전했다. 임금과 고용안정을 무조건 반납해야 한다는 뜻이 아니라, 극도의 불황기에 대비해서, 그리고 급격한 기술변화에 대비해서 임금과 고용안정을 한시적으로나마 양보할 수 있는 '양보타협'의 가능성을 열어 둬야 한다는 말이다.

우리는 상승만 했지 '일보 후퇴'를 수용해 본 적이 없다. 임금피크제 같은 사회적 대안도 청년 일자리 내지 고용창출 능력 향상 같은 공익적 목적에서 수용해야 한다면 과감하게 받아들이는 용단이 필요하다. 그런 것이 이른바 '존속적 혁신'에 해당한다. '파괴적 혁신'은? 노동의 관점에서 보자면 '유연안전성'이다. 기업의 자율권한을 어느 정도 인정하고 수용하는 것, 다만 그에 따른 공적 책임을 묻고 부담지우는 일이다. 쉬밥 회장이 덧붙였다.

"미국의 실리콘밸리에서는 일부를 빼고 다 허용되고, 다른 나라에서는 일부를 제외하곤 다 허용되지 않는다."[11]

현대차, 아니 한국의 대표기업에서는 일부를 제외하곤 다 허용되지 않는다. 관리직 말고 특히 생산직에 그렇다. '다 허용되는 것'이 그리 바람직하지만은 않다. 미국식의 냉혹한 시장에서는 그럴 수 있지만, 유럽식의 따뜻한 시장에서는 비인간적 행위다. 유럽에서는 기업이 쏟아 낸 노동자를 국가가 받는다. 재취업 시까지 국가가 관리하고 생계를 지원한다. 이것이 '적극적 노동시장정책'(*active labor market policy*) 이다. 스웨덴 조선산업의 메카 말뫼의 몰락이 왜 그리 부드럽게 이뤄졌는가? 국가가 실직자를 받았고, 재적응과 재취업을 도왔다. 실직자들에게는 약간의 고통이 수반되었으나, 전직과 재취업이 별 탈 없이 이뤄졌다. 적극적 노동시장정책 예산으로 말이다. 이 예산은 대기업과 노동자가 낸 고율의 세금이다. 법인세가 보통 50~60% 수준에서 대기업에게 최대의 자율권을 보장하는 것은 당연하다. 일찍이 1960년대에 고율 세금과 자율권을 맞교환하는 계급 타협에 노사정이 도장을 찍었다. 12

그렇다면 이런 언명이 가능하다. 법인세를 올리는 대신 경영자율권을 보장한다, 실직자들은 국가예산으로 지원하고 생활전선에 별 무리가 없도록 보살핀다는 사민주의적 방정식 말이다. 이를 '유연안정성'이라 한다면, 한국에서 이런 방정식이 성사될 리 없다. 서로 못 믿는다. 그러니 사활을 건 투쟁이 지속된다. 투쟁은 파산으로 가는 길을 연다. 그것도 오솔길이 아니라 대로(大路)다. 그러니 경영과 노동의 해법은 평행선을 그린다. 경영은 '결국 파산에 이르러야 투쟁이 끝난다'고 믿는 반면, 노동은 '결코 대마(大馬)는 죽지 않는다'고 믿는다. 앞에서 얘기했듯, 한국경제의 총체적 파산이 발생하면 어떻게 될까? 크리스텐슨이 묻는다.

"다음엔 무엇이 일어날까?"

쉬밥 회장이 경고했다.

"쓰나미는 어느 날 도둑처럼 온다."

기업시민

사회학자로서 필자가 가장 힘줘 강조하고 싶은 점이 이것이다. 기업시민이 되는 것. 기업시민(*corporate citizen*)이란 기업 역시 시민의 일원으로 시민권을 갖고 있음에 항상 긴장하고, 시민의 책무와 공적 역할을 충실히 하는 조직체를 뜻한다. 기업시민은 시민정신에 투철한 존재다. 법을 위반한 시민은 처벌받는다. 법을 위반한 기업도 그 기업의 위상과는 관계없이 당연히 처벌받는다. 그러나 기업은 개인이 아니다. 개인의 집합체이자 공익을 창출하는 행위자다. 기업의 사회적 책임(CSR)이 사회과학계의 주요 관심사로 떠오른 것은 이런 배경에서이다. 여기에는 많은 기능과 역할이 포함된다. 기부, 봉사, 자선, 장학사업을 비롯하여 국가의 산업경쟁력과 과학수준을 높이는 공적 기능, 지역사회에서의 역할, 그리고 경영진의 수범행위 등이 그것이다.

2016년 여름 아모레퍼시픽 서경배 회장이 사재 3천억 원을 들여 과학재단을 설립한다고 발표한 바 있다. 개성상인의 후예다운 결단이자 공익기여 행위였다. 그의 말이 아름다웠다.

"과학과 기술로 한국 미래를 개척해 달라. 혼자 하면 백일몽이지만, 여럿이 하면 현실이 된다."

법조계, 경영계, 관계 거물급 인사들이 빚어낸 온갖 잡탕 오물 때문인지 이 말 한마디는 진흙탕 연꽃처럼 피어났다. 필자는 그때 심정을 이렇게 썼다.13

자기 살을 깎아 공익사업에 내놓은 사람이 더러 있다. 이종환, 정몽구, 조창걸 회장이 그들이다. 그런데 가뭄에 단비라고 할까, 각박한 요즘 세태에 경제시민을 대표하는 사람이 시대적 책무, 견위수명(見危授命)을 솔선하는 것이 눈물겹다. 견위수명, 위기 시에 생명을 내놓는다는 공자의 말을 노학자 송복 교수가 노블레스 오블리주(noblesse oblige)로 풀었다. 한국사회는 역사적 동력을 잃었다. 어떻게 할 것인가? 송복 교수는 특권층의 책임감 회복 외에는 답이 없다고 최근에 쓴 책 《특혜와 책임》에서 결론지었다. 국가에 기대를 거는 시대는 지났다. 시민사회가, 그것도 특혜를 받은 지도층이 책무와 희생을 솔선해야 신동력이 생겨난다고 대갈했다. 뉴하이(당대 출세자), 뉴리치(당대 부자)가 정신 똑바로 차리라는 노학자의 당부를 무릎 꿇고 새겨야 할 사람은 약 1만 5천 명에 이른다.

⋯ 위세 고위직층 2,907명, 근접부 고위직층 7,236명 해서 지도층 교양시민 약 1만 명과, 자본가층 5천여 명이 그들이다. 좀 넓게 추산하면 총 가구의 1%, 약 11만 명이다. 당대에 출세하고 부자가 됐기에 권력의 윤리와 돈의 철학을 익힐 시간도 기회도 갖지 못했다는 것이 한국의 최대 약점이자 만병의 근원이다. 권력, 위신, 돈을 독점한 교양

시민과 경제시민이 자신의 내부에 공익적 유전자가 살아 있는지를 우선 점검할 일이다. 자신이 누린 특권을 사회에 보답하고 있는지를 엄중히 짚어야 할 때다. 상업을 모리배의 말업(末業)으로 경멸한 조선에서도 개성상인들은 그리했다.

뉴하이와 뉴리치가 자신의 이익에 몰두하는 사회는 정상이 아니다. 경제성장이 이뤄져도 그리 좋은 사회는 아니고, 그런 상태에서 성장이 제대로 이뤄질 리 없다. 여기서 강조한 기부행위만 중요하다는 게 아니라 '기업시민'으로서 동시대 시민과 공존, 공생한다는 시민정신이 중요함을 강조하고 싶은 것이다. 기업시민은 시민정신을 함양하고 확산한다. 독일의 화이자(Pfizer)가 대표적이다.

세계 굴지의 제약회사인 화이자는 기부행위뿐 아니라 지역민들을 위해 과학교육, 장학사업, 계몽활동을 동시에 하는 기업시민의 모범이다. 오죽했으면 화이자가 본사를 다른 국가로 이전하려고 했을 때 지역민이 못 나가게 말렸을까. 지역민은 주식을 사 모아 화이자의 주주가 됐다. 지역민이 화이자의 주인이라는 뜻이다. 다른 기업들이 하는 일반적인 봉사, 공익활동 외에 화이자는 임금과 고용규칙을 변경할 때 시민들의 동의를 얻어 시행한다. 때로는 솔선하기도 한다. 이런 경우에 비정규직 문제, 남녀 차별이 있을 수 없다. 회사는 지역민의 놀이터이자 미래과학 지식을 습득하는 학습장이고, 거친 시장환경에서 생존력을 높이는 조직개혁의 실험장이기도 하다. 화이자는 시민과 '접촉한다'기보다 시민에 의해, 시민정신으로 '운영'된다고 말하는 편이 적절하다. 기업시민의 전형이다.

그렇다면, 현대차는? 울산시민은 현대차에 대해 얼마나 알고 있는가? 아니 현대차를 평생 탄 한국 시민들은 현대차에 대해 얼마나 알고 있는가? 한국인들은 현대차를 자신의 기업이라고 느끼는가, 아닌가? 아니다. '나'의 기업이 아니고, '너'의 기업이다. 아쉽고, 때로는 편해서 현대차를 구매하고 탔을 뿐이다. 노동조합이 투쟁에 돌입했다는 소식을 매년 들으면서 현대차를 샀고 몰았다. 현대차의 이미지는 그렇게 각인되어 있을 뿐이다. 기업시민의 역할에는 소홀했던 탓이다.

인터넷상 '안티 현대' 사이트는 현대차에 대한 불만과 비난의 백화점이다. 여기에는 정확한 근거가 없는 비방도 있고, 반드시 짚어야 할 건강한 비판도 있다. 리콜문제, 내수용차와 수출용차와의 질적 차별, 가격 차별, 그 밖의 많은 문제들이 지적되는데, 현대차는 이런 질타에 성실히 응해야 한다. 그냥 '근거 없음', '국가별로 사양과 법규가 다르기 때문' 등 간단한 해명으로는 성의 없다는 소리를 듣기 안성맞춤이다. '안티 사이트'는 역으로 보면 수정해야 할 항목과 개선을 요하는 사안들을 보상 없이 지적해 주는 견제의 목소리다. 고객의 진정성 있는 비난에 감동을 줄 만큼 성실한 수긍, 정비, 개량 작업이 필수적이다.

이렇게 물어보자. 현대차가 출시한 야심작 EQ900을 누구나 부러워한다. 최고의 프리미엄 카다. 그런데 EQ900을 자가 운전하는 사람을 부러워하거나 존경하는가? 아니다. 냉소의 눈초리로 바라보거나, 아니면 무관심하다. 1980년대 미국에서는 일본 토요타가 만든 렉서스가 성공한 사람의 차로 평판이 났다. 렉서스도 부러움을 샀지만, 그 차를 소유한 사람을 부러워했다. 우리의 경우는 뉴하이, 뉴리치에 대한 냉소가 확산된 탓이기도 하고, 현대차가 가치생산에는 그리 집중하지 않은 탓이기도 하다.

두 가지가 맞아야 한다. 뉴하이, 뉴리치가 존경을 받거나, EQ 900을 생산한 현대차가 존경을 받으면 된다. 두 가지가 다 성립되면 금상첨화다. 그런데, 아쉽게도 두 가지 다 아닌 듯하다. 기업시민으로서의 역할에 소홀했다는 증거이고, 뉴하이, 뉴리치가 공익에 기여한 바가 적었다는 냉소의 표현이다. 견위수명(見危授命), 위급할 때에 목숨을 내놓는 용기와 덕성, 그런 가치를 생산해야 철회된 사회적 존경을 다시 회복할 수 있다. 기업시민이 되는 것, 그것이 글로벌 기업인 현대차에게 요구되는 역할이다.

시민·사원

현대차가 '기업·시민'이 되려면 우선 현대차 직원이 진정한 '시민'
이 되어야 한다. '시민·사원'이다. 한국의 회사원들은 가장이자 직
원의 역할은 충실히 하지만, 시민임을 잊고 산다. 기업 헌신도는 높
지만, 시민 역할은 낯설다. 고객만족을 높이 외치는 대부분의 기업
의 눈으로 보자면 시민은 그냥 '고객'일 뿐이다. 그런데 그 고객도,
사원도 시민에 속한다는 사실을 잊는다. 그래서야 어찌 기업이 기업
시민이 될 수 있을까. 시민이란 무엇인가? 아, 여기 복잡하고 중대
한 문제에 직면했다. 필자도 이 문제에 부딪혀 많은 고민과 생각의
터널을 헤맸다.14

더 이상 떠올리고 싶지 않은 저 세월호 사건은 공존의 미덕, 자발
적 시민성(civicness)의 결핍이 어떤 무서운 결과를 초래하는지를 보
여 주는 서글픈 자화상이다. 당시 68세의 선장 이준석이 300여 명의
어린 학생들을 두고 승무원들과 함께 난파선으로 먼저 탈출한 사실
에 모든 사람들은 의아해했고 안타까워했다. 선장에 대한 분노를 주
체할 수 없었을 터이지만 어느 순간 자신도 이준석과 같을지 모른다
는 생각에 섬뜩함을 느꼈을 것이다. 일리 있는 추론이다. 필자도 아

픈 가슴을 부여잡고 그 파렴치한 행동을 이해하느라고 애를 먹었다.

필자의 잠정적 결론은 이 글의 취지와 직결된다. 선장 이준석은 평생 수평적 관계를 맺지 못하고 살았다. 다만, 자신과 가족, 가족과 회사, 회사와 국가라는 수직적 관계에서 의식을 형성했고 행동수칙을 익혔다. 비상 시 선장의 의무는 여객선 항로와 상태를 관리하는 정부기관, 해경관측소, 여객선관리소에 연락을 취하고 지시에 따르는 일로 충분했다. 사건 당일에도 그런 마음 상태를 유지했을 터인데, 갑판에 나와 보니 해경 소속 헬리콥터와 구조선이 눈에 띄었다. '국가가 왔다!' 국가가 있는 한 자신의 할 일은 소멸됐다. 어린 학생들의 생명은 국가가 책임질 터이니 자신은 자신의 생명만 보존하면 된다는 생각 외에 다른 의식은 없었을 거다. 그래서 탈출했다. 이준석은 '시민'이 아니었던 거다. 당시 심정을 필자는 이렇게 썼다. 15

세월호는 87분 동안 누운 상태로 버티면서 탈출 기회를 줬건만 어린 학생들은 선내 방송을 철석같이 믿고 선실에 대기했다. 헬기가 뜨고 어선이 몰려왔는데도 탈출 명령은 발령되지 않았다. 해양경비정, 구조선, 어선, 연락선이 불과 30여 미터 수심에 가라앉은 선박 주변을 마치 오리 떼처럼 동동 떠 다녔다. 세월호가 침몰하는 60분의 숨 가쁜 광경이 전국에 생중계됐을 뿐이다. 정녕 한국적 풍경이었다.

1912년 4월, 타이타닉호 침몰 당시 에드워드 존 스미스 선장은 승객 1,700여 명을 구하고 배와 함께 가라앉았다. 승무원이라고 왜 생명 애착과 공포가 없었겠는가?

　'영국인답게 행동하라!'(*Be British!*), 이 한마디에 승무원들은 구조대로 변했다. 한국인답게 행동하라! (*Be Korean!*), 이 말이 있었다면, 정녕 있었다면, 이게 뭘까?

'Be Korean!'이라는 공유코드가 우리에겐 없다. 그런 것을 생각하지 못했고, 만들지도 못했다. 공유코드가 없다는 말은 시민들이 곤경에 처하거나 위기에 직면할 때에 규범적 행동수칙이 결핍되어 있음을 뜻한다. 뉴하이, 뉴리치가 만들지 못했고, 평범한 시민들도 그랬다. 내가 국민이었듯이, 이준석도 수직적 관계에 매몰된 '국민'이었다. 가정, 직장, 국가라는 수직적 관계에 함몰된 국민이었다. 나와 내 동료, 이웃, 시민공동체와는 네트워크가 단절된 개별화된 인간이었다. 그럴 경우 공동체 정신, 더불어 사는 사람들에 대한 배려가 결핍된 이기적 인간이 된다. 국가에 대한 애국심은 있을지 모르나, 수평적 관계에 대한 권리와 의무, 즉 '시민성'에 대해서는 무지하다.

　우리의 초라한 자화상을 애써 환기한 이유는 시민성, 공존의 지혜를 갖춘 '시민'이 중요하다는 사실을 자각하기 위함이다. 가장, 직원, 시민인 삼위일체를 자각해야 한다. 이기적 심성, 경쟁과 독점, 불평등과 격차 — 이런 부정적 독소가 무성하게 번식한 한국사회에서 더 이상 경제성장은 불가능하고, 어렵게 성장동력을 찾아내더라도 사회를 옥죄는 누증된 모순을 혁파하지 않고는 투쟁사회가 지속된다. 이것이 현대차라는 글로벌 기업에서 '시민'이 문제되고, '시민성 결핍'을 자문해야 하는 이유다. 우리가 매진해 온 '국민'으로 충분하지 않은가? 아니다. 마치 피륙이 씨줄과 날줄로 짜이듯, 사회 역시 '공동체적 연대'(시민)와 '국가에 대한 헌신'(국민)으로 엮인다. 하나가 빠지면 허술하다. 미국 대통령이 '친애하는 시민', 프랑스 대통령이 '친애하는 동지'로 호칭하듯, 미국인과 유럽인들은 국민보다 시민에 더 익숙하다. 국민이 되기 전 먼저 시민으로 성숙했기 때문이다. 한국사회가 당면한 제반 모순과 폐단을, 우리의 일그러진 자화상을 '시민성'으로 교정할 수 있다고 주장하는 것은 아니다. 다만, 사회적 재설계가 절실한 현 단계에서 우선 고민해야 할 시대적 과제가 바로 시민성 배양이다.

시민성은 '공존의 지혜'이자 '더불어 사는 시민'(Mitbürger)으로 진화하는 통로다. 제도는 만들어 낼 수 있다. 그러나 제도의 작동은 '규칙'만으로 되지 않는다. 독일에서는 공민(共民, Mitbürger) 개념이 상식화되어 있다. 2005년 독일에서 만난 사무직 시민은 당시 정부가 제안한 증세정책에 대해 찬성했다. 단, 사회보험에 의존한 실직자들이 노동시장에 참여한다는 조건을 달고 말이다. 공존, 공생의 원칙에서는 증세도 마다하지 않는다. 단, 수혜집단의 사회기여도를 보증해 줘야 한다. 이런 정신이 바로 Mitbürger다. 기업이 파산에 직면해도 임금인상과 복지증대를 외치는 우리와는 다르다.

극도의 불황에 독일 폭스바겐은 자동차공장 일부를 폐쇄했다가 노동조합과의 합의하에 'Auto 5000' 프로젝트를 출범했다. 새로 가동된 공장은 월급을 절반 정도만 받는다는 조건에 도장을 찍었다. 그 공장은 정규직 공장의 일감을 분배받아 가동된 것으로, 말하자면 '일자리 나누기'의 산물이었다. 몇 년 후, 경기가 회복되자 'Auto 5000' 프로젝트 노동자들은 정규직으로 돌아왔다. 이런 것이 공존, 공생의 지혜이자 시민성(*civicness*)의 발로이다.

시민성은 한국인과 인연이 없는, 멀리 떨어진 가치가 아니다. 우리의 경우, 관리직, 기술직을 막론하고 모두 가장(家長)·주부와 직원으로 충실하지만, 시민이기는 어렵다. 자기 업무에 바쁘다 보니 시민사회에 관심을 쏟을 여유가 없다. 회사를 몇 년 다니면 '멍청해진다'고 느끼는 이유다. 회사일 외에 다른 것에는 신경을 쓰지 못한다. 취직 이전에는 여성주의자를 자처했던 사람도 가부장제로 돌아가기 일쑤고, 사회비리와 모순에 분개했던 젊은 시절이 아득해진다. 공동체적 가치에 헌신해야 한다고 외친 시절이 치기로 느껴진다. 가장(주부), 직원, 시민의 삼위일체, 이것이 기업시민의 구성원이 지향해야 할 덕목이다. 어떻게 시민성을 배양할 수 있는가?

그리 어렵지 않다. 시민사회와 어떤 형식이든 접촉하면 된다. '시민'이 되는 다음 몇 가지 요건을 체크해 보자.

① 하루 10분 정도 공적 문제에 관심을 갖는가?
② 그 쟁점 해결을 위해 관련 서적을 읽는가?
③ 시민단체, 주민단체, 자원봉사에 참여하는가?
④ 1년에 약 1주일 정도 공공활동을 하는가?

그 회합에서 회원들과 공적 쟁점을 놓고 토론을 하는가?

⑤ 한 달에 적어도 5만 원 정도 기부금을 내는가?

일단은 이 정도의 리스트로부터 시작해야 한다. 가장 중요한 것은 '자발적 결사체'로 불리는 시민단체에의 참여다. 한국에서는 시민단체의 정치화가 시민참여를 막는 장애물인데, 오히려 시민들의 참여가 저조하여 정치화로 기우는 '빈곤의 악순환'을 가정할 수 있겠다. 자발적 결사체란 자신이 속한 공동체, 마을, 자치구에 문제가 발생하면 스스로 모여 해결을 모색하는 조직을 지칭한다. 쉽게 말하면 특정 쟁점을 해결하고자 모이는 자발적 조직이다. 결사체적 행위는 시민성을 배양하는 씨앗이다.

1831년 프랑스의 청년 학자 토크빌(A. Tocqueville)이 미국을 여행하면서 터득한 시민민주주의의 원리가 그것이었다.

토크빌적 민주주의, 즉 시민의 자율적 참여에 의해 권력이 발생하고 그 합의된 권력으로 공동체를 운영하는 주민자치 내지 지방자치 형태가 토크빌적 민주주의이고, 그것의 현대적 발현체가 시민민주주의다. 시민민주주의는 민주주의의 어떤 특정 유형을 지칭한다기보다 '시민적 가치'를 존중하고 시민적 동의와 참여에 의해 국가권력이 견제되고 관리되는 정치체제를 말한다. 토크빌이 관찰하였듯이 '주민자치'가 미국과 유럽의 정치체제를 구분해 주는 가장 중요한 요소인데, 그것은 미국인의 오랜 관습인 자발적 참여와 토론에 바탕을 둔다. 마을공동체에 어떤 문제가 발생하면 주정부나 연방정부에 해결을 호소하기보다 우선 모여서 해결책을 논의하는 미국인의 행동양식과 규범을 토크빌은 '습속'(folklore)으로 개념화했다. 그런 습속은 오랫동안 절대국가를 경험한 유럽인에게는 매우 낯선 것이었다. 자발적 참여에 의한 결사체적 행동(associational activity)은 개별 성원으로 하여금 사익보다 공익에 먼저 눈뜨게 만드는 미국적 동인이었는데, 이 결사체적 행동에서 도덕적 담론(moral discourse)이 발생하는 것을 토크빌은 경이로운 눈으로 바라본 것이다.

"도덕적 담론이야말로 미국인의 최초의 언어다."16

우리의 '최초의 언어'는 무엇인가? 이익, 소득, 견제, 경쟁?

앞에서 제시한 다섯 가지 방안은 바로 시민성을 배양하는 단계적 방법이다. 공적 쟁점에 관심을 기울이지 않으면 시민정신이 무엇인지 모르는, 사익에 매몰된 인간이 된다. 세월호 선장 이준석에게는 그런 경험이 전무했다. 다른 직종에 종사하는 직업인들과 공적 쟁점을 놓고 토론해 본 적이 없으며, 그 공적 쟁점을 자신이 어떻게 풀어나갈 것인지도 생각해 보지 않았을 것이다. 자신의 문제가 아니었다. 공적 긴장은 시민단체에의 참여(civic engagement)에서 비롯된다는 것은 사회과학이 발견한 공통적 명제다. 그런데 한국 성인들의 참여율은 겨우 10%에 지나지 않는다. 영국의 성인은 80%가 시민단체 활동을 하고 있으며, 대학생들도 70%가 회원권을 갖고 있다. 한국 대학생은 거의 0 수준이다. 취업준비에 바쁘고 알바에 바쁘다. 언제 시간을 내어 사회 예비군으로서 시민성을 경험하겠는가?

직원들이 시민참여에서 얻은 지혜를 기업활동에 투입하고, 그것을 조직 내부 에너지로 활성화해야 기업시민의 성장발판이 마련된다. 말로만 해서는 아무 소용이 없다. 관리직 사원도, 기술직 사원도 공장 바깥 시민사회와 접촉해야 한다. 적어도 한 달에 한 번은 시민들과 만나 담소를 나누고 공동쟁점을 논의할 기회를 가져야 한다. 그렇지 않으면 기업 내부 사안에 매몰된 갈라파고스인(人)이 된다. 불량제로, 품질향상은 고객을 위한 최고의 목표지만, 기업시민이 배양한 시민정신을 상품의 최고의 가치로 설정하는 것, 그리하여 직원과 고객 간 가치교환 관계를 형성하는 것이 더 중요하다. 기업은 기업시민성을 키우고, 직원은 시민정신을 배양해서 기업에 투입하는 것이야말로 생산에만 매진해 온 현대차, 아니 한국의 대표적 기업들이 지향해야 할 미래 비전이 아닐 수 없다.

현대차 구성원이 배양한 시민성은 곧 대기업의 사회적 책임에 기여한다. 시민성 내부에 이미 사회적 책임이 내장되어 있다. 이를 한국경제 전반으로 확대하면, 대기업과 시민사회 간 상호호혜적 관계는 구성원의 시민성에 배태되어(embedded) 있다고 할 수 있겠다. 시민사회에 대한 기업의 책임의식이 구성원을 통해 발현되고 긴밀하게 연계되는 나라에서 기업은 '저절로' 국가발전을 이끄는 성장동력이 된다. 모든 대기업에 공통된 명제다.

에필로그

감마고(GammaGo) 와의 인터뷰

이세돌과 대국한 알파고(AlphaGo)가 몇 년 더 진화해 연산망과 가치망 능력이 수천 배 향상됐다. 알파고 3세대가 탄생했는데 그의 이름은 감마고(GammaGo)다. 감마고는 2050년 광경을 내다볼 수 있는 지능을 가졌다. 그와 인터뷰했다.

— 네 이름이 뭐니?

"감마 고~."

— 2050년을 내다볼 수 있다는데, 사실인가?

"2050년 풍경이 아주 재미있다."

— 자동차가 어찌 됐는지 궁금한데.

"막 날아다녀. 지상에서 약 200미터 정도로 날아다니는 차도 있고, 150미터에도 자동차길이 열렸거든.¹ 200미터는 프리미엄급, 150미터는 중형급이야. 소형차는 120미터 상공, 그 아래 100미터 상공은 드론 차지야. 드론 때문에 별이 안보여, ㅠㅠ."

— 그럼 자동차 도로에는 아무것도 없겠네.

"무슨 소리! 자동차 전용도로에는 트럭, 화물차, 버스, 그런 대형 차가 다니지. 덩치 큰 것들은 하늘 길로 다니지 못하지, 위험하니까."

— 예전에 봤던 영화 〈제5원소〉 그대로군. 어떤 연료를 쓰는데?

"수소연료도 있고, 새로 개발된, 뭐라더라 … 고농축 전지도 있고."

— 그럼 사람들은 어디에 사는데? 집은 어디에 있고?

"보통 100층 정도 높이에 살거든, 산중턱에도 살고, 산꼭대기에도 살고. 대형 몰이 산꼭대기에 건축돼서 사람들이 쇼핑하러 날아와. 때로는 드라이브 겸 산정까지 운전하기도 하고. 산중턱 집 담벼락에 바짝 붙여 주차하거나, 고층빌딩 창문 옆에 주차해. 외출할 때는 자율주행으로 호출해서 창문을 열고 타거든."

— 차 크기가 있는데 주차하기 거추장스럽겠다.

"모르는 소리! 차를 3겹으로 접어서 주차하니까 30년 전에 비해 크기가 1/3로 줄어. 차량 뒷부분을 그대로 두고, 그 속으로 좌석파트, 후드가 차례로 겹치는 구조지. 빌딩 외벽에 걸어두는 모양새라고 할까. 그래서 2050년에는 주차난이 없어. 대형트럭, 버스도 겹쳐서 주차하니까."

— 날아다니는 차라, 그럼 명칭도 바뀌었겠네.

"그럼! 자동차가 아니라 비동차(飛動車), 왜 007 시리즈에서 봤던 그 비행차 있지, 그런 거야. 그런데 그건 날개가 달린 고물이고, 요즘 차는 터빈엔진으로 바로 날지. 차체 속에 들어 있는 작은 날개를 살짝 펴고 접어서 자유자재로 날아. 마치 날아가는 작은 새 같아. 경찰차가 못 따라가서 탈이지."

— 현대차는 그냥 있어?

"응, 잘하고 있네 … 몇 개 안 남은 메이커 중 하난데, 이름을 바꿨어. '현대 에어앤모터 컴퍼니(Hyundai Air&Motor Company)라고. 줄여서 HAMC라고 부르는데, 옛날 미국 앨라배마 주에서 가동되던 현대공장 약칭과 같아."

— 울산공장은 어떻게 됐는데? 4만 명 생산직이 그대로 일하나?

"웃기는 소리! 차체, 프레스는 아예 북한 철광산 공장에서 생산하고, 도장은 유해산업이니까 멀리 요동지역으로 귀양 보낸 지 오래, 의장만 남았는데 모두 옛날 우리 할아버지뻘 알파고 로봇이 다 하지. 그것도 5천 대면 모든 공정이 끝나, 엔진공장까지 포함해서. 24시간 가동 중이야. 아무 저항이 없고 조용하지."

— 사람들은 어디로 갔는데?

"연구소에 바글바글하고, 공장감독, 물류감독, 전장제품 엔지니어, 파워플랜트, 컴퓨터기사 뭐 이런 부분만 사람들이 담당하고 있어. 모두 합쳐 2만 명 정도? 수출 선적장도 자율주행시스템으로 하니까, 인력이 별로 필요 없어."

— 그 밖엔 다 실직자들인가? 어떻게 먹고살지?

"무식한 소리! 새로 출현한 직업이 얼만데? 서비스직종이 제일 많고, 드론 운전자, 설계자, 신상품 엔지니어, 설비 엔지니어, 공중주택 건설업자, 물류시스템 관리자, 상하수도 설계자, 에너지 공급

시스템 감독자, 뭐 셀 수 없이 많아. 제조업에는 로봇이 대세고. 옛날 잘나가던 회계사, 법조인, 변호사, 교수는 멸종된 지 오래야."

— 현대차가 시스템을 바꾸느라고 애 좀 먹었겠네.

"에휴~ 말도 마. 2025년에 구조조정한다고 난리를 겪었고, 이후에 5년마다 신기술 도입한다고 파산 직전까지 몰렸다가 회생했지. 전기자동차에 비행 기능까지…. 수소연료는 이미 개발한 기술이 있어서 괜찮았는데, 고농축 전지는 업체 선정하느라 애먹었지. 프레스와 차체생산에도 차질이 많았고. 왜냐하면 알루미늄보다 더 가볍고 단단한 신소재를 발명했거든, 일본에서. 그것 때문에 큰일 날 뻔했지. 노동조합도 여전히 애를 먹였어. 로봇과 일대 전투가 일어났는데, 울산공장에서만 100여 대 부서졌어. 애꿎은 우리 할아버지 알파고가 말이야."

— 전기자동차가 대센가?

"옛날 얘기야. 전기자동차는 구세대 모델이고, 지금은 수소연료로 구동하는 터보엔진차야. 작은 비행기하고 꼭 같아. 지금 미국 GM에서는 물 위로 가는 보트비동차를 개발 중인데 곧 상용화될 것 같아. 에어, 보트, 자동차를 합한 개념이지. 육해공 기능결합 복합기라고 할까."

— 그거 한 대면 못 갈 곳이 없겠군.

"신세대가 제일 선호하는 차야. 요즘도 신세대의 취향은 못 말려서 어른들이 영 못마땅해 하는데, 할 수 없어. 경제권이 신세대로 넘어간 지 한 10년 됐거든. 사회혁명이 일어났어, 얼마 전에. 20세기 초 세계를 휩쓴 혁명처럼 말이야. 50세가 넘은 기성세대는 다 물러났지. 지금 산속에서 조용히 살아요. 평균수명이 100세가 됐는데, 그 고리타분한 양반들이 할 일이 없는 게 제일 고민이야. 맨날 술만 마실 수도 없고. 아예 비동차 끌고 몽골사막이나 개마고원에 날아가 사는 사람들도 많아. 만주로 간 사람도 있고."

— 공동체가 해체됐나?

"아직 가족 개념은 남아 있는데, 생활양식이 너무 바뀌는 바람에 친인척 관계는 거의 끊기고 거주지를 중심으로 새로운 커뮤니티가 형성되는 중이야. 산속에 새로운 이주촌이 형성되듯이 말이야. 이들도 산꼭대기에 만들어진 대형 쇼핑몰에 와서 놀기도 해."

— 생필품은 누가 만들지?

"직접 3D프린터로 제작해서 쓰지. 생필품 중에 가장 귀한 게 물과 약이라서, 그건 사서 먹어야 해. 약은 원격진료를 해서 드론으로 배송하지. 그런데 물은 부족해서 통제에 들어갔어. 산속에는 통제가 안 되니까 산속 타운하우스가 요즘은 가장 비싸."

— 다른 대기업들도 여전히 건재한가?

"대개는 있는데 주력업종을 전면적으로 바꿨어. 삼성도 스마트폰에서 아무 데서나 호출해 쓸 수 있는 스크린폰으로 바꾼 지 오래고. 필름처럼 둘둘 말아서 갖고 다니는 필름폰도 구식이지. 롯데도 옛날 롯데가 아니고, 뭐 천지개벽했다고나 할까."

— 그래, 아무튼 고맙다. 자세히 일러 줘서. 그런데 2050년에 내가 살아 있는지 한번 둘러봐 줄래?

"잘 안 보이네 ···. 죽었나 봐! 아님 어디 고비사막쯤으로 가버렸나?"

인터뷰는 끝났다.

미주

1장. 쓰나미는 도둑처럼 온다

1 알파고는 초고속 종합연산기능을 통해 가장 승률이 높은 수를 선택하는 능력을 가진 인공지능이다. CPU와 GPU는 서로 연결되어 인간의 뇌와 같은 인공신경망을 만들고, 이는 다시 정책망(*policy network*)과 가치망(*value network*)으로 나뉜다.

2 이정원 기자, "첫 네 수만 167억 가지 … '꾀'를 부린 알파고", 〈조선일보〉, 2016년 4월 2일 자.

3 박정현 기자, "로봇, 인간을 대체", 〈조선일보〉 위클리 비즈, 2016년 4월 2일 자.

4 위 기사.

5 유발 하라리(조현욱 역), 《사피엔스》, 김영사, 2015.

6 제레미 리프킨(안진환 역), 《한계비용 제로사회: 사물인터넷과 공유경제의 부상》, 민음사, 2014.

7 위 책, 120~130쪽.

8 위 책, 124쪽.

9 스티븐 패리신(신정관 역), 《자동차의 일생: 1886~2012 자동차 산업의 역사》, 도서출판 경혜, 2015.

10 김준술 기자, "자율주행차", 〈중앙일보〉, 2016년 1월 13일 자.

11 임근호 기자, "미래형 차, 뺏거나 빼앗기거나 …", 〈한국경제〉, 2016년 1월 11일 자.

12 애슐리 반스(안기순 역), 《일론 머스크, 미래의 설계자》, 김영사, 2015, 470쪽.

13 류형렬 기자, "자율주행은 기본 … 운전자와 소통하는 차 나온다", 〈경향신문〉, 2016년 4월 25일 자.

14 양재동 본사 부회장 인터뷰.

15 현대차 노조 전직 위원장 인터뷰.

16 최영미, 〈서른 잔치는 끝났다〉의 한 구절.

17 토마스 피케티(장경덕 역), 《21세기 자본》, 글항아리, 2015.

18 한국경제연구원 김미애 선임연구원의 말. 이성훈·장상진 기자, "주력업종 대부분이 침체된 건 산업화 50년 만에 처음", 〈조선일보〉, 2016년 2월 16일 자.

19 예를 들면, 송호근, "경제동력의 사회적 생산".

20 이심기 특파원, "저승사자 IMF, 한국에 5대 경고장 던졌다", 〈한국경제신문〉, 2016년 12월 1일 자.

21 Alice Amsden, *Asia's Next Giant*, Cambridge: MIT Press, 1989.

22 후지모토 다카히로(김기찬·고기영 역), 《TOYOTA 진화능력: 능력구축 경쟁의 본질》, 가산북스, 2005.

23 울산학연구센터, 《울산근로자들의 생애사》, 2013, 24쪽.

24 박태주, 《현대자동차에는 한국 노사관계가 있다》, 매일노동뉴스, 2014. 책 제목 자체가 그런 뉘앙스를 담고 있다.

25 울산공장 노사관리 A사장 인터뷰.

2장. 울산, 한국의 운명을 쥐다

1 박천홍, 《악령이 출몰하던 조선의 바다》, 현실문화, 2008, 474쪽.

2 위 책, 483쪽.

3 1962년 울산공업센터 기공식에서 한 박정희 의장의 치사. 울산 공업탑 비문에 새겨져 있다.

4 현대중공업 생산직 K씨 면담기록. 1979년 조세희가 쓴 소설 《난장이가 쏘아올린 작은 공》은 포항이나 울산을 모델로 한 내용이다. 소설에는 은강시(市)로 나온다. 이하의 '면담기록'은 몇 년 전부터 필자와 연구진이 울산에서 해온 별도의 인터뷰 녹취록을 말한다. 주로 현대중공업, 석유화학단지, 현대차를 대상으로 했다.

5 현대중공업 생산직 정규직 직원 부인 L씨 면담기록.

6 현대중공업 사내하청 배우자 Y씨 면담기록.

7 김신영 기자, "울산 억대 연봉자 8.5% … 서울의 배 넘어", 〈조선일보〉, 2016년 2월 25일 자.

8 설렁탕집 사장의 경우, 한 그릇에 2천 원이 남는다고 가정하면 5만 그릇, 하루

150그릇을 팔아야 얻는 소득이다.

9 도병욱 기자, "울산, 도크가 빈다 ··· 상상도 못한 일", 〈한국경제〉, 2016년 3월 23일 자. 4월 22일엔 현대중공업이 3천여 명을 정리 해고할 예정이고, 거제지역 경제는 파산일로에 있다는 기사가 났다.

10 2016년 4월 일간신문은 조선 3사의 구조조정을 대서특필했다. 현대중공업은 임원 30% 감축, 생산직 노동자 3천여 명 정리해고를 발표했고, 삼성중공업과 대우해양조선 역시 2천여 명의 정리해고를 고려 중이다. 2017년까지 조선 3사에서만 실업자 약 1만 2천여 명이 쏟아져 나온다.

11 현대차 기술사원 K씨 면담기록. 현대차그룹은 종래의 생산직을 '기술직 사원'으로, 일반사무직을 '관리직 사원'으로 명칭을 바꿨다. 이 연구에서는 가능한 이 직책 명칭을 사용할 것인데, 문맥에 따라 생산직, 관리직, 연구직도 병행한다.

12 현대중공업 생산직 배우자 B씨 면담기록.

13 택시 기사 K씨 인터뷰.

14 위성욱 기자, "경남 거제 조선업계 2만 명 근로자 대량실직 우려 ··· 노조, 고용위기지역 지정 요구", 〈중앙일보〉, 2016년 4월 7일 자.

15 하인식 기자, "현대중 노조의 '황당한 요구'", 〈한국경제〉, 2016년 3월 24일 자.

16 현대중공업 노사관리 G씨 인터뷰.

17 하인식 기자의 기사 중에서.

18 김용환, "축적된 경험을 통해서만 배울 수 있는 지식을 구하라!", 서울대학교 공과대학, 《축적의 시간》, 지식노마드, 2015. 이하 해양플랜트에 관한 서술은 김용환 교수의 말을 참고함.

19 위 글.

20 도병욱 기자, "'조선업계 빅3' 덤핑경쟁 ··· '원가 이하 계약도 강행'", 〈한국경제〉, 2016년 1월 13일 자.

21 이정동, "창조적 축적지향의 패러다임으로 바꾸어야 한다", 《축적의 시간》. 이정동 교수는 《축적의 시간》 프로젝트의 책임자다.

22 류제현, "토요타 리콜사태와 시사점", 대한산업공학회, 〈IE 매거진〉, 17(1), 2010.

23 위 논문.

24 Fortune, 2010, 1월 5일 자; 조형제, 《현대자동차의 기민한 생산방식》(한울, 2016, 12쪽)에서 재인용.

25 현대차그룹 B사장 인터뷰.

26 로널드 레이건 대통령의 주도하에 운영된 이 위원회는 미국 제조업 시대의 종언을 선언했으며, 신산업의 기반을 갖출 것을 제안했다. 당시만 해도 신산업이 무엇인지 아는 사람은 드물었다. 당시 인공지능을 만드는 기업의 주가는 바닥을 면치 못했으며 파산하는 기업도 속출했다.

27 당시 사회과학자들은 미국의 경쟁력 하락이 불가피하다는 취지의 연구서를 많이 써냈다. 대표적인 저서가 Paul Kennedy, *The Rise and Fall of American Empire*, New York (Random House, 1987) 이다.

28 채영석, "자동차 업계와 IT 업계, 누가 주도권을 잡을까?", 〈글로벌 오토뉴스〉, 2014년 11월 14일 자. 심정택, 《현대자동차를 말한다》(RHK, 2015, 225쪽) 에서 재인용.

29 김현석·강현우 기자, "삼성도 인공지능 '구글카' 도전", 〈한국경제〉, 2016년 4월 13일 자.

30 현대기아차 남양기술연구소 C부사장 인터뷰.

31 남양기술연구소 S부장 인터뷰.

32 남양기술연구소 K부장 인터뷰.

33 남양연구소 C부사장 인터뷰.

3장. 현대차의 성장 유전자

1 박병재, 《뉴 브릴리언트 컴퍼니》, 매일경제신문사, 2012, 72쪽.

2 울산학 연구센터, 《울산근로자들의 생애사》(2013) 중 현대차 정규직 K씨 면담 요약.

3 현대중공업 정규직 배우자 C씨 면담기록.

4 울산공장 인재교육원 L이사 인터뷰.

5 1987년 노사대분규 이후, 악덕고용주가 임금체결을 일삼았던 기업에서 이 사훈은 "노동자를 가축처럼"으로 바뀌곤 했다.

6 *New York Times*, *The Downsizing of America*, New York Times Company, 1996.

7 당시 필자는 에즈라 보겔 교수가 개설한 일본학 강좌의 TA(*teaching assistant*) 였는데, 수강학생이 800명을 넘었다. 지금은 중국학이 그러하다.

8 그런데 불행히도 스즈키의 스포츠카 프로젝트는 그리 성공적이 아니었다. 1990년대 초반 스즈키는 자동차시장에서 거의 퇴각했다.

9 루스 베네딕트(김윤식·오인석 역), 《국화와 칼: 일본 문화의 틀》, 을유문화사, 1974.

10 한영우, 《과거, 출세의 사다리》, 지식산업사, 2013. 한영우 교수는 태조~선조 시기 족보를 통해 과거 급제자의 신분을 조사한 결과 급제자의 20~40%가 낮은 신분 출신이었다고 지적한다. 즉, 조선 초기 사회는 상대적으로 열려 있었다.

11 현대차 25년 차 정규직 P씨 인터뷰.

12 현대차 협력업체 배우자 L씨 면담기록.

13 울산공장 A사장 인터뷰.

14 심정택, 《현대자동차를 말한다》, RHK, 2015, 25~35쪽.

15 현대중공업 정규직 배우자 K씨 면담기록.

16 울산공장 그룹장 N씨 인터뷰.

17 박병재, 《뉴 브릴리언트 컴퍼니》, 24~25쪽.

18 울산공장 L 파트장 인터뷰.

19 울산공장 생산관리 P씨 인터뷰.

20 조형제, 《현대자동차의 기민한 생산방식: 한국적 생산방식의 탐구》, 한울, 2016, 117쪽. 여기에서 조형제 교수는 '표준화'라고 했는데, '최적화'가 더 적합할 것이다.

21 후지모토 다카히로(김기찬·고기영 역), 《TOYOTA 진화능력: 능력구축경쟁의 본질》(가산북스, 2005), 6장과 《일본의 제조업 전략, 모노즈쿠리》(도서출판 아카디아, 2004), 5장.

22 후지모토, 위 책, 186~187쪽.

23 이시하라 신타로(이용덕 역), 《선전포고, No라고 말할 수 있는 일본경제》, 제이앤씨, 2004.

24 마루야마 마사오(김석근 역), "일본에서의 내셔널리즘", 《현대정치의 사상과 행동》, 한길사, 1997.

25 현대차그룹 부회장 B씨 면담기록.

26 남양기술연구소 연구원 H씨 면담기록.

27 최진석 기자, "현대차 인증은 글로벌 보증서", 〈한국경제〉, 2016년 2월 15일 자.

4장. 기술 선도! 현대차 생산방식

1 현대차는 현재 현장노동자를 '기술직'으로 명명하나, 이 장에서는 문맥상 노동자

내지 현장직으로 기술했다.

2 남양연구소 C 부장 인터뷰.

3 현장의 팀조직을 중심으로 한 문제해결(QC), 낭비와 결함 제로를 위한 끊임없는 개선(카이젠), 생산기술의 혁신을 통한 유연 혼류 생산의 실현(간반 시스템) 등을 구성요소로 하는 일본식 생산방식의 대명사다.

4 아산공장 O 라인장 인터뷰.

5 해외로 나가기 전 일단은 국내 생산을 차질 없이 최대로 끌어올리는 것이 최우선 과제였다. 생산 극대화에 사활을 건 회사는 노조의 요구를 수용할 수밖에 없었다. 현장 통제를 노조 대의원에게 대거 양보했는데, 한번 이전된 현장 통제력을 걷어 들이기는 쉽지 않았다.

6 전주공장 조립라인 J 그룹장 인터뷰.

7 아산공장 조립라인 K 그룹장 인터뷰.

8 Freyssenet, M. (Ed.), *The Second Automobile Revolution: Trajectories of the World Carmakers in the 21st century.* Springer, 2009.

5장. 풍요한 노동자

1 현대차그룹은 사무직을 '관리직', 생산직을 '기술직'으로 개칭했는데 이 연구에서는 문맥에 따라 가끔 사무직, 생산직을 병행한다. 현대중공업의 경우는 편의상 사무직, 생산직, 기술직(엔지니어)으로 구분한다.

2 김신영 기자, "울산 억대 연봉자 비율 8.5% … 서울의 배 넘어", 〈조선일보〉, 2016년 4월 25일 자.

3 Rosa Luxemburg(1871~1919), 폴란드 태생으로 독일에서 칼 카우츠키와 함께 마르크스주의자, 정치이론가, 노동운동가로 활약했다. 1919년 독일 장교에 의해 암살당해 인근 호수에 버려졌다.

4 송호근 · 유형근, "거주지의 공간성과 노동계급의 형성: 울산 북구와 동구의 비교연구", 한국산업노동학회, 〈산업노동연구〉, 2009, 15권 2호; 유형근, "한국 노동계급의 형성과 변형: 울산지역 대기업 노동자를 중심으로", 서울대학교 대학원 사회학과 박사학위논문, 2013.

5 필자가 1980년대 초반 현대중공업 현지조사에서 목격한 장면이다.

6 현대중공업 생산직 U씨 면담기록.

7 현대차 기술직 부인 P씨 면담기록.

8 현대차 기술직 부인 A씨 면담기록.

9 현대중공업 생산직 부인 C씨 면담기록.

10 현대차 기술직 부인 O씨 면담기록.

11 현대중공업 기술직 부인 J씨 면담기록.

12 현대차 기술직 부인 H씨 면담기록.

13 현대중공업 엔지니어 부인 K씨 면담기록.

14 현대차 기술직 사원 부인 Y씨 면담기록.

15 현대차 노동조합 교육선전실 편, 《벼랑 끝에서 본 하늘: 정리해고·무급휴직자
   수기공모작품집》, 2001, 42쪽.

16 현대차 그룹장 N씨 인터뷰.

17 현대차 기술직 U씨 면담기록.

18 울산 시민연대 상근활동가 P씨 인터뷰.

19 현대차 라인장 P씨 인터뷰.

20 현대차 협력업체 K씨 인터뷰.

21 현대차 라인장 P씨 인터뷰.

22 안치환 작사·작곡, 〈철의 노동자〉.

6장. 민주노조의 무한질주

1 〈들불〉, 2016년 2월 25일 자. 그 외에도 들불 파(派)가 저항할 사안을 열거했다.
   취업규칙 임의변경, 노동개악, 한일 위안부 굴욕합의, 기업활력제고법, 개성공
   단 전면 폐쇄, 사드 배치, 테러방지법 등이 그것이다.

2 분규과정의 상세한 분석은 이병훈, "구조조정기 노사분규의 사례연구: 현대자동
   차와 발전회사의 분규를 중심으로"(〈노동경제논집〉, 2004, 27권 1호)와 조형
   제, 《한국적 생산방식은 가능한가?》(한울, 2005)를 참조하면 좋다. 실제로 자
   연감소자가 희망퇴직자와 중첩되어 각 유형별 숫자가 약간 늘어났다.

3 대부분의 연구자들이 이런 개념에 동의한다. 박태주, 《현대자동차에는 한국노
   사관계가 있다》, 매일노동뉴스, 2015.

4 울산공장 전 노조위원장 인터뷰.

5 단체협약 42조 내용.

6 2000년 고용유지를 위한 노사상호협조사항, 3조와 6조.

7 울산공장 라인장 K씨 인터뷰.

8 2015년 봄, 노사정위원회는 노사 양측의 양보를 서로 맞교환하는 방식으로 합의를 성사시켰다. 노동 측은 임금삭감 없는 노동시간 단축을 요구했고, 경영 측은 파견업종 확대와 저성과자 해고를 제안했다.

9 자유언론, 〈참소리〉, 4호, 2016년 2월 2일 자.

10 울산공장 라인장 J씨 인터뷰.

11 울산공장 라인장 S씨 인터뷰.

12 울산공장 협력업체 K씨 인터뷰.

13 울산공장 협력업체 P씨 인터뷰.

14 〈세계일보〉, 2014년 4월 10일 자.

15 울산공장 협력업체 P씨 인터뷰.

16 2016년 현대차 임금교섭 요구안. 임협은 5개월을 끌었는데, 최초의 타협안에 보수액을 약간 더 주는 것으로 마무리되었다. 그동안 14만 대 조업 차질, 총 3조 1천억 원 손실을 보았다는 신문 보도가 나왔다.

17 필자가 1989년에 쓴 글 "무적의 국가, 무적의 부르주아지" 참조. 송호근, 《한국의 노동정치와 시장》(나남, 1990)에 수록.

7장. 각축하는 현장

1 Michael Burowoy, *Manufacturing Consent*, Chicago: The University of Chicago Press, 1979.

2 울산공장 노사관리직 L씨 인터뷰.

3 이하는 우종원, "토요타 노사관계의 핵심요소", KLI, 《국제노동브리프》참조.

4 기업복지, 기업노조, 연공임금은 일본 노사관계의 발명품으로서 3보(*three sacred treasures*)로 불린다.

5 그럼에도 일본의 공장은 감옥과 같다는 평가도 있다. Satoshi Kamata, *Japan in the Passing Lane*, Pantheon, 1983.

6 울산공장 노사협력팀 J씨 인터뷰.

7 1974년생 대리기사 C씨, 10년 대리기사 K씨 인터뷰.

8 2014년 6월 20일 자 노보, "위원회 소식".

9 2015년 6월 17일 자.

8장. 다양성의 시대

1 정주영, 《시련은 있어도 실패는 없다》, 제삼기획, 1991.
2 정진홍, "긍정·도전·창의의 기반 - 아산의 자아구조", 아산사회복지재단(편), 《아산, 그 새로운 울림: 미래를 위한 성찰》, 푸른숲, 2015.
3 양재동 본사 전략기획 W 부장.
4 울산공장 생기 담당 C 부장.
5 Pfeffer, J., "Building sustainable organizations: The human factor", ACAD, *MANAGE PERSPECT*, 2010, 24: 1, 34~45.
6 양재동 본사 경영기획 Y 임원.
7 울산공장 K 그룹장.
8 양재동 본사 대관 A 대리.
9 울산공장 생기 담당 C 부장.
10 양재동 본사 대관 H 대리.
11 Reagans, R. E., and E. W. Zuckerman, "Networks, diversity and performance: The social capital of R&D teams", *Organization Science*, 2001, 12: 502~518.
12 Williams, K. Y., and C. A. O'Reilly, III, "Demography and diversity in organizations: A review of 40 years of research", In B. M. Staw and L. L. Cummings(Eds.), *Research in Organizational Behavior*, 1998, 20: 77~140, Greenwich, CT: JAI Press.
13 울산공장 K 그룹장.
14 양재동 본사 P 대리.
15 양재동 본사 전략기획 K 부장.
16 Page, S. E., *The Difference: How the Power of Diversity Creates Better Groups, Firms, Schools, and Societies*, Princeton, NJ: Princeton University Press, 2007.
17 양재동 본사 인사 P 사원.

9장. 함대가 간다

1 후지모토 다카히로(박정규 역), 《일본제조업의 전략, 모노즈쿠리》, 도서출판

아카디아, 2004, 4장. 이와 함께 현대차의 생산방식을 고찰한 조형제 교수도 현대차의 생산방식을 '폐쇄적 모듈형'으로 개념화하고 그 내부 구조를 상세히 분석했다. 앞의 책 6장.

2 정명기, "한국 자동차산업의 생산의 세계화", 〈산업노동연구〉, 2012, 18권. 이하 미국과 독일의 사례는 정명기 논문을 참조했음.

3 김철식 · 조형제 · 정준호, "모듈 생산과 현대차 생산방식", 〈경제와 사회〉, 2011년 겨울호.

4 이근 · 박태영, 《산업의 추격, 추월, 추락》, 21세기북스, 2014.

5 이근 · 박태영, 앞의 책, 161~162쪽.

6 이근 외, "기업 간 추격의 경제학", 21세기북스, 2008, 44쪽 그래프.

7 위 책, 32쪽.

8 계열사 연구원 L씨 인터뷰.

9 직영계열사 최고 책임자는 모기업의 평가에 의해 승진과 보직 순환이 결정된다.

10장. 신문명의 전사

1 옵티마는 K5의 미국 명칭이다.

2 가령, 제조업이 취약한 한국의 강원도에 외국 자동차업체가 입주했다고 치자. 이런 실리적 평가는 고사하고, 환경파괴나 주민정서 위배 등의 문제를 들고 시위가 그치지 않을 것이다. 일자리는 그냥 생기는 것이 아니다.

3 ix35는 인도시장에서는 크레타(Creta)로 불리는데, 선풍적 인기몰이 중이다.

11장. 위대한 변신

1 클레이튼 크리스텐슨 외(이진원 역), 《미래기업의 조건》, 비즈니스북스, 2005.

2 조백건 기자, "인공지능처럼 … 4차 산업혁명은 쓰나미같이 온다", 〈조선일보〉, 2016년 10월 19일 자.

3 김현국 기자, "신뢰경영", 〈조선일보〉 위클리 비즈, 2016년 12월 3일 자.

4 위 기사.

5 김현국 기자의 위 기사에서 인용.

6 2016년 7월에 조직된 서울대학교 국가정책포럼. 필자가 조직위원장이다.

7 2회 국가정책포럼, 김세직 교수의 토론문.

8 위 포럼, 이정동 교수의 토론문.

9 이정동 교수의 토론문. 이와 관련하여 그가 편집한 《축적의 시간》(서울대 공대, 지식노마드, 2015) 참조.

10 5개 항목은 기업 지배구조 규정 및 관행, 집행력, 정치 및 규제환경, 기업회계, 기업문화다. 국회입법조사처, 〈지표로 보는 이슈〉, 2016년 12월 23일.

11 앞의 기사.

12 필자의 책 《이분법사회를 넘어서》(21세기북스, 2012)에서 선진국의 사례를 준거로 이 문제를 상세히 다뤘다.

13 "개성상인이 사는 법", 〈중앙일보〉, 2016년 9월 6일 자.

14 필자의 졸저 《나는 시민인가?》, 문학동네, 2015 참고.

15 "Be Korean!", 〈중앙일보〉, 2014년 4월 21일 자.

16 Tocqueville, A., *Democracy in America*, New York: Harper & Row, 1969.

에필로그: 감마고와의 인터뷰

1 2016년 10월, 프랑스 항공기 제조사 에어버스가 무인항공택시 바하나(Vahana) 구상도와 함께 2020년에 이를 상용화한다고 발표했다. 여기에 바퀴를 달면 무인항공차가 된다. 바하나는 신이 타는 의자라는 뜻이다.

사회학자 송호근,
포스코의 성공신화를
추적하다

'스마트 용광로' 포스코에서 발견한 한국 제조업의 미래

허허벌판 바닷가에서 일어선 지 반세기 만에 세계 최고의 철강업체에 등극한 포스코,
그들 앞에는 새로운 반세기의 도전과 과제가 놓여 있다. 밖으로는 중국 철강업체의
물량공세와 미국 정부의 압박, 안으로는 정신적 유산의 변화라는 절체절명의
과제에 직면한 포스코의 미래 성장전략은 무엇인가?

"대안 노조를 찾았다 … '토론·협업·연대' 앞세우는 포스코 노경협의회"
"뿌리 깊은 공공 마인드 … 지역사회 봉사활동까지 노경협의회가 주도"
— 〈조선일보〉

혁신의
용광로

벅찬 미래를 달구는
포스코 스토리

신국판·양장본·432쪽·값 28,000원

Tel. 031) 955-4601
www.nanam.net

나남
nanam

20세기 한국경제 신화의 주역 정주영,
그의 삶에서 미래 해법을 찾는다!

영원한 도전자 정주영

20세기의 신화
정주영에게서 찾는 한국의 미래

허영섭(〈이데일리〉 논설실장) 지음

부진의 늪에서 벗어나지 못하는 한국경제.
앞장서서 혁신을 이끌 리더십은 보이지 않고
젊은이는 자조 섞인 패배의식에 빠졌다.
한강의 기적을 일군 정주영이 오늘날을 살아간다면 어땠을까?

"그를 키운 것은 거듭된 시련이었다. 시련이 있었기에 더욱 최선을 다해 노력
했다. 어려운 가운데서도 밀고 나가다 보면 반드시 길이 열릴 것이라는 믿음
을 지니고 있었던 것이다. 어려움이 닥쳐도 그는 불굴의 의지로 밀고 나갔다.
거듭된 도전과 시련, 또 도전이었다. 실패는 없었다. 그리고 끝내 빛나는 성공
을 이루었다."

신국판·양장본·올컬러 | 488면 | 27,000원

나남 www.nanam.net | 031-955-4601

세계적 기업 삼성그룹의 과거와 현재,
그리고 미래를 읽는다

호암자전
湖巖自傳

삼성 창업자
호암 이병철 자서전

**삼성 창업자 호암 이병철이 육성으로 말하는 삼성,
그 창업과 경영의 위대한 서사!
한국 현대 경제사와 맥을 같이하는 글로벌 삼성신화의 서장을 목격하다!**

이 책에는 호암 이병철의 진솔한 회고가 담담한 목소리로 기록되어 있다. 방황
하던 청년기에 대한 솔직한 고백과 인간적인 번민부터 거대 기업을 세운 그의
날카로운 사업적 감각과 통찰력, 국가 경제를 염두에 둔 거시적 안목까지 모두
담겨 있다. 국가 발전과 미래를 염려하는 초(超)개인적 기업인의 진면목과 실
패에 담대하라는 메시지는 오늘날의 독자들에게도 유효한 울림을 선사한다.

신국판·양장본·올컬러 | 440면 | 25,000원

나남 www.nanam.net | 031-955-4601

코리안 미러클

육성으로 듣는 경제기적 편찬위원회(위원장 진념) 지음

박정희 시대 '경제기적'을 만든 사람들을 만나다!
경제난 어떻게 풀어 '창조경제' 이룰 것인가?
전설적인 경제의 고수들에게 배우라!

박정희 대통령 시대의 경제개발은 어떻게 이루어졌는가? 홍은주 전 iMBC
대표이사가 '그 시대' 경제신화를 만들어낸 주역들인 최각규, 강경식, 조경식,
양윤세, 김용환, 황병태, 김호식, 전응진을 만났다. 그들의 생생한 육성으로
통화개혁, 8·3조치, 수출정책, 과학기술정책 등의 핵심 성공요인, 입안배경과
집행과정, 그리고 일반인에게 잘 알려지지 않았던 비화들을 듣는다. 경제난에
빠진 오늘날, 이 시대의 성공은 무엇을 의미하는가?

크라운판 | 568면 | 35,000원

나남 www.nanam.net | 031-955-4601

코리안 미러클 2

도전과 비상

육성으로 듣는 경제기적 편찬위원회(위원장 이헌재) 지음

1980~90년대 '전환의 시대'를 이끈 경제주역들의 생생한 증언!
국가주도 경제에서 시장경제로 패러다임을 바꾸다!

1960~70년대 순항하던 한국경제호는 살인적 물가폭등과 기업과 은행의
부실, 개방압력 등으로 흔들리기 시작한다. 바야흐로 물가를 안정시키고
기업과 은행의 자율성을 키우며 시장을 개방하는 것이 한국경제의
지상과제로 떠오른 것이다. 이 책은 이러한 시대의 키워드인 안정, 자율,
개방을 구현하는 데 핵심적 역할을 했던 경제정책 입안자 강경식, 사공일,
이규성, 문희갑, 서영택, 김기환의 인터뷰를 담고 있다. 한국경제 연착륙을
위해 고군분투하는 그들의 이야기는 난세영웅전을 방불케 할 정도로
흥미진진하다.

크라운판 | 552면 | 35,000원

나남 www.nanam.net | 031-955-4601

코리안 미러클 3
숨은 기적들

육성으로 듣는 경제기적 편찬위원회(위원장 강봉균) 지음

1권《중화학공업, 지축을 흔들다》
2권《농촌 근대화 프로젝트, 새마을 운동》
3권《숲의 역사, 새로 쓰다》

'한강의 기적'에 가렸던 기적을 밝히다!
대한민국의 숲과 마을 그리고 도시 탄생의 역사!

전후 황폐한 농업국가에서 경제대국으로서 도약한 대한민국의 발전 배경은
무엇이었나?《코리안 미러클 3: 숨은 기적들》에서는 제대로 조명되지 않았던
대한민국 발전의 역사를 밝힌다. '농촌의 자립자활'이라는 기치를 내걸고
농촌지도자와 농민이 변혁의 횃불을 든 새마을 운동, 정부와 국민이 손잡고
민둥산을 푸른 숲으로 만든 산림녹화, 방위산업 육성과 수출 100억 달러
달성을 위해 정부와 기업이 기술과 투지로 일으킨 중화학공업 등…. 정부,
기업, 국민이 하나 되어 이룬 기적의 현장을 돌아보며 갈등과 분열의 시대를
돌파할 해법을 모색해 본다.

크라운판 | 각 권 244~436면 내외 | 1권 26,000원·2권 20,000원·3권 20,000원

나남 www.nanam.net | 031-955-4601

코리안 미러클 4

외환위기의
파고를 넘어

육성으로 듣는 경제기적 편찬위원회(위원장 강봉균) 지음

한국 경제의 불시착과 재비상의 드라마!
국가부도의 위기에서 대한민국 경제를 사수하라!

1997년 '우리나라가 부도날지도 모른다'는 청천벽력과 같은 소식이
전해진다. 믿었던 대기업이 무너지고 수많은 가장이 직장을 잃으며
가정이 흔들렸다. 이 책은 이러한 위기의 시기, 1997년 IMF로부터
구제금융을 받은 시점부터 2001년 외환위기가 공식 종료된 시점까지
긴박했던 순간을 고스란히 담았다. 당시 초유의 사태를 극복하기
위해 추진했던 금융 및 기업 부문의 구조조정, 공공부문 개혁, 서민
생활보호와 사회안전망 구축 정책을 경제 드림팀 이규성, 강봉균,
이헌재, 진념 재경부 장관의 생생한 목소리로 들어본다.

크라운판 | 752면 | 39,000원

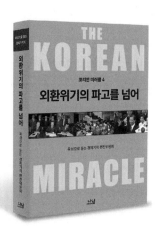

나남 nanam www.nanam.net | 031-955-4601

다시 광장에서 사회학자 송호근의 시대 읽기

송호근(서울대 사회학과) 지음

우리 사회를 날카롭게 파헤쳐 온 논객,
통렬한 비판에서 희망을 발견하다

대북 지원과 북한 미사일 개발, 노무현 대통령 탄핵기도
와 언론 개혁, 기업 구조조정과 노사갈등에 이르기까지,
새로운 세기를 맞이하던 대한민국은 첨예한 갈등 속에
휩쓸려 있었다. 이 책은 이러한 변혁과 충돌의 시기를
예리하게 분석해 온 저자의 통찰을 108편의 칼럼을 통
해 담아낸다. 이념과 이슈를 대담하게 넘나들며 사회를
진단하는 저자의 목소리는 한국사회의 성숙을 위해 한
층 열린 안목을 제공할 것이다.

크라운 변형 | 368면 | 값 12,000원

THE BIRTH OF THE CITIZEN
IN MODERN KOREA

송호근(서울대 사회학과) 지음

촛불의 시대, 깨어나는 시민의식
한국 근대기에서 그 뿌리를 찾는다!

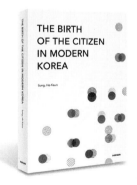

오늘 대한민국은 광장정치와 시민사회에 다시금 주목한
다. 시대적 전환점마다 목소리를 높였던 한국의 시민사
회는 어디에 기원하는가? 이 책은 개화기 조선에서 한글
이 어떻게 계몽된 인민을 창조하였는지, 그리고 이들은
어떻게 근대적 시민으로 성장하였는지 추적한다. 저자
는 백성이 자신의 힘을 깨닫고 시민이 되는 과정을 통해
우리의 시민사회가 나아갈 방향을 제시한다.

신국판 | 416면 | 값 38,000원

나남 nanam www.nanam.net | 031-955-4601

사회학자 송호근, 소설가 변신 선언! … 첫 장편소설

봉건과 근대가 맞부딪힌 역사의 섬, 강화도.
밀려드는 외세 앞에 선 경계인, 신헌申櫶.

1876년 강화도에서 세계를 맞은 유장儒將 신헌!
서양인 천주교 신부를 보며 시대에 의문을 던지고
사랑하는 여인을 가슴에 품고 외세를 온몸으로 막아냈다.
뜨거운 사랑과 치열한 외교, 격변하는 시대를 벼려 낸 수작!

강화도 수호조규 체결 때 전권을 위임받고 협상대표로 나선 신헌. 그가 바라본 19세기 후반의 조선과 세계사 움직임을 우리 시대 사회학계를 대표하는 송호근 서울대 교수가 주목했다. 송 교수의 첫 장편소설인《강화도: 심행일기》는 '소설가 송호근'의 광대무변한 문학적 상상력과 치열한 문제의식으로 빚어낸 걸작으로 강대국에 둘러싸인 오늘날의 한반도 자화상이기도 하다. 사회학자가 소설가로 변신한 필연의 이유는 무엇일까. 30여 년 학자 경험은 앞으로 펼칠 소설가로서의 도저(到底)한 도정(道程)의 디딤돌이 아닐까.

신국판 | 296면 | 값 13,800원

나남 nanam www.nanam.net | 031-955-4601